十二五 高职高专"十二五

旅游管理类

旅行社运营实务

主　编　王聚贤　李厚忠
副主编　陈云志　李　敏　朱洪恩　马海燕
　　　　许朝辉　牛海燕　张颖新

南京大学出版社

图书在版编目(CIP)数据

旅行社运营实务 / 王聚贤,李厚忠主编. — 南京:
南京大学出版社,2013.7

高职高专"十二五"规划教材. 旅游管理类
ISBN 978 - 7 - 305 - 11794 - 7

Ⅰ.①旅…　Ⅱ.①王…　②李…　Ⅲ.①旅行社—企业
管理—高等职业教育—教材　Ⅳ.①F590.63

中国版本图书馆 CIP 数据核字(2013)第 161338 号

出版发行　南京大学出版社
社　　址　南京市汉口路 22 号　　　邮编　210093
网　　址　http://www.NjupCo.com
出版人　左　健

丛 书 名　高职高专"十二五"规划教材·旅游管理类
书　　名　旅行社运营实务
主　　编　王聚贤　李厚忠
责任编辑　潘琳宁　　　　　　　　　编辑热线 025 - 83595509

照　　排　江苏南大印刷厂
印　　刷　南京玉河印刷厂
开　　本　787×1092　1/16　印张 15.5　字数 371 千
版　　次　2013 年 7 月第 1 版　　2013 年 7 月第 1 次印刷
ISBN　978 - 7 - 305 - 11794 - 7
定　　价　28.00 元

发行热线　025-83594756　83686452
电子邮箱　Press@NjupCo.com
　　　　　　Sales@NjupCo.com(市场部)

＊版权所有,侵权必究
＊凡购买南大版图书,如有印装质量问题,请与所购
　图书销售部门联系调换

前 言

为了适应旅游业快速发展对人才的需求,为了适应高职教育专业改革和教学、课程改革的需要,为了培养旅游行业高端技能型人才,同时为了能更好地将理论与实际应用相结合,我们组织编写了《旅行社运营实务》。

本书由一批长期从事高职高专旅游专业教学和实践的教师在结合目前我国旅行社行业现状的基础上编写。本书以培养旅游专业学生实际经营和管理能力为目的,充分体现够用、实用、管用的原则,体现一般原理与典型案例相结合的特色。与同类教材相比,本教材还具有如下特点:

1. 本书的立意为项目化教学,根据旅行社运营实际,划分教学项目为旅行社的设立与组织构建、旅行社产品运作、旅行社外联业务、旅行社计调业务、旅行社接待业务、旅行社财务运营、旅行社人力资源管理、旅行社网络运营等。

2. 本书采用任务驱动的编写思路,通过旅行社典型的业务为任务载体,使学生在完成具体业务操作的过程中,学习必要的知识,掌握旅行社业务的操作技能。总体结构上从现代旅行社经营管理的实际流程出发,突出业务管理,从而使教材具有较强的实践性和可操作性。

3. 充分考虑了高职学生的特点与培养目标的要求,理论叙述力求简洁明了,注重培养学生的实践操作能力。每章穿插了相关小资料,还辅以案例分析、实训项目以及思考与实践等项目内容,既加深了学生对所学知识的理解,又丰富了教材内容,增强了教材的趣味性和可读性。

4. 本教材还吸纳了国内外旅行社经营管理实践中的最新成果和成功案例,努力做到与时俱进。

本书由河北工业职业技术学院王聚贤、山东女子学院旅游学院李厚忠担任主编,河北海外国际旅行社有限公司陈云志、河北外国语学院李敏、信阳农林学院朱洪恩、河南牧业经济学院马海燕、陕西财经职业技术学院许朝辉、黄河水利职业技术学院牛海燕、长春职业技术学院张颖新担任副主编。由王聚贤、陈云志拟定、编写大纲,由王聚贤负责全书的统稿工作。

本书在编写过程中,得到了南京大学出版社的支持和指导,并参考和借鉴了旅游界诸多同行和专家的研究成果,在此一并表示感谢!

本书得到苏州同程软件科技有限公司搭建的 B2B 网站同程网——中国领先的旅游企业交易平台的大力支持,该公司在基于旅行社工作过程的系统化教材的编写中提供了宝贵资料,在此深表谢意。

本书可作为高职高专旅游专业用书,也可供旅游从业人员以及广大想从事旅游工作的自学者进行系统的学习和阅读。作为一本高职高专旅游专业进行改革和创新的教材,肯定会存在不足,敬请各位专家、教师和广大同学批评指正,使本书得到完善。

《旅行社运营实务》编写组
2013 年 3 月

目　录

项目一
旅行社的设立与组织构建

项 目 摘 要

本项目要求学生熟悉最新的旅游法规,尤其是旅行社设立的法律程序;熟悉工商局、税务局、旅游局和会计师事务所等与企业设立相关的单位的工作流程;熟悉旅行社的基本业务性质,掌握旅行社组织设计方法。教学重点为旅行社的类型、旅行社的职能与业务、旅行社设立程序。教学难点为旅行社设立程序和组织构建。

任务1 旅行社的设立

任 务 引 入

近些年国际国内旅游总收入突破性增长,与北京市经济整体发展同步,北京旅游产业保持着协调发展的良好势头。在对北京旅游业长期看好的情况下,王某看准这个创业机会,计划开办一家名为"北京大海旅行社有限责任公司"的旅行社,他该如何申请办理呢?

任 务 分 析

各地旅游局基本实现旅行社业务审批电子化,为了尽快了解旅行社设立程序,首先要登录北京市旅游局电子政务网,然后详细了解新《旅行社条例》关于旅行社设立的相关规定,并且学习以下知识。

相 关 知 识

一、认识旅行社

旅行社,是指从事招徕、组织、接待旅游者等活动,为旅游者提供相关旅游服务,开展国内旅游业务、入境旅游业务或者出境旅游业务的企业法人。

(一)旅行社的职能

旅行社的最基本职能是设法满足旅游者在旅行和游览方面的各种需要,同时协助交通、饭店、餐馆、游览景点、娱乐场所和商店等旅游服务供应部门和企业将其旅游服务产品销售给旅游者。

表 1 - 1 - 1 旅行社职能表

旅行社基本职能	主 要 表 现 形 式
生产职能	设计和开发包价旅游产品和组合旅游产品
销售职能	销售包价旅游产品和组合旅游产品；代销单项旅游服务产品
组织协调职能	组织各种旅游活动；协调与各有关部门或企业的关系
分配职能	分配旅游客源和旅游收入
提供信息职能	向有关部门或企业提供旅游市场信息；向旅游者提供旅游目的地、有关部门或企业及其产品的信息

（二）旅行社的基本业务范围

1. 产品设计与开发业务

按照旅行社业务操作流程，旅行社第一项基本业务是产品开发。旅行社的产品开发业务包括产品设计、产品试产与试销、产品投放市场和产品效果检查评估四项内容。首先，旅行社在市场调查的基础上，根据对旅游市场需求的分析和预测，结合本旅行社的业务特点、经营实力及各种旅游服务供应的状况，设计出各种能够对旅游者产生较强吸引力的产品。其次，旅行社将设计出来的产品进行小批量的试产和试销，以考察产品的质量和旅游者对其喜爱的程度。再次，当产品试销成功后，旅行社便应将产品批量投放市场，以便扩大销路，加速产品投资的回收，赚取经营利润。最后，旅行社应定期对投放市场的各种产品进行检查和评价，并根据检查与评价的结果对产品做出相应的完善和改进。

2. 旅游服务采购业务

旅行社的第二项基本业务是旅游采购。旅游采购业务是指旅行社为了生产旅游产品而向有关旅游服务供应部门或企业购买各种旅游服务项目的业务活动。旅行社的采购业务主要涉及交通、住宿、餐饮、景点游览、娱乐和保险等部门。另外，组团旅行社还需要向旅游路线沿途的各地接待旅行社采购接待服务。

3. 产品销售业务

旅行社产品销售业务是旅行社的第三项基本业务，包括制定产品销售战略、选择产品销售渠道、制定产品销售价格和开展旅游促销四项内容。首先，旅行社应对其所处的外部环境和企业内部条件进行认真分析，确定企业所面临的机会和挑战，并发现企业所拥有的优势及存在的弱点。在此基础上，旅行社制定其产品销售战略。其次，旅行社根据所制定的产品销售战略和确定的目标市场选择适当的产品销售渠道。再次，旅行社根据产品成本、市场需求、竞争者状况等因素制定产品的价格。最后，旅行社根据其经营实力和目标市场确定和实施旅行社的促销战略并选择适当的促销手段以便将旅行社产品的信息传递到客源市场，引起旅游者的购买欲望，推销出更多的产品。

4. 团体接待业务

团体旅游接待业务是旅行社的第四项基本业务。旅行社通过向旅游团队提供接待服务，最终实现包价旅游的生产与销售。团体旅游接待业务由生活接待服务和导游讲解服务构成。

5. 散客旅游业务

旅行社的第五项基本业务是散客旅游业务。这是一项以散客旅游者为目标市场的旅游服务业务。散客旅游业务包括单项旅游服务业务、旅游咨询业务和选择性旅游服务业务。

二、旅行社设立的软硬件条件

（一）旅行社设立的硬件条件

1. 营业场所

为了经营旅游业务，旅行社必须拥有与其旅游业务规模相适应的固定营业场所。所谓"固定的营业场所"，是指在较长的一段时间里能为旅行社所拥有或使用，而不是短期内频繁变动的营业场所。旅行社营业场所既可以是旅行社自己拥有的固定资产，也可以是旅行社从其他单位租用的营业用房。申请者拥有产权的营业用房，或者申请者租用的、租期不少于1年的营业用房，营业用房应当满足申请者业务经营的需要。

2. 营业设施

设立旅行社，必须拥有2部以上的直线固定电话、传真机、复印机，具备与旅游行政管理部门及其他旅游经营者联网条件的计算机等办公设备。这四种办公设备是旅行社开展旅游业务经营活动所必需的基本条件，没有这些现代化的办公设备，旅行社难以在竞争日益激烈的市场条件下生存下去。

3. 注册资金

有不少于30万元的注册资金。

（二）旅行社的职业要求

1. 从业动机

旅行社的管理人员不同于普通的员工，他们是企业经营活动的组织者和管理者。他们对待旅行社的态度将对整个企业的发展产生举足轻重的影响。因此，他们必须具有正确的从业动机。由于人们的行动总是由一定的动机引发并指向一定目的的，所以，从业动机的正确与否，往往影响着旅行社管理人员对企业经营成果和发展方向的态度。旅行社的管理人员必须端正其从业动机，热爱旅游事业和乐于为广大的旅游者提供质量高、价格公平、数量充足的旅游服务产品，并通过对旅行社的理性决策，凭借高质量的专业化服务和有效的经营管理，追求企业长期的最大利润，并在此基础上，促进旅行社的发展壮大。

2. 知识结构

旅行社的经理人员应具有与其职务及所负责的经营管理责任相适应的知识结构，以便能够胜任管理岗位对其要求。由于旅行社的经营业务涉及许多领域，所以，其管理人员必须具有相对于其他旅游企业管理者更加广泛和更高层次的知识结构。旅行社的管理人员不仅应具有广博的旅游业务经营和企业管理知识，还应具有相当丰富的旅游知识及相关的文化知识。他们不仅应该熟悉国家的宪法、经济法、民法等法律法规知识，而且尤其应该熟悉并掌握国家有关旅游发展的法规和政策。此外，他们还应该具有较高的旅游学、经济学、市场学、心理学、管理学等知识水平，并拥有丰富的旅游常识和历史、地理及主要客源国（地区）的民俗风情知识。

3. 工作能力

（1）决策能力。

旅行社经营管理的过程，实际上就是不断决策的过程。旅行社管理人员是否具有较强的科学决策能力，他们所作出的经营管理决策是否符合旅行社和旅游市场的实际，直接影响到旅行社的经营效果、管理效率和发展前景。因此,旅行社的管理人员必须以科学的管理理论为指导,运用科学的决策方法和民主的决策程序,作出符合旅游市场的客观实际和具有旅行社经营管理特点的科学决策。他们既要善于就产品设计与开发、与客户谈判策略、旅游团队接待、旅游售后服务等日常经营管理问题作出战术性决策,更要善于就旅行社的经营目标、经营战略、市场选择、人事安排、资本运作等涉及全局性重大问题做出战略性决策。换言之,旅行社的管理人员的科学决策能力,是必须具备的最重要的工作能力,也是旅行社正常运转和良性发展的重要保障。

(2)业务开拓能力。

旅行社处在竞争激烈的行业,不仅其经营与发展受到宏观环境和行业环境的影响极大,而且其所面对的市场需求也在不断地变化。因此,旅行社的管理人员必须具有较强的业务开拓能力,经常地推陈出新,不断地进行业务上开拓,通过开拓新的市场和生产新的产品来赢得市场,以维持和提高企业的核心竞争能力,在日趋激烈的市场竞争中立于不败之地。

(3)应变能力。

旅行社的经营受到外界不确定因素的影响较大,如旅游者取消预订、旅游供应商违约、自然灾害等不可抗力事件的发生等,均会导致旅行社无法完全履行其与旅游者或者其他客户之间所签订的旅游合同,所制定的旅游计划也经常因各种客观原因而被迫变更。因此,旅行社的管理人员必须善于应变,妥善解决经营中的种种不测,指导工作人员在变化中最大限度地满足旅游者的要求,以维护旅游者和旅行社的合法权益,赢得旅游者的信任和青睐,提高旅行社在旅游市场上的声誉。

(4)交际能力。

旅行社的基本职能之一是组织协调职能。旅行社的管理人员不仅要像其他企业的管理者那样,必须协调好企业内部的各种人际关系,而且还必须妥善地协调好与其他旅游企业和部门及相关的企业和部门的关系。另外,旅行社的管理人员还必须处理好与旅游者的关系。因此,旅行社的管理人员必须能够理解与之打交道的各种类型的人,同他们保持良好的工作关系和个人关系,这样才能进行成功的合作。

4.身心条件

旅行社的经理人员应当具有良好的心理品质和健康的身体。心理品质包括工作热情、耐心与决心、乐观的态度和自我控制能力。旅行社经理人员对工作的热情会直接感染其周围的人们,从而使旅行社的工作人员热衷于自己所从事的事业;旅行社的经理人员有无耐心和决心,将直接导致成功和失败两种截然不同的结果;乐观的态度对于像旅行社这样充满变化、业务淡旺季反差巨大的行业来说是必不可少的;而自控能力是旅行社经理人员成功地指挥和激励下属的前提。健康的身体则是旅行社业务特点的直接要求。

5.从业经验

旅行社的管理人员不仅需要具备较高的管理理论知识水平,还必须拥有比较丰富的从业经历和旅行社的经营管理经验。一般来说,他们应该至少在旅游接待、产品设计与开发、产品销售及旅游服务采购等主要业务部门中的任何一个部门从事过一定时间的专业工作和管理工作,并积累了一定的实际业务操作和管理经验。他们应该熟悉旅行社的旅游接待与导游服务、产品设计与开发、产品价格的制定与产品的销售、旅游服务采购等方面的业务流程,熟悉旅行社各部门和岗位的质量标准。这样,他们才能够比较得心应手地管理整个旅行社的经营与开发活动。

三、旅行社的设立程序

(一) 准备阶段

申请设立旅行社,经营国内旅游业务和入境旅游业务的,应当向所在地省、自治区、直辖市旅游行政管理部门或者其委托的设区的市级旅游行政管理部门提出申请。为了能够顺利地办理设立旅行社的申办手续,申办人应当准备好申办过程中所需的各种文件和证明材料。

1. 设立申请书

内容包括申请设立的旅行社的中英文名称及英文缩写,设立地址,企业形式,出资人、出资额和出资方式,申请人、受理申请部门的全称、申请书名称和申请的时间。

2. 可行性研究报告

可行性研究报告是申请设立旅行社的重要文件,反映了申办人对旅游市场情况、自身实力、旅行社发展前景等情况的预测和估计。申办人应在可行性研究报告里重点说明:

(1) 全面分析和评估所申请设立旅行社的市场条件、资金条件和人力条件;

(2) 具体说明该旅行社在客源市场或潜在客源市场、现有资金或筹措资金能力;

(3) 证明旅行社已经达到国家对旅行社在管理人员及相关专业人员数量和职业资格方面的规定和要求。

3. 旅行社章程

(1) 普通旅行社。

普通旅行社是指非股份制旅行社,其章程主要包括:

① 旅行社的经营范围、旅行社的设立方式和经营方式;

② 旅行社的经济性质、注册资金数额及其来源;

③ 旅行社的组织机构及其职权;

④ 法定代表人产生的程序和职权范围;

⑤ 财务管理制度和利润分配形式;

⑥ 劳动用工制度;

⑦ 章程修改程序和终止程序。

(2) 股份制旅行社。

股份制旅行社章程除了应具有普通旅行社的章程的各项内容外,还须包括:

① 旅行社注册资本、股份总数和每股金额;

② 股东名称、认购股份数、权利和义务;

③ 董事会的组成、职权、任期和议事规则;

④ 利润分配办法;

⑤ 旅行社解散事由与清算办法;

⑥ 通知和通告办法。

4. 法定代表人履历表及身份证明

申办人在申请设立旅行社时,应提交旅行社经理、副经理、部门经理、财务人员等的履历表及相关的职业资格证书。

5. 验资证明

（1）验资方式。

旅行社应通过下列三种方式之一进行验资：

① 银行；

② 会计师事务所；

③ 审计师事务所。

（2）验资程序。

① 旅行社申办人将货币资金汇入到有关银行、会计师事务所或审计师事务所所指定的账户上；

② 由该机构出具书面的验资证明及资本金入账凭证的复印件或验资报告；

③ 申办人将验资证明或验资报告送交受理申请的旅游行政管理部门。

6. 经营场所证明

旅行社应向旅游行政管理部门提交旅行社营业场所的产权证明或租赁期限在一年以上（含一年）的租房协议。

7. 经营设备情况证明

旅行社应提供属于其自有资产的经营设备证明，包括投资部门出具的经营设备使用证明或商业部门开具并具有申办人或该旅行社名称的发票、收据。

8. 工商行政管理部门出具的《企业名称预先核准通知书》

（二）旅行社经营许可审批

根据《旅行社条例》，旅行社申办人应将设立申请书及其他相关文件、证明材料呈交具有审批权的省、自治区、直辖市旅游行政管理部门，并由该旅行社行政管理部门审核批准；根据《旅行社条例实施细则》，省、自治区、直辖市旅游行政管理部门将审批设立国内旅行社的权利授权或委托给地、市旅游行政管理部门，则应直接向被授权或委托的地、市旅游行政管理部门提出申请，并由该部门作出审核批准。

受理申请的旅游行政管理部门可以对申请人的经营场所、营业设施、设备进行现场检查，或者委托下级旅游行政管理部门检查。

受理申请的旅游行政管理部门应当自受理申请之日起 20 个工作日内作出许可或者不予许可的决定。予以许可的，向申请人颁发旅行社业务经营许可证，申请人持旅行社业务经营许可证向工商行政管理部门办理设立登记；不予许可的，书面通知申请人并说明理由。

旅行社取得经营许可满两年，且未因侵害旅游者合法权益受到行政机关罚款以上处罚的，可以申请经营出境旅游业务。

旅行社申请出境旅游业务的，应当向国务院旅游行政主管部门提交原许可的旅游行政管理部门出具的，证明其经营旅行社业务满两年且连续两年未因侵害旅游者合法权益受到行政机关罚款以上处罚的文件。

旅行社取得出境旅游经营业务许可的，由国务院旅游行政主管部门换发旅行社业务经营许可证。旅行社持旅行社业务经营许可证向工商行政管理部门办理经营范围变更登记。

　　国务院旅游行政主管部门可以委托省级旅游行政管理部门受理旅行社经营出境旅游业务的申请,并作出许可或者不予许可的决定。旅行社申请经营边境旅游业务的,适用《边境旅游暂行管理办法》的规定。旅行社申请经营赴台湾地区旅游业务的,适用《大陆居民赴台湾地区旅游管理办法》的规定。

图1-1-1　旅行社审批具体流程图

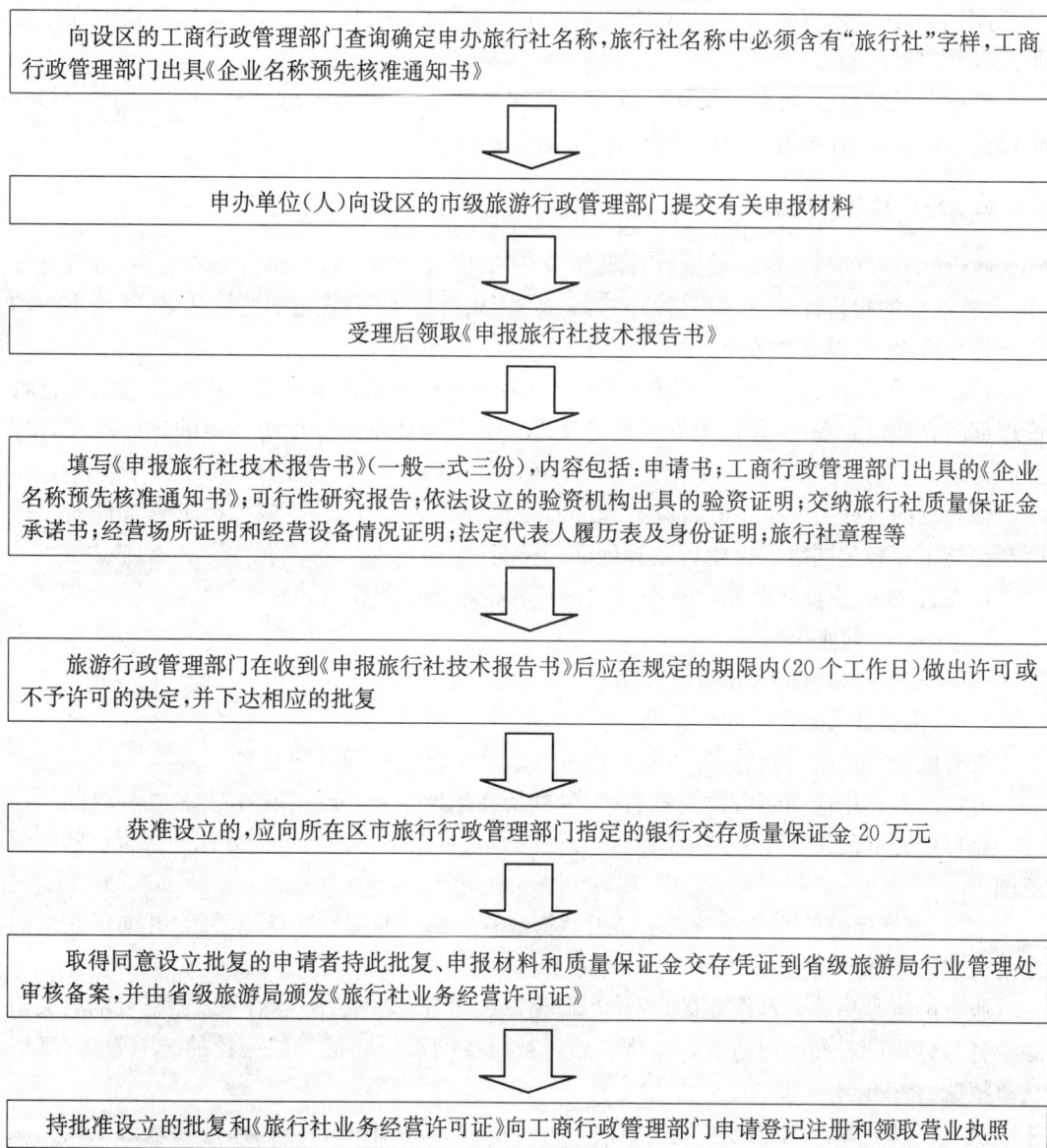

向设区的工商行政管理部门查询确定申办旅行社名称,旅行社名称中必须含有"旅行社"字样,工商行政管理部门出具《企业名称预先核准通知书》

⬇

申办单位(人)向设区的市级旅游行政管理部门提交有关申报材料

⬇

受理后领取《申报旅行社技术报告书》

⬇

填写《申报旅行社技术报告书》(一般一式三份),内容包括:申请书;工商行政管理部门出具的《企业名称预先核准通知书》;可行性研究报告;依法设立的验资机构出具的验资证明;交纳旅行社质量保证金承诺书;经营场所证明和经营设备情况证明;法定代表人履历表及身份证明;旅行社章程等

⬇

旅游行政管理部门在收到《申报旅行社技术报告书》后应在规定的期限内(20个工作日)做出许可或不予许可的决定,并下达相应的批复

⬇

获准设立的,应向所在区市旅行行政管理部门指定的银行交存质量保证金20万元

⬇

取得同意设立批复的申请者持此批复、申报材料和质量保证金交存凭证到省级旅游局行业管理处审核备案,并由省级旅游局颁发《旅行社业务经营许可证》

⬇

持批准设立的批复和《旅行社业务经营许可证》向工商行政管理部门申请登记注册和领取营业执照

（三）办理工商注册登记

　　旅游行政管理部门审核批准旅行社的设立申请后,旅行社的申办人应在60个工作日持旅游行政管理部门的批准文件及《旅行社业务经营许可证》,向工商行政管理部门申请领取营业执照,办理登记注册手续。工商行政管理机关收到申办人提交的全部文件后,进行登记注册,并应在30个工作日内作出核准登记或不予核准登记的决定。经核准登记,工商行政管理部门发给旅行社《企业法人营业执照》或《营业执照》。

（四）办理税务登记

旅行社在领取营业执照后 30 个工作日内，持《营业执照》、《旅行社业务经营许可证》、旅行社章程和协议书、旅行社银行账号证明、居民身份证及税务机关要求提供的其他有关证件和材料向当地税务部门办理开业税务登记，申请税务执照。税务机关应自收到申报材料之日起 30 个工作日内审核完毕，并对符合规定条件的旅行社予以登记，核发税务登记证或注册税务登记证。

税务登记结束后，旅行社即可依据营业执照刻制公章，开立银行账户，申领发票。至此，旅行社正式成立，并可签订合同，进行经营旅游业务的活动。

四、旅行社的分支机构

旅行社分社（简称分社）及旅行社服务网点（简称服务网点），不具有法人资格，以设立分社、服务网点的旅行社（简称设立社）的名义从事《旅行社条例》规定的经营活动，其经营活动的责任和后果，由设立社承担。

（一）旅行社设立分社的，应当持旅行社业务经营许可证副本向分社所在地的工商行政管理部门办理设立登记，并自设立登记之日起 3 个工作日内向分社所在地的旅游行政管理部门备案。

设立社向分社所在地工商行政管理部门办理分社设立登记后，应当持下列文件向分社所在地与工商登记同级的旅游行政管理部门备案：

1. 设立社的旅行社业务经营许可证副本和企业法人营业执照副本；
2. 分社的《营业执照》；
3. 分社经理的履历表和身份证明；
4. 增存质量保证金的证明文件。

没有同级的旅游行政管理部门的，向上一级旅游行政管理部门备案。

分社的名称中应当包含设立社名称、分社所在地地名和"分社"或者"分公司"字样。

旅行社分社的设立不受地域限制。分社的经营范围不得超出设立分社的旅行社的经营范围。

（二）旅行社服务网点应当依法向工商行政管理部门办理设立登记手续，并向所在地的旅游行政管理部门备案。

服务网点是指旅行社设立的，为旅行社招徕旅游者，提供旅游咨询并以旅行社的名义与旅游者签订旅游合同的门市部等机构。旅行社服务网点应当接受旅行社的统一管理，不得从事招徕、咨询以外的活动。

设立社设立服务网点的区域范围，应当在设立社所在地的设区的市的行政区划内。服务网点应当设在方便旅游者认识和出入的公众场所。

服务网点的名称、标牌应当包括设立社名称、服务网点所在地地名等，不得含有使消费者误解为是旅行社或者分社的内容，也不得作易使消费者误解的简称。

服务网点应当在设立社的经营范围内，招徕旅游者、提供旅游咨询服务。

设立社向服务网点所在地工商行政管理部门办理服务网点设立登记后，应当在 3 个工作日内，持下列文件向服务网点所在地与工商登记同级的旅游行政管理部门备案：

1. 设立社的旅行社业务经营许可证副本和企业法人营业执照副本；
2. 服务网点的《营业执照》；
3. 服务网点经理的履历表和身份证明。

没有同级的旅游行政管理部门的，向上一级旅游行政管理部门备案。

分社、服务网点备案后，受理备案的旅游行政管理部门应当向旅行社颁发《旅行社分社备案登记证明》或者《旅行社服务网点备案登记证明》。

设立社应当与分社、服务网点的员工，订立劳动合同。

设立社应当加强对分社和服务网点的管理，对分社实行统一的人事、财务、招徕、接待制度规范，对服务网点实行统一管理、统一财务、统一招徕和统一咨询服务规范。

五、旅行社变更、终止事宜

旅行社变更名称、经营场所、法定代表人等登记事项或者终止经营的，应当到工商行政管理部门办理相应的变更登记或者注销登记，并在登记办理完毕之日起 10 个工作日内，向原许可的旅游行政管理部门备案，换领或者交回旅行社业务经营许可证。

变更旅行社名称、经营场所、出资人、法定代表人等登记事项的，应当在办理变更登记后，持已变更的《企业法人营业执照》向原许可的旅游行政管理部门备案。

旅行社终止经营的，应当在办理注销手续后，持工商行政管理部门出具的注销文件，向原许可的旅游行政管理部门备案。

任务实施

王某拟在北京成立旅行社，可按下列程序操作：

1. 登录北京旅游信息网http://www.bjta.gov.cn/。

图 1-1-2

2. 点击"企业服务"栏目。

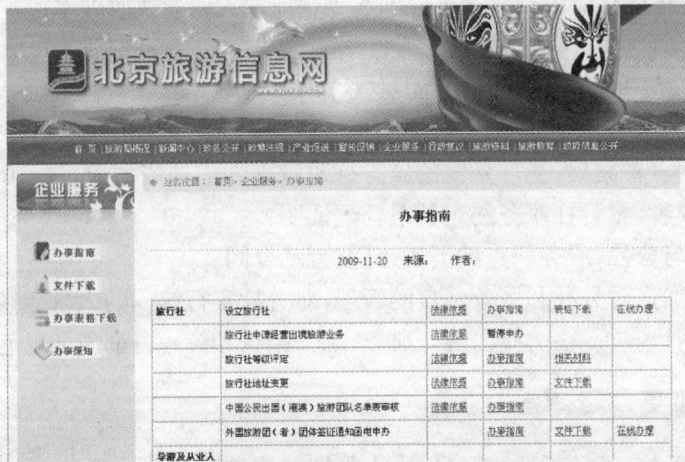

图 1-1-3

3. 点击设立旅行社栏目下的"办事指南",了解相关要求。

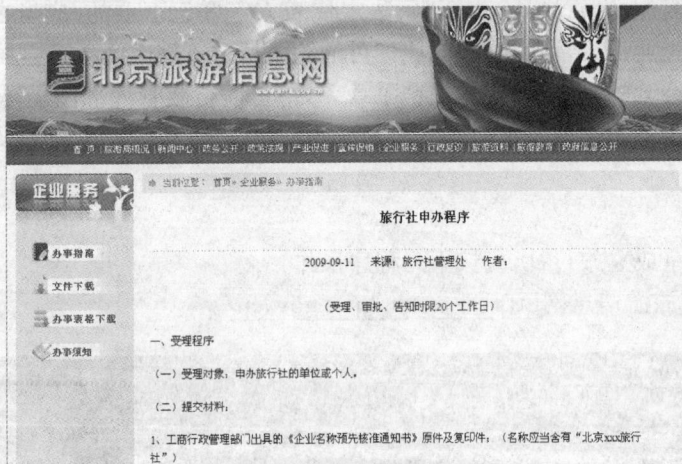

图 1-1-4

4. 申报:可下载表格填写资料,也可通过在线办理,登录"旅行社业务管理系统"。

图 1-1-5

任务 2　旅行社的组织构建

任 务 引 入

申请设立北京大海旅行社,填写《技术报告书》时,在可行性分析和旅行社章程中均要涉及旅行社的组织结构,应当如何设立旅行社的组织结构并划分各部门应有的职责呢?

任 务 分 析

要确立北京大海旅行社的组织机构,首先要明确自身的经营方向:是专门经营接待外地游客的地接社? 还是专门经营组织本地人出去旅游的组团社? 或是两个业务方向都做,成为一般的旅行社? 旅行社经营的业务不同,设置的部门和配置的岗位就不同。由于旅行社有经营灵活和中介服务的特点,其组织机构的设置没有固定的模式和通用的架构,应当根据旅行社的经营目标、现实环境、资金实力等因素综合考虑,因地制宜,量力而行。

相 关 知 识

一、旅行社的企业形式

(一) 股份有限制

股份有限制是指旅行社通过把全部资本划分为等额股份,并以股票的形式上市自由交易的一种企业形式。这是我国《公司法》所规定的基本企业形式之一。旅行社的股东可以是自然人,也可以是法人,数目不限。股东入股的资产,以货币为主,但也有以实物、知识产权等作价的。股东一旦认购了股票,就不能向旅行社退股,但可以通过股票市场出售股票。未上市旅行社的股票原则上可以在企业内部有规则地进行交易。

股份有限制旅行社既可以采用发起设立的方式,通过认购旅行社应发行的全部股份方式来建立企业,也可以采取募集设立的方式,通过认购旅行社应发行股份的一部分,并向社会公开募集其余部分的方式设立企业。由于股份有限制旅行社可以大规模地向社会筹集资金,所以,它们拥有较强的筹资能力,这是股份有限制旅行社所具有的重要优势之一。

股份有限制旅行社的价值形态资产为股东所有,而实物形态资产为产权运行的行为主体所有,即实置于旅行社。旅行社资产的委托代理关系为股东→董事会→总经理。旅行社对股东承担有限责任,公司法人(法人代表)的责、权、利统一,独立自主地经营管理。另外,上市的旅行社必须按法律规定向社会公众公开披露财务状况。

在旅行社的股权和法人财产权之间,存在着较高程度的分离,股权在个人(自然人和法人)之间是可分的、不重合的,而企业的法人财产权是作为一个不可分的整体在运作。这样可以降低社会成本,而且有利于企业的自我经营管理。

旅行社实行董事会领导下的总经理负责制,由董事会选择聘任总经理,而职工成为旅行社聘用的工作人员。总经理通过董事会授权对全体股东负资本经营的有限责任,并有权决定聘用的所有员工的劳动、管理制度和各类报酬。

股份有限制旅行社也存在着一些不利因素,如企业创办和歇业的程序比较复杂,股东和法人代表间的协调会有不少矛盾,企业的业务、财务秘密较难保守等。

(二)有限责任制

有限责任制,是指旅行社不通过发行股票,而由为数不多的股东集资组成的一种企业形式。有限责任制与股份有限制,是我国的两种基本企业形式。

根据《公司法》的规定,实行有限责任制的旅行社由2个以上50个以下股东共同出资设立,股东入股的资产可以是货币,也可以是实物、土地使用权作价、知识产权及其他无形资产。有限责任制旅行社的资产委托代理关系与股份有限制旅行社一样,为股东→董事会→总经理。但是,与股份有限制旅行社不同的是,有限责任制旅行社无须将资本划分为等额的股份,也不发行股票。

股东确定出资金额并交付后,即由旅行社出具股权证明,作为股东在旅行社中应享有权益的凭证。股东以其出资额为限对旅行社承担责任,并按照出资比例分取红利,旅行社则以其全部资产对企业的债务承担责任。

有限责任制对股权的限制比较严格。旅行社经工商部门登记后,股东不得抽回出资,股权证明亦不能自由买卖。但股东之间可以相互转让其全部出资或者部分出资。如股东欲将其股权转让给非社内股东,须经全体股东的过半数同意。不同意转让的股东应当购买该转让的出资。如果不购买该转让的出资,视为同意转让。另外,旅行社新增资本时,股东可以优先认缴出资。

有限责任制旅行社的股权和法人财产权的分离程度比较低,其成立、歇业、解散的程序和管理机构也比较简单。有限责任制旅行社的章程由股东共同制定,董事会成员和高层经理人员往往具有股东身份,并多由大股东亲自实施旅行社的经营和管理。旅行社不必向社会公开其财务状况,但股东有权查阅股东会的会议记录和旅行社的财务会议报告。

然而,由于有限责任制旅行社不能像股份有限制旅行社那样公开向社会募集资金,使其筹集资金的渠道和能力受到一定的限制,从而可能限制其企业规模和发展速度。这是有限责任制的不利之处。

(三)股份合作制

股份合作制,是指全部资产归股份持有者所有,同时股权持有者具有股东和员工双重身份的一种旅行社企业形式。股份合作制旅行社不发行股票,一般也不开股权证明,其财产关系由合同规定。旅行社的资产表现为价值形态和实物形态,产权的构成要素较为统一,其资产的委托代理关系十分简单,为股份持有者——总经理。总经理由股份持有者选聘或自任,职工则由旅行社招聘。

由于股权持有者具有双重身份,所以他们的收益由工资和分红两部分所构成。股份合作制旅行社的产权规模一般较小,从业人员也较少,便于管理。但是,它们的筹集资金能力十分有限,抗风险能力也较弱,在激烈的旅行社行业竞争环境中往往处境艰难。

(四)国家独资制

国家独资制的旅行社,是指全部资产为国家或全民所有的一种企业形式,亦称为全民所有制旅行社。国家独资制旅行社的资产实置于国家部、局、委、办和各省、市、自治区政府部门,其资产的委托代理关系为全民→全国人民代表大会→国家各部门→旅行社领导集体→总经理。国家独资制旅行社不存在股权、股份、股票。不设董事会,总经理由主管部门任命。

职工为国家聘用的工作人员。

国家独资制旅行社一般为我国经营历史较长、企业规模较大的旅行社或旅行社集团,在企业规模、资金、人才、市场份额、管理经验、发展的潜力等方面拥有巨大的优势。

但是,由于我国的多数国家独资制旅行社成立于计划经济时代,产权结构和管理体制中存在着较浓厚的计划经济色彩,使其在目前的市场经济环境中面临着严重的挑战。因此,国家独资制旅行社必须加大改革的力度,克服计划经济时代所形成的弊端,使其能够在市场经济体制下顺利发展。

(五)中外合资制

中外合资制旅行社实际上是吸收了境外资本的股份有限制或责任有限制旅行社,其产权形态及特点与股份有限、有限责任制旅行社相同。目前,我国的中外合资制旅行社主要存在一些旅游业较发达地区,如北京、广东、云南等省、市,且数量较少。但是,在我国已经加入世界贸易组织(WTO)的新形势下,此类旅行社的数量将会进一步增长,成为我国旅行社行业的一种重要企业形式。

(六)私营独资公司

私营独资企业是由1名自然人投资经营,以雇佣劳动为基础,投资者对公司债务承担无限责任的企业。

二、旅行社的组织构建

(一)按照职能划分部门

按照职能划分部门的旅行社组织结构模式,又称为直线制组织结构模式,是目前我国大部分旅行社采用的组织结构模式。这种组织结构模式的基本特征是权力高度集中统一,上下级之间实行单线从属管理,总经理拥有全部权限,尤其是经营决策与指挥权。在这种组织机构中,旅行社的业务部门和管理部门按照内部生产过程划分和设立,其中业务部门包括产品设计与开发、产品销售、旅游团体接待部门、散客旅游和旅游服务采购等部门。这些业务部门被称作"一线部门",负责旅行社的经营活动;管理部门则涉及办公室、财务管理、人力资源开发等部门。由于各地旅行社发展进程不一,业务经营范围也不尽相同,所以按照职能划分的部门组织结构、部门的名称和所起的作用略有差异,但是,旅行社设立的主要业务部门和管理部门却基本一致。

图 1-2-1 国内常见的直线制组织结构

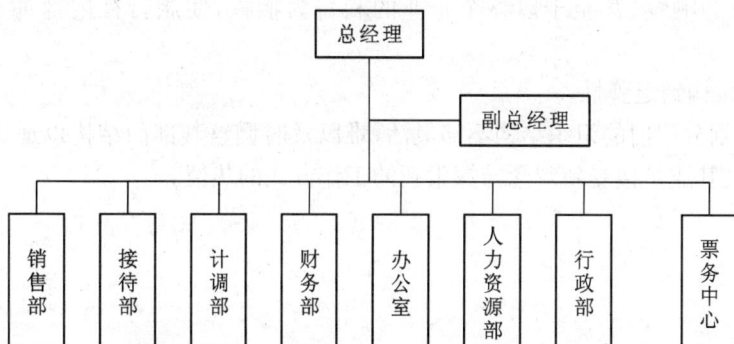

1. 按照职能划分的优点

（1）部门之间分工明确。

在这种组织机构里，每一个部门都有明确的业务和工作，每一位员工都对他所承担的任务有明确的了解。由于分工明确，部门内部和部门之间相互推诿扯皮的现象减少了，有利于提高工作的效率。

（2）组织结构稳定。

按照职能划分的组织结构具有高度的稳定性，不同部门之间的人员流动较少，有利于员工长期钻研某项业务，从而使他们能够成为该项业务的专家。

（3）符合专业化协作原则。

在按照职能划分的组织结构里，每一个部门和岗位都配备具有该部门或岗位所需专业知识和专业特长的员工，能够充分发挥这些专业人员的知识和才能，有效地使用旅行社所拥有的各种人力资源。

（4）提高管理者的权威。

在按照职能划分的组织结构里，实行上下级单线领导的管理方式，旅行社的经营决策权和管理决策权高度集中于旅行社的最高管理层。他们对旅行社经营的最终结果全权负责，责任非常明确，具有很高的权威，能保证旅行社制定的各种经营和管理决策得到充分的贯彻执行。

（5）提高工作效率。

按照职能划分部门，把复杂的旅行社业务分解成简单的重复性工作，从而使每一位员工都能够在较短的时间里成为所在岗位上的专家。由于对本岗位的业务熟悉，所以员工们在实际工作中能够最大限度地减少犯错误的机会，从而提高了工作效率。

2. 按照职能划分的缺点

（1）削弱旅行社实现整体目标的能力。

不同职能部门的员工长期在某个部门工作，发展了自己的行为模型，容易产生偏见。他们往往乐于从本位出发考虑问题，难于明了旅行社整体的任务，不知其本身工作与整体任务的关系，因而会形成本位主义，影响旅行社整体目标的实现。

（2）增加了各个职能部门之间协作的困难。

在按照职能划分部门的组织结构里，容易造成各部门的经理从本部门的利益出发，认为只有其本位职能，才是最重要的职能，把自己所在部门的利益看得至高无上，以其他部门的利益为牺牲，甚至于以整个企业的利益为牺牲，使旅行社内部冲突增加，难以协调。

（3）组织机构缺乏弹性。

按照职能划分部门的组织结构不够灵活，难以及时调整其部门结构以适应瞬息万变的市场，不能激发其成员接受新观念与探索新的工作方式的热情。

小链接

图 1-2-2 国外旅游批发商的组织结构(日本交通公社 JTB)

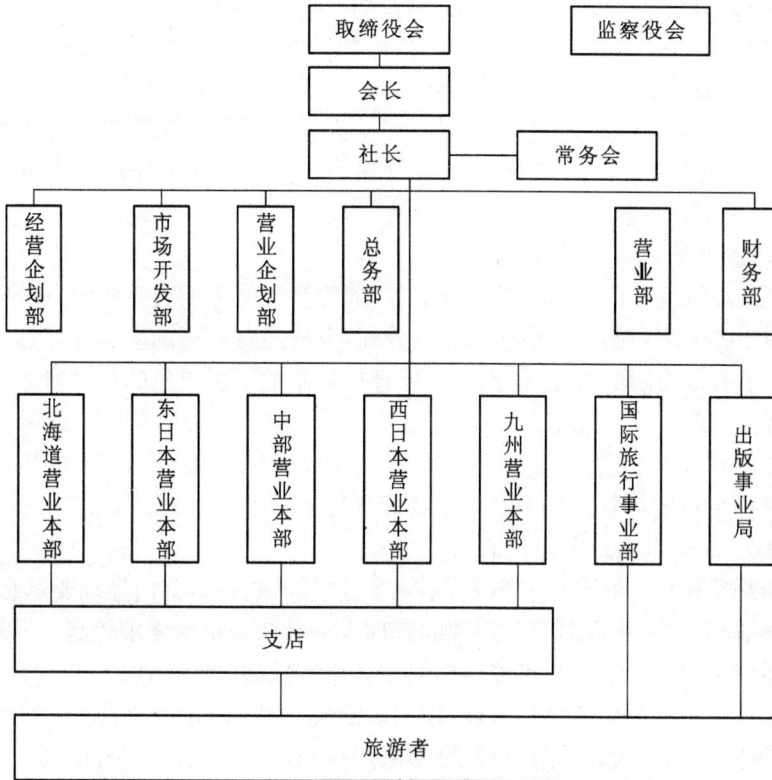

图 1-2-3 国外旅行代理商的组织结构

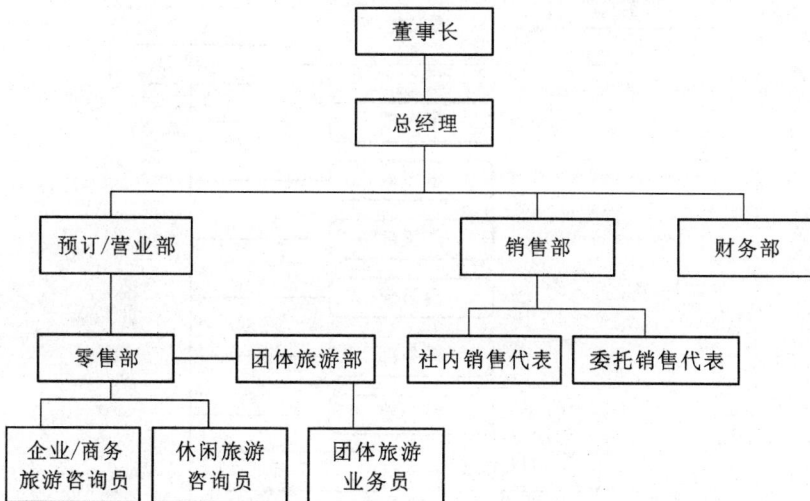

(二)按照地区或语种划分部门

按照地区或语种划分部门的组织结构又称事业部制组织结构,是指将旅行社划分成与各个细分市场相关的部门。它是旅行社内对于具有独立的产品和市场、独立的责任和利益的部门实行分权管理的一种组织形态。在这种组织结构中,旅行社把政策制定与行政管理分开,实行政策管制集权化和业务营运分权化。旅行社的最高管理层是最高决策管理机构,以实行长期计划为最大的任务,集中力量来研究和制定企业的总目标、总方针、总计划以及各项政策。旅行社的各个部门则具有外联、计调和接待功能,在不违背总目标、总方针、总计划的前提下,自行处理各项业务经营活动,成为日常经营活动的中心。

为了使旅行社保持完整性,避免使高层领导"大权旁落",并保证事业部不至于形成"各行其是"、"群雄割据"的局面,旅行社的最高管理层必须掌控事业发展的决策权、资金分配权、人事安排权三方面的权力。

1. 按照地区或语种划分部门的优点

(1) 能使最高管理部门摆脱日常行政事务,成为坚强有力的决策机构。

(2) 有利于各个部门的业务衔接和利益分配,发挥经营管理的主动性。

(3) 扩大了有效控制的跨度,使上级领导直接控制的下层单位的数目增加。

(4) 是培养管理人才的最好组织形式之一。除了不必操心财务资源的筹措之外,部门经理必须谋划各种经营和发展问题,如市场、人力、技术等,从而得到充分的培养和锻炼,为他们在今后承担更重要的管理任务打下了良好基础。

2. 按照地区或语种划分部门的缺点

在这种组织结构中,每个部门都相当于一个独立的旅行社,部门经理要熟悉全面业务和管理知识才能胜任工作,因此对部门经理的管理水平和知识水平要求较高。另外,集权与分权关系比较敏感,一旦处理不当,可能会削弱整个旅行社的协调一致。

从目前我国旅行社的经营实践来看,按照职能划分部门的组织结构多适用于小型旅行社和新开业的旅行社,而大、中型旅行社则多采用按照地区或语种划分部门的组织结构。

图 1-2-4 国内两家大型旅行社组织结构图

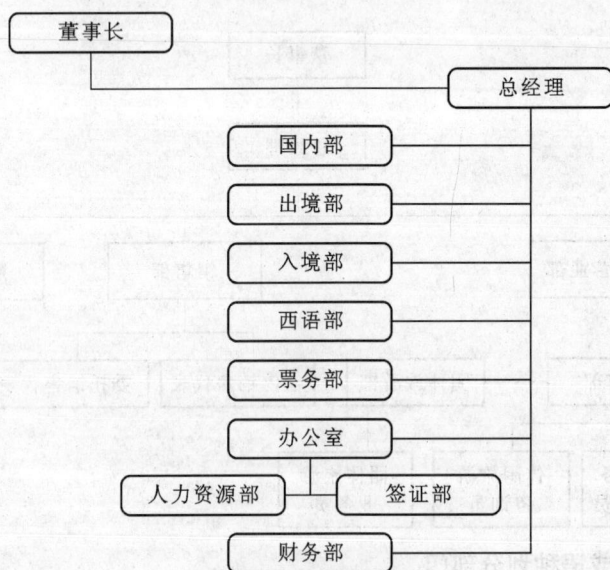

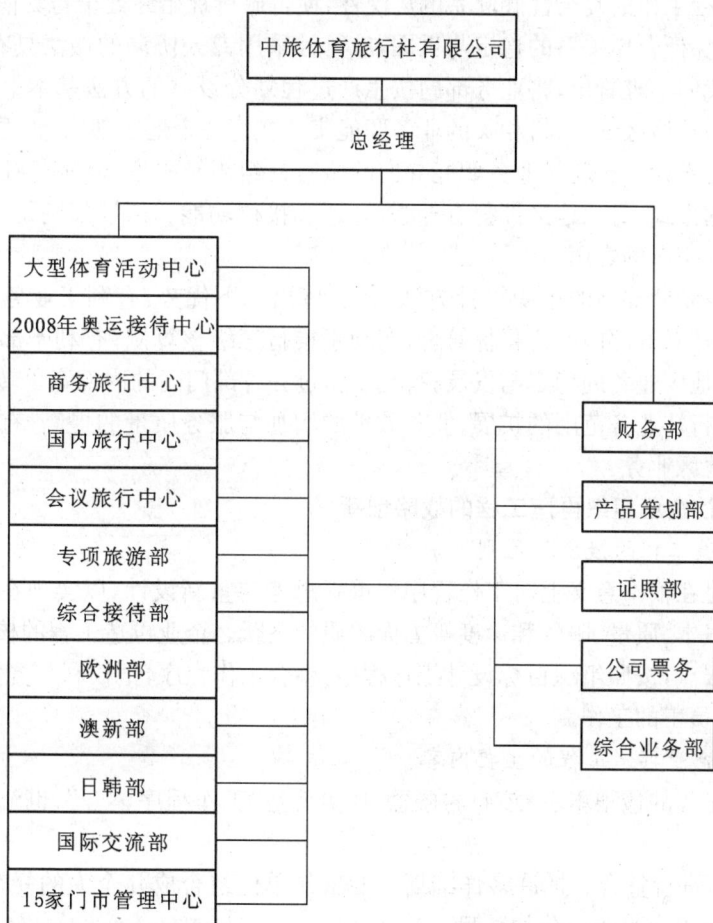

三、旅行社企业的组织设计

　　组织设计是旅行社企业经营的基础工作,也是旅行社企业管理的一项重要职能。一方面,组织表现为一定的形式,即为实现企业既定目标而合理配置资源;另一方面,它又表现为一定的过程,即合理配置与运用资源,不断协调企业系统内各方面矛盾,以逐步实现既定的目标。由此可见,组织设计为旅行社企业总体战略的制定与实施提供了物质基础和行为框架。

(一)旅行社组织设计现状分析

　　管理学原理告诉我们,在组织设计中,为了保证工作效率和减少协调的困难,一般应遵循"宁简勿繁"的原则,即可以由一个人或少数几个人完成的工作,就尽量避免人为地复杂化。

　　旅行社作为中介机构,大多以低于市场的价格向饭店、旅游交通部门、餐馆、游览景点等批量购买旅游者在旅行过程中所需的各种服务要素,经过组合加工后形成完整的旅游产品,直接面对旅游者进行销售。在许多情况下,一个人可同时扮演"采购者、组织者、销售者"三种角色。换言之,在旅行社工作中,一个人或一个部门负责外联、计调、接待等旅行社产品生产的全过程是可能的。

此外,旅行社工作的复杂性和联系的广泛性,使得旅行社始终处于与其他部门错综复杂的关系之中,为保证合作关系的稳定与巩固,旅行社采用专人协调的做法具有更大的优势。通过以上分析我们不难看出,将业务部门按生产过程划分设立的方法基本上不适合旅行社业务的特点。而按地区划分,将相关的业务职能集中在每一个地区部门,则更适合现代形势下旅行社组织的设计。这就是业务职能导向的旅行社组织结构形式:旅行社的业务部门采取按地区设置的方式,每一地区部都有外联、计调和接待功能。市场部则是一个虚设机构,供各业务部门开拓市场之用。

按地区业务划分部门的组织设计方法,将发挥出以下优势:有利于业务衔接和利益分配;有利于旅行社对各部门实行目标管理;有利于推行三级核算制;有利于部门整体业务的开展;有利于各地区业务的稳定与发展;有利于将过去各部门间的内部竞争转化为对外部的竞争;有利于旅行社业务范围的扩展、业务数量的增加与服务质量的提高;有利于从政策上鼓励开辟新的地区业务。

(二)旅行社企业组织再造工程的战略创新

1. 企业再造工程的概念和原则

企业再造是在根本意义上对工作程序作重新思考与重新设计,以实现在重要的业绩衡量标准——如成本、质量、服务和速度等方面的质的飞跃。企业再造工程的核心思想是以顾客为变革的着眼点,按照组织目标设计工作程序,整合工作程序,把权利与责任下放,重构组织,以支持一线员工的工作。

2. 旅行社企业再造工程的主要内容

企业再造工程的最根本、最核心的概念,其实就是"工作程序整合",也就是对工作程序的整理和组合。

(1)对分工进行整合。把许多详细划分的工作单位组合成几个大的复杂的工作单元,减少产品和工作程序组成部分的数目。

(2)对任务进行整合。允许员工从事工作程序中多个环节的工作,并允许他们之间进行协调,而不是分工更细。

(3)对知识进行整合。员工必须对工作程序的各个环节有更多的了解,而不是只了解自身所从事的工作,他们还应该能够成功地与在任何环节上工作的员工进行协调。企业不应对员工进行过于专业化的教育和培训,而应进行多种技能的综合教育和培训。

当然,各个旅行社在实际的服务接待与管理过程中,应根据每个旅行社的具体情况(员工素质、客源对象、旅行社类别等)提出相应的服务授权的改革措施。

(三)旅行社企业的虚拟经营趋势

随着市场竞争日益加剧并伴随着信息化时代的到来,作为一种以联合核心能力为形式的、对企业外部资源进行优化整合的有效手段——虚拟旅行社,将成为旅行社企业的现实选择。虚拟旅行社是网络时代的骄子,是一种具有高度弹性的新的企业经营模式,它与旅行社经营的高度信息依赖性和综合性是完全契合的。

由于虚拟旅行社是一种有关产品、业务、销售等方面的临时性经济共同体,因此,利益分配是其合作的纽带,其相互之间必须以共同利益的发展来保证合作各方的收益。

为确保成员之间的相互信任,在虚拟旅行社中应尽可能制定出一个公平、合理、共赢的合同。

由于虚拟旅行社的形成常常导致多种企业文化的汇聚，因此，各成员企业应努力减少多种文化之间的摩擦，使之相互融合。

虚拟经营以合作竞争为基础，它给旅行社带来的好处是显而易见的。

1. 增强实力

旅行社可以借助外部力量来改善自身较弱部门的功能，使之与其他企业的优势功能相结合来提高自身的竞争力，避免因局部功能弱化而影响和阻碍企业的快速发展。

2. 节约资源

虚拟经营是基于核心能力的企业外部资源整合，可以避免重复投资，可在短时间内形成较强的竞争能力，实现对旅游市场需求的快速反应。

3. 协同竞争

虚拟经营是两个或者两个以上具有不同经营优势的企业充分发挥集团竞争优势为目标，将各种优势整合在一起的经营方式，资源和利益共享，风险共担。

4. 提高反应能力

虚拟经营具有运作方式高度弹性化的特点，一旦市场发生变化，或者战略目标有所改变，可以通过解散原有虚拟组织，组成新的虚拟企业，创造新的竞争优势。它对于提高企业的应变能力，促进产品快速扩张，发挥竞争优势，具有重要的作用。

由于虚拟经营以较低的费用、较短的时间，实现了超越空间约束的经营资源的功能整合，为旅行社创造了多、快、好、省的途径，因此，虚拟经营将成为旅行社企业发展的一个趋势。而在旅行社虚拟经营的四种方式（人员虚拟化、功能虚拟化、生产虚拟化和虚拟企业）中，虚拟经营的高级形式——虚拟企业组织将成为旅行社企业的主要演进方向。

四、旅行社企业的制度管理

旅行社是旅游业的龙头，它销售的是各种与旅游相关的产品；它提供的服务囊括整个旅游行业；它在业务上衔接各个旅游实体；它在财务上的管理与旅游各企业的利益密切相关。旅行社在旅游行业整体中的特殊作用由此充分体现出来。旅行社的这些特点，使得加强其企业制度管理就显得尤其重要。

（一）旅行社企业的基本制度

每家旅行社的管理制度都会有所不同，其多寡也不一样。但归根结底，以下三方面的制度是不可少的：一是对操作程序的管理制度；二是合理、公平的人才培养与选拔制度；三是按劳分配、多劳多得、绩效挂钩的分配制度。这些是旅行社企业最基本的制度。

具体而言，旅行社的基本制度主要包括员工招聘制度、员工考核制度、员工调动制度、员工考勤制度与假期申请制度、业绩与过失纪录制度、投诉与投诉处理制度、员工手册、门市工作人员守则、领队合约与管理、导游守则与管理、财务管理、成本核算制度、业务管理制度、业务操作程序、部门职责等。

（二）员工的管理

旅行社对员工的管理应本着既严格又体贴、既有处罚又有奖励、既有指导又有培训的原则。旅行社管理者还应该允许员工对不公平事件的申诉，并在员工手册中以固定的程序予以明确，这是解决员工遇到不公平待遇问题的一种行之有效的办法。

员工手册主要包括公司背景及业务简介、聘用条件、员工福利、假期与休假、公司条例、员工守则、培训与工作计划、员工关系与沟通等。

（三）旅行社企业各部门的职责

通常情况下,大中型旅行社及旅游集团按管理职能权限可设如下六大部门:行政人事部、业务推广部、营业部、财务部、客运管理部和酒店管理部。旅行社的部门设置要因社制宜,能精则精,能简则简,能并则并,要以通过管理来提高效益。

例如,在营业部内可再设国内部、出境部;出境部如有需要,可设亚太、欧美部,还可以设机票中心等。但机构要简,人员要精。

（四）旅游集团的管理

1. 旅游集团的组成

旅游集团一般由旅行社、酒店、娱乐场所、购物商店、车队或船队组成。如中国最大的旅游集团之一的北京旅游集团,其管辖企业有康辉旅行社,几十家酒店、宾馆、娱乐场所,还有几家商场以及一个庞大的车队。这样的旅游集团如果在人、财、物上统一指挥、统一调配、统一任免,那是很具有竞争力的。例如,目前,在中国上市的旅行社中,中国青年旅行社是一家在管理上有特色、思路上有创新、运作上有独到之处的旅游集团,是一个很有发展前途的旅游集团。

2. 旅游集团内部管理

旅游集团的内部协调至关重要,但要有一个前提,那就是集团必须在人、财、物上是统一管理的。也就是说,在集团内部,人是可以统一任免和调动的,资金是可以通盘调配的,业务是可以统一指挥的。统一指挥对一个大兵团来说是至关重要的。

五、旅行社经营目标模式

根据我国旅行社目前的经营管理状况,通过改造、分化、组合以及增设等方式,可以向大型旅行社国际化、中型旅行社专业化和小型旅行社通过代理制形成网络化的目标模式发展。

（一）大型旅行社集团化

股份制是旅行社企业集团比较有效的组织形式,它对于建立起产权清晰、权责明确、政企分开、管理科学的现代企业制度,优化资金和资源配置,规范集团与成员企业行为,增强集团活力诸方面具有重要意义。

要建立"一司三制、以公为主"的生产资料所有制形式。"一司",是指旅行社股份集团公司,"三制"是指以国有资产入股的国家所有制,以企业成员自由资金入股的集体所有制和以员工个人入股的个人所有制。

要建立"一业为主、多角经营"的经营战略核心。"一业"是指作为主业的旅行社业,它是旅行社集团的经营战略核心。"多角经营"是指为减少经营风险,提高市场适应能力而选择在旅行社业内部或其他产业作为自己的发展领域。

（二）中型旅行社专业化

大型旅行社在整个市场内通过重新组合实现集团化之后,市场上一些中等规模的旅行社应相应调整其经营方向,避免其在经营标准化产品方面的比较劣势,实现专业化经营,以使自己最大限度地满足特定细分市场旅游者的需求。中型旅行社的专业化主要体现在所经营的产品上。与旅行社集团凭借资金实力通过经营标准化产品达到规模经济的指导思想不同,中型旅行社应针对某些细分市场,对某些产品进行深度开发,形成特色产品或特色服务。中等规模旅行社的专业化发展是一种必然的理性化选择,专业化经营集成本优势与产品专业化优势于一身,解决了这类旅行社因规模小而形不成规模经济、因而也难以直接与旅行社集团竞争的问题。

分布在不同地区的专业化旅行社可以采用连锁经营的方式实现联合。使其可以像旅行社集团那样拥有在产品开发、采购和促销等方面的优势,这实际上是另一种形式的规模经营,它符合利用规模经营提高低利润行业经济效益的原则。

(三) 小型旅行社网络化

与大型旅行社实现集团化、中型旅行社实现专业化和连锁经营相适应,众多小型旅行社则可在全国范围内实现网络化,成为直接面向旅游者的窗口。旅行社的网络化是由旅游需求的特点所决定的。随着社会经济的发展和人们受教育水平的提高,旅游作为一种休闲娱乐在我国也将日益普及,其结果是旅游需求可能在任何一个地方产生。

我国旅行社发展可借鉴国外的经验,通过代理制来实现网络化。代理社无需从事产品开发,也基本不拥有其他接待设施,其业务是专门从事旅游产品的代理销售。因为网络化的意义实际上等同于旅行社把行业触角伸向产生旅游需求的每个角落。

代理社可以只代理销售某一旅行社集团的产品,但常规的做法是代理社根据自身和市场情况选择多个旅行社集团和专业旅行社的多种产品。这实际上是一种旅游超市式的销售方式,目的是让旅游者充分地选择和购买。这样,除了使代理社在佣金和销售提成的制度下本身具有较高的销售动力之外,还可以有效促进被代理社之间的竞争。

任 务 实 施

从北京大海旅行社的实际情况来看,该社地处北京,组团业务主要接待外地和商务旅游者,地接业务可以把范围扩展到北京、天津、秦皇岛、承德等区域,而票务预订服务又是一个重要的收入来源,并且可以计划在北京其他城区逐步扩展业务,设立门市部。为解决旅行社产品同质化程度高、缺少创意因素的问题,特设立专业的策划部设计旅游产品。通过打造电子商务平台以适应旅游信息潮流。

图 1-2-5 北京大海旅行社的机构设置

职能部门	职　　能
办公室	统筹、管理、行政
财务部	会计、出纳、审计、预算核算
电子商务部	网络建设、网站编辑、网络宣传策划、网上交易
客服部	客户信息管理、投诉咨询受理、售前售后支持
国内中心	国内各类手续办理、接洽酒店选择、长期客户谈判
策划部	旅游路线策划、产品推广策划
导游部	导游人员招聘、培训与管理
票务部	各类交通票、门票
地接部	北京、天津、承德、秦皇岛等区域地方接待
门市部	分销

图 1-2-6 北京大海旅行社组织结构图

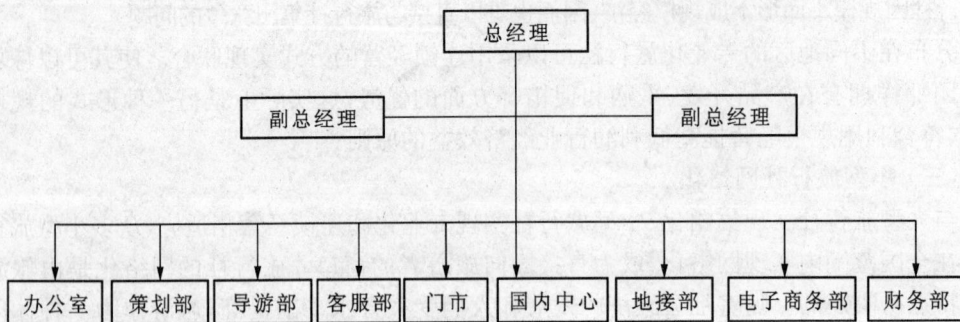

案例分析

【案例】

河北再添一家出境旅行社

今后,省内游客赴美国、俄罗斯、中东旅游将更加便利。近日,天马假期国际旅行社河北分社在省会石家庄成立,随之也推出了更多的美国、俄罗斯、中东等地的旅游线路。

据了解,根据新实施的《旅行社条例》,旅行社分社的设立不再受地域限制,分社的经营范围与设立分社的旅行社经营范围相同。天马假期国旅河北分社是"新条例"实施后,第一家在石家庄成立的出境旅行社。至此,在石家庄市经营出境旅游业务的旅行社已达13家。天马假期国旅是中国出境游十大批发商之一,主力旅游产品为美国游、俄罗斯游、中东游等。其河北分社的成立,将给河北旅游市场带来更加丰富多彩的旅游线路。

(新华网河北频道,2009-12-16 09:28:29,稿件来源:《河北日报》)

讨论:天马假期国际旅行社河北分社的设立需要历经哪些程序?

项目实训

1. 了解家乡的旅游发展状况,并根据所了解的情况为一家筹组中的旅行社拟定《可行性研究报告》,重点说明:

(1) 所申请设立旅行社的市场条件:客源市场或潜在客源市场、资金条件和人力条件;

(2) 所申请设立旅行社的资金条件:现有资金或筹措资金能力;

(3) 所申请设立旅行社的人力条件:管理人员及相关专业人员的数量和职业资格方面的水平。

2. 到本地区一家旅行社实地参观,了解该旅行社的部门划分、所负职责和人员构成,并画出该旅行社的组织结构图。

复习思考题

1. 旅行社设立申请书的主要内容是什么?

2. 申办人应在可行性研究报告中重点说明哪些问题?

3. 旅行社的申办人应向哪一级旅游行政管理部门提出设立申请?

4. 旅行社组织机构设立的营目标模式有哪些?简述常见的旅行社组织机构设立的方式。

项目二
旅行社产品运作

项目摘要

产品是旅行社经营活动的基础,在现代市场经济条件下,旅行社不但要根据市场需要开发产品,还要根据市场环境的变化调整旅行社产品。本项目意在通过了解旅行社产品的涵义及分类,明确旅行社产品设计的原则和方法,熟悉旅行社新产品开发过程,能结合实际存在的旅游产品分析其优劣,设计出更适合旅游者心理的旅游产品。

任务 1　认知旅行社产品

任务引入

依据如下中国国旅的夕阳红专列旅游产品,分析旅行社产品的构成要素以及该产品的所属类型。

表 2-1-1　夕阳红专列:桂林 大漓江 阳朔 海口 兴隆 三亚专列十一日

出行团号:_____　　　出发地:北京　　返回地:北京　　行程天数:11 天

出团日期:11 月 27 日、12 月 8 日

行程特色:健康避寒之旅——乘火车畅游祖国大好河山欣赏祖国美丽景象;观桂林山水甲天下;乘船览琼州海峡;感受来自海南的温度

行程安排:

日期	行程安排	用餐	交通	住宿
11 月 27 日	北京西站约 23:55 分乘 Y151 次专列赴桂林。	—/—/—	火车	火车
11 月 28 日	约晚 22:54 分抵达,入住酒店。	—/—/晚	旅游车	桂林
11 月 29 日	早餐后,乘船游览百里画廊——大漓江。沿途景点:九马画山、黄布倒影、田螺山、鲤鱼山、僧尼山、神笔峰、童子拜观音、鱼尾峰、八仙过海等漓江美景,感受"船在江上走、人在画中游"。特别赠送——山水园。乘车到中西风情街——阳朔西街,可自费游览银子岩、世外桃源以及张艺谋导演的大型山水剧场《印象·刘三姐》(自费项目),自由闲逛极具欧洲风情的阳朔西街,自费品尝阳朔美食——啤酒鱼、购买特产、泡吧等。	早/中/晚	旅游车游船	桂林

日期	行程安排	用餐	交通	住宿
11月30	早餐后游览桂林的龙脉之地——南溪山、桂林最大的综合性园林景区——七星公园景区（骆驼山、花桥、桂海碑林），观赏茶艺表演、参观银龙珠宝，乘船游览市内十大名山（一轮明月挂天空的穿山、天然屏障南溪山、仰首挺胸的斗鸡山、与之隔江相望的龟山、两山之间的塔山、北斗七星的七星山，桂林城徽的象鼻山、半枕漓江的伏波山、"江山会景处"的叠彩山），约晚19:38分乘Y201次火车赴湛江。	早/中/晚	旅游车火车	火车
12月1日	约上午10:13分抵湛江，乘车赴海安码头（车程约3个小时），抵达后乘船赴海口。	—/中/晚	旅游车	海口
12月2日	早餐后乘车赴兴隆，途中车览万泉河风光，娘子军塑像，参观亚洲人和平对话的平台博鳌亚洲论坛会议首届会址外景；乘船登玉带滩（可另行付费景点，门票价格：73元/人）。游览兴隆热带植物园，欣赏奇花异草，游览东南风情园，酒店享受免费温泉浴。	早/中/晚	旅游车	兴隆
12月3日	早餐后后驱车前往中国最南端的滨海城市:三亚，游览猴岛（可另行付费景点，门票价格：123元/人）。游览槟榔园（可另行付费景点，门票价格：143元/人）。游览亚龙湾中心广场，驱车前往"东方夏威夷"——亚龙湾沙滩漫步，游览大（小）东海旅游区——感受大东海的魅力，在大自然的天然氧吧尽情享受阳光的沐浴，可参加另行付费的各种海上活动（潜水为费用380元/人起）。参观"南海军刀"。	早/中/晚	旅游车	三亚
12月4日	早餐后游览海天一色的天涯海角、南天一柱（约100分钟）。游览集中外园林、佛教文化于一体的福泽之地——南山文化旅游区，中餐品尝素斋，观海上108米观音，祈福平安。南山大小洞天旅游区（可另行付费景点，门票价格135元/人）。车观椰梦长廊——情侣路。车览世界小姐比赛场馆——"美丽之冠"，一睹世界级赛场风采！参观海润水晶。海口。	早/中/晚	旅游车	海口
12月5日	早餐后，乘船赴海安码头，乘车赴湛江，约下午15:47分乘Y152次专列返回北京火车上。	早/中/—	船旅游车	火车
12月6日	火车途中。	—/—/—	火车	火车
12月7日	约晚23:47分抵达北京西站，结束愉快的旅程！	—/—/—	火车	

一、费用:2 380 元起

费用包含:往返火车、所列景点第一道门票、餐费（6早13正）、三星级以上标准用房、全程旅游空调车、全程导游服务、旅游保险（旅行社责任险）

二、服务标准

1. 交通:往返火车（火车出发时间以铁道部公布时间为准）。

2. 门票:以上所列景点第一道门票。

3. 住宿:桂林段按三星标准修建但尚未挂星双人标准间。海南段按四星标准修建但尚未挂星双人标准间。

4. 用餐:供6早13正餐(其中漓江游船为盒饭),十人一桌,酒店正餐八菜一汤,其他十菜一汤(如不用餐费用不退)。

5. 用车:空调旅游车。由旅游汽车运调中心统一调度,团队用车保证每人一个正座。

6. 购物:桂林(茶艺、珠宝),海南(咖啡、海产、军刀、水晶)

7. 导游:当地优秀导游讲解服务。

8. 医护:全程医护陪同。

三、说明

1. 儿童满2周岁以上,12周岁以下,须加收车费及半餐。

2. 全程入住指定酒店,产生单房差费用自理,单房差300元。

3. 我社在保证不减少景点的情况下,可对行程前后的游览顺序进行调整。

4. 游客的投诉以在当地,游客自行填写的意见单为主要依据,其他的诉求理由我社不予受理。有效的投诉时间为团队返回出发地起30天内有效。

5. 旅游过程导游会向客人推荐一些自费景点,客人可根据实际情况自愿选择,不参加的客人需在景区门口等候。

6. 行程内已含景点,持老年证、学生证、记者证、军官证的费用不退。

任务分析

正确分析"夕阳红专列旅游产品"的构成,判断该产品的构成、类型,学习和掌握旅游产品设计的基本知识

相关知识

一、旅游产品概述

(一) 概念

旅游产品是指旅游经营者为了满足旅游者在旅游活动中的各种需求,而向旅游市场提供的各种物质产品、精神产品和旅游服务的组合。旅游产品是个整体概念,它由旅游资源、旅游设施、旅游服务和旅游商品等多种要素组合而成。

(二) 旅游产品的构成

旅游产品不是以物理形态表现出来的一个个具体的劳动产品,而是以多种服务表现出来的组合型"产品"。旅游产品包括旅游资源、旅游设施、可进入性和旅游服务。其中旅游服务是旅游产品的核心。其组合要素主要包括:

1. 旅游交通

旅游交通的核心内涵是因旅游需求而伴随着旅游全过程的交通线路、工具、设施以及服务的总和,是构成旅游线路的主要组成部分。旅游交通按照距离的远近可以分为长途交通和短途交通,前者是指城市间的交通(区间交通),后者是指市内接送(区内交通)。常用的旅游交通工具有民航客机、旅客列车、客运巴士、轮船(包括游轮、游船)等。在进行旅游产品的组合时选择旅游交通方式要以旅游交通的便利、安全、舒适、快速、价优为原则。旅游交通是否舒适、安全、快速准确关系到旅游产品的质量和旅行社的声誉。

2. 旅游住宿

住宿占到旅游者旅游时间的 1/3 以上。同时，在住宿地还可以进行娱乐、文体等的相关活动。因此，旅游者对住宿的满意度关系到旅游产品的质量和信誉。旅游住宿是涉及旅游产品质量的重要因素，所以销售旅游产品是必须注明入住酒店的名称、位置、档次以及所提供的服务项目，一经确定，不能随便地更改，更不能降低档次、改变服务项目。

旅游住宿包括旅游宾馆、饭店、酒店、度假村（山庄）、招待所、家庭旅馆、青年旅社、大众旅社、疗养院、出租公寓等。其中旅游宾馆饭店又分为星级和非星级。一般来说，只要旅游者旅游行程中有过夜的，旅行社就必须为其安排住宿。同时，旅游住宿与旅游者的消费水平是一致的。

3. 旅游餐饮

旅游餐饮是旅行社产品构成要素之一，是旅游者重要的需求内容。旅游者对于餐饮服务的满意程度关系到旅游产品的信誉和质量，在旅游产品组合中不含餐饮服务项目的，旅游者可以自行选择。旅行社对于餐饮服务项目的组合原则是卫生、特色、量足、价廉、营养、口味丰富。

4. 旅游观光

旅游观光是旅游者出游的最主要动机，也是旅游产品核心吸引力的来源，反映着旅游目的地的品牌与形象。由于旅游观光项目是旅游产品的核心内容，所以必须充分重视旅游观光的质量，旅行社在选择旅游观光的景点时，考虑到资源要有高品位、有地域代表性、环境氛围好、旅游设施齐全、可进入性好，同时要有安全保障措施。

5. 娱乐项目

娱乐项目是现代旅游产品的主要组成部分，也是现代旅游的主体，只有娱乐项目的多样化、知识化、趣味化、新颖化才能广泛吸引各类不同的旅游者群体。许多娱乐项目的参与性很强，能够极大地促进旅游者的旅游兴致，加深旅游者对于旅游目的地的认识和了解。

6. 购物项目

购物项目是旅游产品的要素之一，旅游者在旅游的过程中要适当地购买一些具有地方特色的商品，例如，风物特产、工艺美术品，以作为纪念或者馈赠的礼品。

旅行社在安排购物项目的原则是购物次数适当，购物时间合理，购物场所服务质量好，商品具有代表性，物美价廉。切忌选择服务态度差、伪劣商品充斥的购物场所，更不能协同商家欺骗胁迫旅游者消费。旅游产品的购物项目分为定点购物和自由购物两种，前者是旅游者到旅行社制定的购物场所购物，后者是旅游者利用自由活动的时间自行选择购物场所和购物商品。

7. 导游服务

导游服务包括导游讲解服务和旅行生活服务，是旅行社产品的核心内容。导游讲解服务包括旅行社的导游员在旅游活动期间为旅游者提供的旅游景点现场导游讲解、沿途讲解及座谈、访问时的翻译等内容。旅行生活服务则主要为导游员在旅游期间为旅游者提供的迎接、送行、旅途生活照料、安全服务、旅游客源地与旅游目的地之间及旅游目的地范围内各个旅游城市之间的上下站联络等项服务。由于导游员与旅游者的接触最直接和最频繁，旅游者往往通过导游员的服务来切身感受旅行社的服务质量，所以，导游服务质量的高低往往成为旅游者评价旅行社产品的关键因素。

8. 旅游保险

旅行社的旅游产品必须包括旅游保险的项目,这里主要是指旅行社责任保险。旅行社根据保险合同的约定,向保险公司支付保险费,保险公司对旅行社在从事旅游业务经营活动中,致使旅游者人身、财产遭受损害应由旅行社承担的责任,承担赔偿保险金责任。

以上各种要素的有机结合构成独具特色的旅游产品,旅游产品是一个完整、科学的组合概念,完美的旅游产品是通过完美的组合形成的。

二、旅游产品的分类

(一)按照产品包含的内容分类

1. 团体包价旅游

旅游者将涉及旅游行程的所有服务项目费用统包起来付给旅行社,由旅行社全面落实旅行中的一切相关服务项目,囊括了旅游过程中的"食、住、行、游、购、娱"各个环节的服务,以及导游服务、签证服务等。(如表2-1-2)

表 2-1-2　杭州、乌镇、海宁二日游

D1:杭州　　　　　　　　　　　　　　　住:杭州宾馆　　餐:-/中/午
早晨6:20南通盆景园、6:30钟楼广场集中出发,经苏通长江大桥赴杭州,乘船游览西湖(1小时,含门票25元),欣赏西湖十景:断桥残雪、平湖秋月、曲院风荷、苏堤春晓、三潭印月、花港观鱼、雷峰夕照、柳浪闻莺等景点;下船后根据时间可安排龙井问茶(40分钟);其余时间(2.5小时)可以自由游览西湖美景;或可游览再现清明上河图胜景的特大型主题文化公园——宋城(含门票80元);晚餐后自由活动。
D2:海宁、乌镇　　　　　　　　　　　　　　　　　　餐:早/中/-
早餐后前往中国最大的皮草市场、4A旅游景区——海宁皮革城尽享自由购物乐趣(2~3小时),途中可安排杭白菊(40分钟);中餐后车赴原汁原味的水乡古镇——乌镇(3小时,含门票100元);茅盾故居、林家铺子、翰林第、财神湾、香山堂、蓝印花布坊、古戏台、逢源双桥、高公生酒坊、百床木雕、立志书院等。
服务标准: 1. 交通:全程空调旅游车(11—51客,根据游客人数确定并调整); 2. 门票:景点第一道门票(自理除外;行程中景点不去作自愿放弃,不退差价,游览时间为参考时间); 3. 住宿:宾馆双人标准间(独卫、空调、彩电、洗漱用品); 4. 用餐:1早3正餐(早餐5元/人;正餐20元/人,10人一桌); 5. 综费:全程导游服务+地接导游讲解; 6. 保险:旅行社责任保险(若需增加旅游意外保险请咨询报名处、未提供准确姓名和身份证视为放弃该项需求); 7. 儿童:不含床位和门票,只含车位和餐费。
分解报价: 本团客人共20人,按照20人分解报价。 1. 全程空调旅游车;　　　　　　　　　　　　　　　共计:××××元/辆 2. 所列景点第一道门票:西湖、宋城、乌镇;　　　　　共计:××××元/人 3. 全程酒店(三星级以上);　　　　　　　　　　　　共计:××××元/人 4. 用餐;　　　　　　　　　　　餐标:×××元/人/餐　共计:××××元/人 5. 导游讲解服务。　　　　　　　　　　　　　　　　　××××元/全程

2. 半包价旅游

半包价旅游产品是在全包价旅游产品的基础上,扣除中晚餐的费用(即不含中晚餐项目)的一种包价形式,降低了产品的直观价格,提高了产品价格竞争力,也可以满足不同游客在用餐方面的不同需求。(如表2-1-3)

表2-1-3 苏州园林、寒山寺、水乡锦溪、周庄古镇2日游(半包价)

D1:苏州、周庄	住:苏州 餐:自理

早晨指定地点集合出发,乘车赴人间天堂——苏州;中餐后驱车前往苏南的"四颗明珠"之一——锦溪(80元/人,游览时间约90分钟,赠送摇橹船);水巷、河埠、拱桥、骑楼、廊坊、街市两千余年的历史文化蕴积的水乡神韵,宛若一幅动人心魄的绝妙画卷。沈从文喻她为"睡梦中的少女",已故大师刘海粟赞誉她是"江南之最",冯英子则称她"淡抹浓妆总相宜",乘古摇橹船感受古镇风貌;之后驱车赴中国第一水乡——周庄,夜游周庄(自理80元/人,游览时间90分钟),古镇游览区、张厅、双桥、富安桥、老街,江南古镇的国色天香尽收眼底。

D2:寒山寺、锦溪	餐:自理

早餐后游苏州水乡风情园——定园(50元/人,游览时间约60分钟);欣赏苏州茶文化、吴文化、水文化,苏州东吴珍珠馆参观(约50分钟);之后赴唐代张继《枫桥夜泊》中传唱千年的古刹——寒山寺(自理20元/人,60分钟)参观,如今每到新年,人们都会到寒山寺听钟声,以抛弃烦恼忧愁;苏州一丝厂参观(60分钟)然后乘车返回,结束愉快之旅!

服务标准:
1. 交通:旅游空调车(根据人数多少安排车型);
2. 住宿:酒店2—3人间(独卫、热水、彩电、空调);
3. 餐:自理;
4. 门票:以上景点大门票(注明自费除外);
5. 其他:全程导游服务及旅行社责任险。

旅游报价:成人198元/人(含门票:定园、锦溪),儿童140元/人(车费,导服)。

购物安排:全程共2个购物安排(苏州东吴珍珠馆、苏州一丝厂),皆为华东地区有特色有代表的商品,导游员不得私自增加其他购物店,请游客监督。

3. 小包价旅游

小包价旅游产品也称作选择性旅游产品或者自助游,由非选择部分与可选择部分构成。前者包括城市间交通(长途)、市内交通(短途)以及住房(含早餐)。后者包括景点项目、娱乐项目、餐饮、购物以及导游服务。该种类型的旅游产品经济实惠、手续简便机动灵活,可以满足不同旅游者的不同需求,深受旅游者的喜欢。(如表2-1-4)

表2-1-4 敦煌、玉门关、雅丹、嘉峪关、七一冰川4日游小包价旅游

D1:敦煌	住:嘉峪关 餐:自理

早餐后参观闻名世界的莫高窟(门票80元)莫高窟坐落在敦煌城东南25公里处的大泉河谷里,南北长约1 600米。那鳞次栉比、重重叠叠的洞窟犹如蜂巢一般嵌在刀削斧劈的断岸上,窟前栈道蜿蜒曲折,楼阁巍峨兀立,铁马风铎悬响,气势宏伟壮观。下午游览神秘沙漠奇景——鸣沙山和月牙泉(门票60元),位于塔克拉玛干大沙漠边缘的敦煌鸣沙山,像一条巨龙横卧在敦煌城南。行程结束后乘车至嘉峪关(385公里车程4小时)住嘉峪关二星酒店。

D2:嘉峪关	住:嘉峪关 餐:自理

乘汽车赴冰雪世界七一冰川(门票70元)。"七一冰川"是亚洲距离城市最近的大陆性冰川,横卧在距嘉峪关120公里处的祁连山中,洁白晶莹,像一幅美丽的画卷,吸引着世界各地的游客。

（续表）

D3：嘉峪关	餐：自理

参观嘉峪关城楼（门票 61 元）、号称西部小八达岭的——悬壁长城（门票 21 元）。在这里您可以体验古代军旅生活，纵观昔日古战场的悲壮与苍凉，感受讨赖河大峡谷的惊心动魄。

服务标准：
1. 交通：往返旅游空调车（根据人数多少安排车型）；
2. 住宿：酒店 2—3 人间（独卫、热水、彩电、空调）；
3. 餐：自理；
4. 门票：以上景点大门票（注明自费的除外）；
5. 其他：全程导游服务及旅行社责任险；
6. 全程导游服务；
7. 全程旅行社责任保险以及旅游意外险。

4. 零包价旅游产品

零包价旅游是一种独特的产品形态，多见于旅游发达国家。参加这种旅游的旅游者必须随团前往和离开旅游目的地，但在旅游目的地的活动是完全自由的，形同散客。参加零包价旅游的旅游者可以获得团体机票价格的优惠，并可由旅行社统一办旅游签证。

5. 组合旅游产品

旅游者在指定的日期到达旅游目的地，由目的地旅行社将他们集中起来组团旅游，每团人数不限。旅游者既可随团活动，也可自由活动。旅游活动结束后，旅游团在旅游活动结束的地点解散，旅游者各自返回居住地。组合旅游游客活动的自由度大，选择性强。

表 2-1-5　各旅游产品主要特征对比

产品类型	付费方式	交通	餐饮	住宿	导游	娱乐观光门票	团队人数	特　征
团体包价	一次性预付	●	●	●	●	●	10 人以上	优点：易于操作，价格优惠，提高效率，降低成本 缺点：忽略游客个性需求
半包价	一次性预付	●	● 早餐	●	●	○		优点：降低产品直观价格，旅游者可自由选择用餐
小包价	预付	●	● 早餐	●	○	○	10 人以下	最早由香港和海外旅行商推出 优点：明码标价，经济实惠，手续简便，机动灵活——独特优势
零包价	—	● 随团前往和离开旅游目的地	○	○	○	○	○	多见于旅游发达国家 优点：可获得团体机票优惠，统一代办签证，活动自由
组合旅游	—	○	○	○	○	○	○	优点：满足旅游者个性化需求

注：● 已包含项目　○ 自由选择项目　— 未注明

（二）按照旅游产品的档次分类

1. 豪华型旅游产品

豪华型旅游产品也称作"豪华团"。该类旅游产品旅游费用较高，旅游者的用餐一般在四星级或者五星级酒店，或者是在豪华游轮里面，享用中高级的导游服务，享用高档豪华型进口车，享用高水准的娱乐服务项目。此外，在往返的长途旅游交通多选择飞机航线。

2. 标准型旅游产品

标准型旅游产品也称作"标准团"。该类旅游产品旅游费用适中，旅游者的住宿和用餐一般在二、三星酒店或者中等水准的宾馆、油轮，享有豪华空调旅游车。在长途的旅游交通上大部分使用飞机。

3. 经济型旅游产品

经济型旅游产品也称作"经济团"。该类旅游产品费用低廉，旅游者住宿和用餐在低水准的招待所和旅社，享用普通汽车。长途旅游交通一般选择汽车、火车和普通轮船。

（三）按旅游者组织形式分类

1. 团体旅游产品

一般是指由十人以上的旅游者组成的旅游产品，团体旅游一般采用包价的形式。

2. 散客旅游产品

一般是指旅游者不足十人，一般采用半包价、小包价的形式组合旅游产品，有时也采用包价的形式。

需要指出的是，旅行社组团人数的标准有时与产品的档次有关系，例如，国内旅游豪华团 10 人成团、标准团 16 人成团、经济团 30 人成团，而入境则 9 人成团。另外，我国公民到某些国家或某些地区出境旅游必须以团队的形式进行，3 人即可成团。

（四）按照旅游产品的消费区域分类

1. 国内旅游产品

一般是旅游者在中国境内进行旅游消费。根据旅游目的地的远近和旅游者出游的天数又分为中长线旅游产品和短线旅游产品。例如，桂林漓江阳朔西街十大名山精华段休闲 5 日游、深港澳双飞五晚六日特色之旅、西双版纳大理丽江双飞单卧八日环线游、奥运北京双飞六日休闲游、厦门武夷山鼓浪屿双飞六日游等都属于国内中长线旅游产品，石林一日游、九乡一日游、腾冲两晚三天、香格里拉两晚三天等都属于国内短线旅游产品。

2. 国际旅游产品

国际旅游产品包括入境旅游、出境旅游和边境旅游。入境旅游是我国旅行社接待海外旅游者来中国大陆旅游，出境旅游又称为海外旅游。目前我国公民可以组团赴海外的热点旅游线路有东南亚新马泰旅游产品、日韩旅游产品、澳洲旅游产品、欧洲旅游产品等。边境旅游是随着边贸发展起来的旅游产品，主要有中朝边境游、中俄边境游、中缅边境游、中越边境游、中老边境游等。国际旅游产品的大多数为中长线团队旅游。

三、旅游产品的特点

1. 综合性

综合性是旅行社产品最基本的特征。综合性首先表现在旅游产品是混合性产品，包括

"吃、住、行、游、购、娱"等方面;其次还表现在旅游产品涉及的部门和行业众多。

2. 文化性

旅游产品一般具有文化色彩鲜明的主题,例如"夕阳红"系列旅游产品是以老年旅游群体为主要的目标市场。同时,在旅游活动中可以满足旅游者对于文化的需求,获得各种知识和精神文化的感受,这就要求旅行社在设计旅游产品时,努力挖掘旅游产品的文化内涵,满足旅游者的文化需求。

3. 脆弱性

脆弱性又称易折性,表现在与旅行社及旅游者相关的各个部门和众多因素中任何一个方面发生变化,都会直接或间接地影响到旅行社产品生产和消费的顺利实现。此外,战争、政治动乱、国际关系、政府政策、经济状况、汇率变化、贸易关系等经济、社会、政治、文化等因素的变化都会引起旅游需求的变化,并由此影响旅行社产品的生产与消费。

4. 生产和消费的同步性

旅游产品的生产通常需要旅游者的参与,旅行社在提供旅游产品的同时,旅游者在同步完成消费。服务活动的完成需要生产者和消费者双方的共同参与。从这个意义上来说,旅游产品的生产和消费是同步发生的,并且是在同一地点同一时间发生的。

5. 旅游产品组合要素的公共性

旅游产品的组合要素不具有专利性、排他性。其原因在于:其一,旅游产品的核心要素——旅游吸引物多属国家所有,任何旅行社都可以经营;其二,旅游产品的某些要素不具有垄断性,例如旅游交通服务,交通部门可以卖给任何一家旅行社。

6. 无形性与有形的展示

无形性主要是指旅游产品的不可感知性,旅游本来是一种无形产品,是人的一种心理感应。旅游的产品与服务是一个统一体。比如说你到桂林旅游,在旅游的过程中你看到的美丽的风景是产品的有形性,而在桂林旅游时你感受到的当地的少数民族同胞的纯朴、热情是产品的无形性。把这两者结合起来就是旅游服务产品的有形性与无形性的展示。

7. 差异性

差异性主要是指旅游产品没有界定的组合标准,可变的因素比较大,这种变化因人而异、因环境而异、因服务的提供者而异。同一旅游产品,对于不同的旅游消费者,可能由于组合旅游产品的某一服务要素的不同而呈现出不同的质量。例如,同样一个导游,提供相同的导游服务,但是在不同的旅游者群体中评价可能不同。

任 务 实 施

一、分析"夕阳红"旅游产品的构成

图 2-1-1

```
                    "夕阳红"专列旅游产品
  ┌──────────────────────────┐   ┌──────────────────────────┐
  │ 旅游交通：大交通，往返火车，全 │   │ 娱乐项目：温泉浴、潜水、海水浴 │
  │ 程空调旅游车                │   └──────────────────────────┘
  └──────────────────────────┘   ┌──────────────────────────┐
  ┌──────────────────────────┐   │ 购物项目：咖啡园、银龙珠宝、茶 │
  │ 旅游住宿：三星标准用房        │   │ 叶                        │
  └──────────────────────────┘   └──────────────────────────┘
  ┌──────────────────────────┐   ┌──────────────────────────┐
  │ 旅游餐饮：6早13正餐 十人一桌 │   │ 导游服务：全程陪同导游服务和地 │
  │ 八菜或十菜一汤              │   │ 方陪同导游服务             │
  └──────────────────────────┘   └──────────────────────────┘
  ┌──────────────────────────┐   ┌──────────────────────────┐
  │ 旅游观光：桂林、大漓江、阳朔、 │   │ 旅游保险：旅行社责任险       │
  │ 海口兴隆、三亚             │   └──────────────────────────┘
  └──────────────────────────┘
```

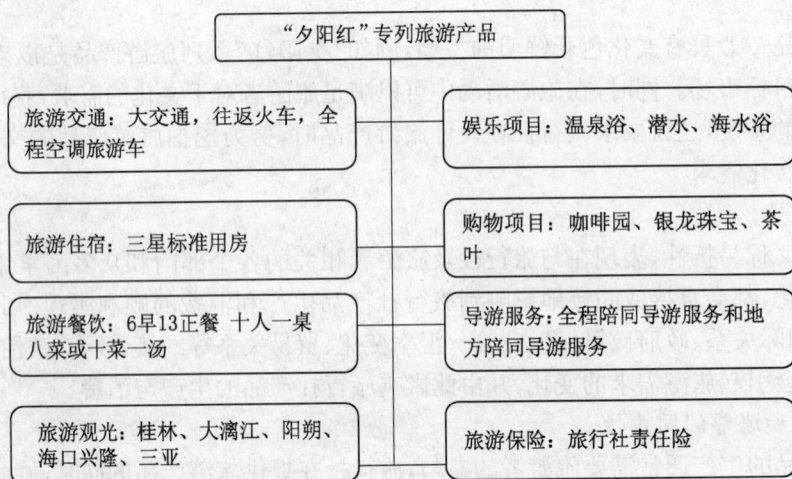

二、分析该产品的类型

参考表 2-1-2"各旅游产品主要特征对比"分析该产品的服务项目包括交通服务、饭店客房服务、早餐以及正餐服务、导游服务、游览场所景点第一道门票。旅游者在出行之前就预付上述服务项目的费用。因此该产品在旅游产品的类型中属于全包价旅游产品。

任务 2　旅行社产品设计

任 务 引 入

任务 2-1

结合上一任务对于"夕阳红"旅游产品的构成和类型分析的基础上，认真学习旅游线路设计的原则。对于该产品设计所体现的设计原则进行简要的分析与概括。

任务 2-2

设计一个适合新婚夫妇的海南游产品，以新婚蜜月游为主，时间在一周左右。

任 务 分 析

任务 2-1

通过学习旅游产品设计的基础知识，掌握旅游产品设计的流程和方法，了解旅游产品设计的原则，并能分析现有旅游线路在设计中遵循的原则。

任务 2-2

在学习必要的旅行社产品设计的知识后，对于具体的现有旅游产品进行分析，根据市场需求和旅游者群体特征，进行旅游产品设计。要完整地体现旅游产品设计的过程，注重细节的操作。

知　识　基　础

一、认知旅游产品设计

旅游产品设计是按照一定的规则,将旅游资源和旅游交通、餐饮、住宿等服务项目进行组合,以一定的主题、内容、形式和价格表示出来的过程。一般来说旅游产品的设计包括两个层面:

1. 设计出新的旅游产品

主要是指随着旅游服务项目的更新,要求旅行社捕捉新的旅游信息,包括旅游景点、旅游交通、旅游餐饮、住宿等,组合形成市场上没有的旅游产品。例如,一个新的旅游景区开发建设完成后,邀请旅行社踩点考察,目的是将该景区纳入旅游产品组合中,相对于旅行社而言就意味着设计出新的旅游产品。

2. 设计出更多优秀高质的旅游产品

主要是在原有旅游产品组合的基础上进行优化和提高,例如,多数旅行社在相继降低"华东五市"价格的时候,一家旅行社推陈出新,组合出价格较高的"华东五市纯玩"旅游产品,虽然价格远远高于原有的产品,但是在原有基础上保障了高品质的服务,具有很大的吸引力。

二、旅游产品设计的流程

图 2-2-1　旅行社产品设计流程

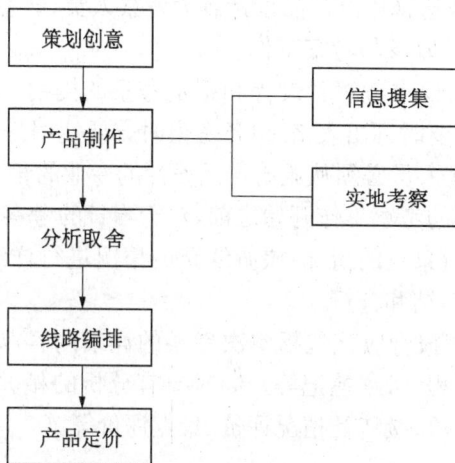

1. 策划创意

旅行社不仅要打造出全新的旅游产品,同时要满足旅游者多种多样的需求,因此旅游产品的创意和策划要注意以下几点:

(1) 避免产品的单一化。

就目前来说,绝大部分旅游产品属于观光旅游产品,而休闲旅游产品、度假旅游产品、专项旅游产品所占的比例对于旺盛的旅游市场需求来说明显不足。

(2) 开发高质量产品。

很多旅游产品层次低、互相雷同、粗制滥造,为了吸引旅游者开展价格战,降低旅游产品的组合含量,提高购物要素,形成直观价格低,但相应的旅游组合要素也廉价,满意度也较低的状况,不利于旅游产品的再销售。

（3）充分考虑季节因素。

旅游产品的季节性明显,需要旅行社组合出类似于"四季皆可游"的旅游产品,这就要在策划创意阶段加大力度。

2. 产品制作

（1）搜索旅游信息。

在作出旅游产品的策划和创意后,进入旅游产品的编排、制作阶段。要求旅游产品的设计者搜索旅游目的地的相关信息,包括目的地国家的旅游城市,旅游城市的旅游景点、气候、经济、社会发展情况等。可以通过多种途径,例如网站、出版物等搜集相关的信息。

进行旅游地旅游信息搜集的时候,旅游产品的设计者可以参考或查阅其他旅行社所开发设计的类似的旅游产品,这也是多数旅行社设计旅游产品的主要形式,但是,一定要避免对于现有旅游产品的抄袭和全盘借用,这样就会使原有的创意和意图难以体现,使旅游产品的开发设计受限。

（2）实地考察。

实地考察是对于旅游产品创意设计的进一步落实,也是旅游产品设计过程中的重要工作步骤,是对于旅游产品组合的六大要素吃、住、行、游、购、娱的全方位考察。具体实施步骤如下：

① 挑选考察人员：一般选择旅游产品设计者为考察人员,熟悉旅游线路设计、掌握旅游产品的设计规律的人员也可以参与考察工作。

② 考察前的准备工作：要求考察者设计和拟定考察的提纲,对于已经搜集到的旅游目的地信息进行分类整理,必要时列出表格,以备考察时方便使用。

③ 进行实地考察：考察人员必须从旅游产品设计的专业的角度对于考察发现的问题进行翔实的记录与评价,每天的考察工作开始之前,对于当日的考察内容进行准备,例如,对下榻的酒店、用餐的餐厅、旅游景点的情况、旅游线路的情况进行详细的记录。每天的考察结束后要对当天的考察进行总结和分析。

④ 撰写考察报告：考察报告应该包括本次考察的详细内容,如,旅游产品的起因、旅游产品的构想、考察的详细日程、考察笔记等。同时要有分析的相关内容,例如,城市的评价、城市区间交通评价、用餐评价、接待社情况评价、景点评价等。

3. 分析取舍

旅游产品的设计和组合要进行多次的分析和取舍,原因是旅游产品不可能囊括旅游目的地的所有精华,只能在现有资源的基础上对与旅游目的地的旅游吸引物和旅游设施进行取舍选择。

在进行取舍是要注意以下两点要求：

（1）旅游组合要符合旅游产品创意和设计的主题和形式。例如,观光类旅游产品可以选择海滩、高原、沙漠、湖泊、林地等组合要素,以满足旅游者对于自然风光的需求,而文化类旅游产品的组合一定要包括文化历史遗迹类的旅游景点。

（2）旅游产品的组合要同旅游产品的档次相适应。例如豪华类旅游产品在要素选择时要保证每一种服务要素的档次要符合该类产品,例如旅游住宿酒店的等级、旅游餐饮的选择、旅游交通的选取等。

4. 线路编排

旅游线路的编排是旅游产品成型的最后一步,应遵循如下原则:

(1) 行程舒适。

交通工具的选择应以迅速、舒适、安全、方便为基本标准。

(2) 让旅游者体验和参与。

现代旅游者更青睐融入生活元素、生活气息的旅游产品,人们不仅要参观旅游景点,而且要体验旅游地的生活。在观光中观察生活,在度假中体验旅游地的生活,在休闲中品味旅游地文化。因此旅游线路的编排要挖掘旅游地旅游景点以外的组合要素,例如,集市、家庭、社区、幼儿园、学校、婚礼现场、村落、农事等皆可以作为旅游要素进行深度的组合。随着旅游消费者的成熟,其消费行为和意识开始变化,不再满足于原有的消费模式,更加注重旅游参与,注重感受和体验。因此旅游者的参与、社区的参与以及自然与人文的交流互动程度,构成了旅游产品的重要内容。

(3) 择点适量。

旅游者的旅游时间一般在一周至两周内。过多地安排旅游点,容易引起旅游者疲劳,不利于深入了解旅游目的地,并影响旅行社回头客。

(4) 顺序科学。

旅游行程应由一般的旅游点逐步过渡到吸引力较大的旅游点,产生高潮迭起的效果。如,对国际旅游者来说,广州、桂林、上海、西安、北京一线的组合便优于其逆向组合。

(5) 特色各异,突出主题。

不应将性质相同、景色相近的旅游点安排在同一线路中,否则会影响旅游线路的吸引力。如广州、桂林、上海、西安、北京一线,正是由于各旅游城市独有的特色和科学的组合,而成为我国在国际旅游市场中畅销的旅游线路。旅游线路一般应突出某个主题,并且要针对不同性质的旅游团确定不同的主题,如"草原风光旅游"、"中国名酒考察旅游"等,并围绕主题安排丰富多彩的旅游项目。在同一线路的旅游活动中,力求形成一个个高潮,加深旅游者的印象,达到宣传目的。同时,旅游活动内容切忌重复。

5. 产品定价

旅游产品的价格决定了产品的等级、层次,旅游产品的价格常常处于不断地变化中,因为一些影响到旅游产品价格的因素处于不断地变化中,例如机票价格的变动、酒店价格的升降等,同时旅游产品的价格要考虑到企业的整体营销战略,因此在进行旅游产品定价的时候要综合考虑如下因素:

(1) 旅游产品的市场定位。

旅游产品的市场定位决定了旅游产品进入市场后准备占有的目标消费群,其价格要同目标消费群的消费水平一致。

(2) 旅游产品的生命周期。

旅游产品的生命周期一般可分为初创期、发展期、成熟期、衰退期四个阶段。每一个阶段对应的旅游产品价格策略是不一样的。例如,新的产品投放市场时可以采用低价策略,迅速占领市场,短期内提高市场占有率。对于竞争者较少或者需求量大的市场可以采用高价策略,在短期内收回成本,获取利润。

(3)旅游产品的战略角色。

每一旅游产品的定价都要符合旅行社长远的发展战略,要同企业的发展目标相一致。

6.产品定价的方法

(1)成本加成定价法。

成本加成定价法是指将单位产品的变动成本总额与一定比例的利润加在一起后确定产品价格的定价法。

(2)目标利润定价法。

目标利润定价法又称投资回收定价法,是指旅行社为在一定时期内收回投入企业的资金而采用的一种定价方法。首先,旅行社为所投入的资金确定一个回收期限,然后根据投资额和回收期限计算出目标利润率和目标利润额。最后,根据目标利润额、固定成本、单位产品变动成本和预期销售量制定出产品的销售价格。

(3)逆向定价法。

逆向定价法是指旅行社通过对旅游市场的需求、市场竞争状况及竞争对手的同类产品销售价格等方面调查之后,先确定产品价格,然后相应调整产品的内容和成本的方法。

(4)随行就市定价法。

随行就市定价法指旅行社通过对市场竞争、市场需求及旅游者反应的不断监测,以随机的方式对产品价格进行相应调整,以期在可能的范围内获得最大利润的定价方法。

(5)取脂(撇油)定价策略。

取脂定价策略主张对产品采取高价投放市场的策略,这样可以使旅行社在短期内获取高额利润,它适用于经营具有垄断性和需求缺乏弹性的产品。取脂策略一般只适用于某种新特产品投放市场的初期阶段,旅行社若想长期采取这一策略就必须不断进行产品创新,如出境游的新产品常采用这种策略。

(6)渗透定价策略。

与撇油定价策略相反,渗透定价策略主张采取低价投放市场的政策,以便增加销量,广泛地占领市场,并借此排斥竞争者的加入,从而达到长期占有市场的目的。这一策略适用于具有大批量接待能力、经营缺乏垄断性和需求富有弹性的产品。但这一策略必然导致旅行社经营利润率偏低。

7.产品定价的技巧

(1)利用旅游者消费心理进行定价。

旅行社可以使用的心理定价策略主要包括尾数定价法、声望定价法和吉祥定价法三种。

(2)折扣报价和阶段报价。

旅行社产品的优惠价主要包括现金折扣和数量折扣等。差价主要包括等级差价、季节差价、地区差价和年龄差价等。

(3)双人同行价格优惠。

以新婚旅游产品为例,只报出双人价格,省去单人价格相加的计算过程。例如,某旅行社推出的巴厘岛蜜月旅游路线直接报出"二人同行,惊喜促销价 11 160 元"。

(4)人数增加,价格递减。

随着参团人数的增加采取价格递减的方法吸引旅游者,主要吸引几个朋友结伴出游,或几个家庭共同参与，例如，不少旅行社推出"三人同行，立减一百"的价格促销策略。

三、旅游产品设计的方法

旅游产品的创新设计中，旅游景点的要素往往不能被一家旅行社垄断，因此，旅游产品的创新点，很容易被其他的旅行社模仿。目前旅游产品的设计主要从旅游产品的级别和结构入手，注重服务细节的设计。在旅游产品的设计中，主要采用以下两种方法。

1. 创新设计的方法

创新设计的方法包括旅游活动主题创新、内容创新、形式创新等。例如，针对目前年轻人新婚的心理以及消费特征推出的"一生有你"新婚蜜月行，将原有的海南、三亚旅游产品进行重新组合，适应该类人群追求浪漫的心理特征，受到多数新婚旅游者的喜爱。

2. 借鉴设计的方法

这是多数旅行社进行旅游产品设计的方法，往往通过分析自己或者其他旅行社现有的旅游产品，依据旅游市场的变化对旅游产品进行重新包装，从中获取收益。采用此种设计方法要充分考虑到汲取成功的设计模式以及自身优势的结合。例如，传统的"我在北京上大学"旅游产品，结合现阶段培养学生拓展能力的需求，进行重新的包装，由原来的参观为主变为包含"名校参观、心理辅导、野外拓展、学生交流、才艺展示"的青少年夏令营产品，受到广大青少年以及家长的普遍欢迎。

四、旅游产品设计的原则

1. 市场原则

在进行旅游产品设计的时候要充分考虑到市场的情况，也就是每一种旅游产品主要针对的是哪一类人群，依据该人群的消费心理和特征进行分析，主要考虑到如下三个方面：

（1）根据市场需求和细分市场的消费特征与规律设计旅游产品。

（2）根据旅游者或中间商的要求开发产品。旅行社根据旅游者和客源产生地中间商的要求，设计出符合市场需求的旅游产品，从而开拓市场。

（3）创造性地引导旅游消费。旅行社应审时度势，创造性地引导旅游消费。

2. 通畅性原则

通畅性的原则主要包括三层含义：

一是旅游点结构合理、布局得当。在条件许可的情况下，一条旅游线路应尽量避免重复经过同一旅游点，在交通安排合理的前提下，同一线路旅游点的游览顺序应由一般的旅游点逐步过渡到吸引力较大的旅游点。

二是交通安排要合理。交通工具的选择应以迅速、舒适、安全、方便为基本标准。在具体安排上，长途游一般应乘坐飞机；交通工具的选择应与旅程的主题相结合；同时要保证交通安排上的衔接紧凑，减少候车（机、船）的时间。

三是旅游线路途经旅游点的各种服务设施必须得到保障，如交通、住宿、饮食等。这是旅行社向旅游者提供旅游服务的物质保证，缺少这种保证的旅游点一般不应考虑编入旅游线路。

3. 新颖的原则

这一原则主要包括从旅游产品的创意到旅游要素的组合，每一个环节都要体现出新意，特别是在旅游景点的选择时，针对不同的人群要选择不同的类型，例如，年轻人喜欢刺激，可以在旅游景点的选取上考虑到他们爱冒险的本性，将漂流、探险类的旅游项目纳入其中，来体现产品的新颖。

4. 差异化原则

差异化原则是旅游产品特色的主要方面，差异化原则可以降低旅游产品的销售成本。具体表现为：

（1）价格差异。

在影响旅游产品销售的因素中价格因素是构成旅游产品吸引力的重要组成部分，因此旅游产品的设计必须要考虑到价格吸引力的因素，体现出与其他同类旅游产品相比的价格优势。

（2）旅游产品组合要素的差异。

旅游产品组合要素的差异主要有组合内容的差异和组合顺序的差异，组合内容的差异主要包括提高酒店的星级、调整景点的数量、赠送特殊的礼品、提供额外的服务等。组合顺序的差异可以改变旅游产品的外在形式，即使采取的是与其他旅行社相同的服务项目，也可以因为旅游服务要素的顺序不同，或者某一服务要素的时间安排不同，成为吸引旅游者的卖点。

5. 时效性原则

旅游活动与自然环境和客观环境密切相关，在设计旅游产品时，要结合季节性和时间性带给景点的魅力，将游览时间与最美的季节和环境协调一致，努力将目的地最美的一面展示给旅游者。

任 务 实 施

任务 2 - 1

"夕阳红"旅游产品的设计充分体现了如下原则：

1. 市场性原则

该旅游产品的针对性较强，选择具有一定消费能力和消费欲望的老年旅游者作为目标细分市场。该线路的设计和旅游要素的组合针对老年人的特殊需求，例如，往返行程选择安全系数高的火车、三星级以上标准用房、全程旅游空调车可以直观上降低旅游产品的成本；在景点的选择上，避免过于激烈的参与性旅游项目，以参观性旅游景点为主，旅游节奏相对缓慢；旅游餐饮上选择适合老年人口味、又突出地域特色的餐饮，例如南山的素斋。

2. 通畅性原则

大景点旅游交通通畅，小景点组合避免了将同类景点安排到同一线路，旅游产品各类组合要素衔接合理。

3. 新颖的原则

新颖的原则贯穿该旅游产品的始终：首先，在创意上，新颖的"夕阳红"是最佳的体现，专列的选择，既降低了旅游成本，又体现了该产品的专一性和独有性；其次，具有一定范围的规模效应；同时可以在产品的销售中采用新颖的方式，例如，在一些老年俱乐部发布相关信息，进行宣传，既可以减少广告的费用，同时又能针对细分市场引起强烈的反响。

4. 时效性原则

十一月份是北方的冬季，万物失去了原有的生机，而该旅游产品旅游目的地的选择，最能体现旅游目的地同旅游客源地的差异，展示旅游目的地的特色，给老年旅游者与众不同的视觉冲击和美的享受。

任务 2 - 2

步骤一：策划创意

面向当今社会的新婚夫妇旅游市场设计旅游产品，首先要针对该类旅游市场的基本特征，分析他们个性化的旅游需求，尤其是 80 后的一代年轻人，追求刺激、浪漫、渴望展示自我，欣赏不拘一格的旅游形式，大胆而开放，因此可以将该旅游产品定位为休闲类短线旅游，设计要体现其鲜明的特色。

1. 旅游主题选择

"亲亲呀诺达动感激情之旅，一个充满热带雨林风情的野趣蜜月之旅，在热带雨林里边，住在温馨浪漫的露营帐篷里倾听他和她的心跳。仅此一晚，就足以令您对此次的蜜月之行终生难忘。"

2. 高品质、富有特色的蜜月产品

"两晚挂牌五星级酒店大床房，一晚浪漫情趣帐篷，一晚海景酒店大床房，唱响美丽爱情故事。五星级酒店温泉池畔烧烤自助餐晚宴，有点暧昧、有点激情。独家推出：海南黎族八音乐队，黎家姑娘献歌婚庆欢迎仪式。"

步骤二：产品的制作

1. 资讯准备

收集旅游目的地的餐饮、住宿、景点、购物、娱乐、交通等相关的信息，例如，帐篷露营的可行性，双体帆船的刺激性与安全性。了解相关服务项目的费用情况。对于相关的信息进行归类整理，同时，考虑到同旅游主题的融合。

2. 实地考察

对于本旅游产品涉及的旅游服务项目进行实地考察，特别是对旅游住宿的星级是否达标，旅游休闲项目的刺激性与安全性，以及旅游餐饮的卫生与特色、旅游购物的商品质量和服务态度进行详细的记录和甄别，掌握第一手旅游目的地信息。

3. 分析取舍

该旅游产品沿途旅游景点丰富，围绕主题选取最具有代表性的景点和娱乐项目，突出浪漫、刺激的核心。对于旅游景点和服务项目进行分析取舍后选择如下景点，作为核心的旅游产品组合内容。

（1）玉带滩。玉带滩是一条自然形成的地形狭长的沙滩半岛，位于海南博鳌，外侧南海烟波浩渺一望无际，内侧万泉河、沙美内海湖光山色，内外相映，构成了一幅奇异的景观。

（2）亚龙湾沙滩。亚龙湾集中了现代旅游五大要素——海洋、沙滩、阳光、绿色、新鲜空气于一体，适宜四季游泳和开展各类海上运动。

（3）天涯海角游览区。天涯海角景区，除了游览观赏到自然与人文景观外，每个人都会触发各种各样的联想和感悟："海上生明月，天涯共此时"的亲情，"爱你到天荒地老，陪你到天涯海角"的爱情，"海内存知己，天涯若比邻"的友情，"独上高楼，望尽天涯路"的悲哀，"同是天涯沦落人，相逢何必曾相识"的慰藉，"天涯何处无芳草"的豁达，"海角尚非尖，天涯更有天"的超然，以及"海阔天空"的心态，等等。自然景观与人文情感的融合，正是天涯海角的独特魅力所在。此外还有"海天一色"、"天涯"、"海角"、"南天一柱"等石刻全景。

（4）热带植物园。拥有丰富氧负离子，如同绿色天堂，是一个荟萃热带奇花异草的世界，能够观赏到各种罕见的热带水果。

（5）南山佛教文化苑。南山寺内有世界首尊金玉观世音菩萨塑像，高达108米，价值1.92亿元人民币，创世界之最。

（6）高尔夫球温泉度假酒店五星豪华别墅房。酒店内有高尔夫球练习场。晚餐位于泳池边，是独具东南亚特色的自助餐，并可以品尝到各种精美烧烤，还有红酒提供。

4. 线路编排

该旅游线路编排为五日游，行程安排比较宽松舒适，充分结合旅游主题的设计理念，处处体现浪漫、刺激、甜蜜的主题。遵循旅游线路设计的基本原则，考虑到旅游者的心理承受能力，在景点的顺序编排上，将旅游的核心亮点分散开来，以免造成审美的疲劳。

具体线路如下：

表2-2-1　蜜月之旅：亲亲呀诺达动感激情之旅（海口往返）5日游

D1：海口

带上你爱的她，一路快乐飞翔抵达海口美兰机场，专职优秀导游员为新人送上特色贝壳花环，祝您白头偕老，后乘坐带有喜字的婚车游览椰城美景！前往第一爱巢——海口寰岛泰得酒店。

D2：兴隆

早餐后抵达博鳌水城游览【亚洲论坛成立会址】，情人携手登上河海交汇的三江入口【玉带滩】，面对浩瀚南海及神奇的圣功石释放爱的宣言。至兴隆温泉旅游假城，参观国家四A级景区【热带植物园】；入住亚洲最大的高尔夫球温泉度假酒店五星豪华别墅房，展开时尚激情的五星级酒店休闲之旅；下午在酒店内进行【高尔夫球练习】潇洒挥杆（30球/人），体验贵族运动。晚餐在泳池边享用独具东南亚特色的自助餐，并品尝各种精美烧烤，情趣红酒点缀。晚住兴隆康乐园豪华别墅房。

D3：三亚

游览素有"东方夏威夷"之美誉的亚龙湾【国家旅游度假区】"四部曲"——【亚龙湾沙滩】【蝴蝶谷】【贝壳馆】【中心广场】。亚龙湾内乘坐【双体帆船】（赠送），乘风破浪地出海，扬帆远航地归来，夫妻之间同舟共济，相濡以沫。抵达此行蜜月之旅主题基地——【呀诺达热带雨林文化旅游区】，在景区自助餐厅，一起吃顿"药膳"，让爱的美味，成为最浪漫生态之旅的驿站。住三亚呀喏哒雨林帐篷。

D4：三亚

游览国家AAAAA景区——【南山佛教文化苑】，撞击祥和的古钟，为挚爱祝福，中午在南山用自助餐素斋，为永恒的爱情及家人祈福！快艇登热带迷人时尚、激情小岛——【西岛】，欣赏秀丽的自然风光和独有的渔村文化，在【田园温泉】（游客另行付费项目：田园温泉195元）体会冷热交替的奇妙感受。晚餐和你爱的人好好地享受海南独特的海鲜风味餐（另行付费项目：海鲜风味餐160元）。晚住三亚海悦湾海景房。

D5：三亚

游览著名的四A级景区【天涯海角游览区】——体味"追你到天涯海角"的爱情神话，观"海天一色"、赏"天涯"、"海角"、"南天一柱"等石刻全景，感悟"天之涯，海之角"的浪漫爱情，亲身体验山盟海誓的坚定，迎着美丽的朝阳感受快乐的蜜月之旅。参观【海润水晶博览中心】，购买纯洁的爱情信物。结束甜蜜之旅。返回海口，结束甜蜜之旅。

服务标准：

1. 旅游交通：海南一地全程空调旅游车，由于实行的是全省旅游用车滚动发班，确保每一游客一个正座。
2. 住宿标准：全程入住豪华酒店房。
3. 景点门票：行程内已含景点第一道门票。另行付费景点门票费用由客人承担。
4. 保险服务：已购买《旅行社责任险》，确保游客安全保障。
5. 用餐标准：行程内包含7正4早，正餐高品质十菜一汤，其中一晚为泳池畔自助餐，一晚为雨林烧烤自助餐；三早餐为自助餐，一早为五点一粥。

（续表）

注意事项：

1. 费用不包含北京机场接送、航空保险、旅游意外险、自费的景点门票。
2. 旅游机票一经售出不得签转、更改、退票；若因为人力不可抗拒因素或政策性调价，产生费用客人自理。
3. 行程为参考行程，在不减少景点、不降标准的情况下，地接社有权调整行程、车次、航班、酒店、城市的前后顺序。
4. 飞机上的配餐视为正餐；若客人出现单男单女，补房差或安排三人间客人自理，儿童报价仅含半价餐、旅游车位、机票，不占床，产生门票自理。
5. 客人若有异议或投诉，以当地填写"客人意见表"为准；由于散客拼团的特殊性，客人自愿取消的项目，费用不予退还。
6. 赠送项目：赠送项目如不能成行，不做退款。

5. 产品的定价

该产品选择成本加成定价法，在产品单位成本上再加一定比例的预期利润率来制定销售价格。按照单位产品的价格＝单位产品的成本＊（1＋加成率），最后核算的价格为3 680元/人。

任务3 旅行社产品的面市

任务引入

以下是一份旅游产品行程单：

微山湖湿地红荷＋台儿庄大战遗址＋铁道游击队影视城双卧三日游

一、行程特色

（一）中国国际旅行社总社有限公司携手山东滕州市人民政府枣庄市旅游局共同推出的大型主题活动：

1. 首次独家推出：南鲁最经典线路，最精华的景点，最惊爆的价格，最超值的体验。
2. 带您走进中国最大国家级湿地公园和中国最大的荷花观赏区——微山湖。百里芦荡、万亩荷花、人文与自然在这里交融。
3. 回顾红色经典——台儿庄大捷，聆听《铁道游击队》的土琵琶，追忆那家喻户晓的战斗故事！
4. 有被载入吉尼斯之最、世界栽培面积最大的石榴园——冠世榴园。
5. 周五晚出发周日晚返京，工作休闲两不误，是您周末旅游放松最佳选择！

（二）行程如下：

第一天：北京——山东枣庄，不含餐，宿火车。

第二天：济宁——薛城——台儿庄——滕州，含早、中、晚餐，宿滕州。

07:28分抵达济宁市。早餐后，乘车前往枣庄市（约100分钟），抵达后游览《铁道游击队》电视剧拍摄场景——铁道游击队影视城：大兵营、东升武官、大茶坊、德顺兴药店、正泰国际洋行、义和卖场、同乐戏院、炮楼、大牌坊等建筑,听着熟悉的土琵琶,追忆铁道游击队那家喻户晓的战斗故事(游览约 1.5 小时)。午餐后,乘车前往运河古城——台儿庄,游览全国 100 个红色旅游经典景区之一。国家 AAAA 级旅游区——台儿庄大战纪念馆,参观第一展厅——"光辉的预幕战开始",第二展厅——"辉煌的台儿庄歼灭战",第五展厅——"台儿庄大捷的巨大影响",抗日战争时期国民党正面战场的大型全景画馆(游览时间约 1 小时),后游览台儿庄老火车站旧址。参观国家 AAAA 级旅游区——枣庄冠世榴园生态旅游区,这是我国最大的石榴园林,被上海大世界吉尼斯总部认证为"吉尼斯之最",因而被誉为"冠世榴园",是一处集自然山川、生态园林、民俗宗教、人文历史、观光游览、休闲度假为一体的综合性旅游区(游览约 2 小时)。参观结束后乘车前往滕州,途中参观土特产(当地盛产莲子、咸鸭蛋、大枣、藕粉、菱角米)后用晚餐!

第三天:滕州——微山湖湿地——济宁市——北京。

早餐后,前往滨湖镇,车程 45 分钟,游览国家 AAAA 景区微山湖湿地公园(游览时间约 2 小时)。微山湖整体资源基本处于原生态,著名的铁道游击队就曾活动在这片故土上,是抗日战争的主战场,为中华民族革命的全面胜利起到了重要作用。景区内有铁道游击队湖上战场旧址及刘洪大队长、芳林嫂等英雄居住的小渔村,电视剧《小英雄雨来》拍摄基地。每年 7、8 月间万亩荷花盛开季节,乘舟入湖,观接天篷叶、映日荷花,听风吹芦苇,品鲜嫩清甜莲子,如身临仙境。在湖中园还可欣赏到园中栽种的精品荷花,可亲身感受到微山湖鸭鹅成群的湖村气息,乘车赴济宁市,午餐请自备或火车上自理,乘火车硬卧返回北京,晚抵达北京,结束愉快的山东鲁南红色之旅!

二、服务标准

1. 交通:往返火车硬卧,当地空调旅游车;

2. 用餐:两早三正餐,团队用餐,正餐十人一桌、八菜一汤;

3. 门票:行程中所列门票自理除外;

4. 导服:当地优秀导游服务。

任 务 分 析

该产品是在对传统的旅行社线路产品加以概念更新和重新编排的基础上推出的。请对这份行程单的撰写进行认真的分析与思考,指出其优点和缺点。

相 关 知 识

一、旅游产品行程的制定

旅游产品中的主要行程是旅游者旅行的指南,也是旅游产品报价的重要依据,主要包括日次、抵离的城市、交通工具、当日的主要行程、用餐情况、下榻的酒店等。

1. 日次

日次是旅游者空闲时间的极限,是旅游者选择某一旅游产品的重要依据,一般要在日次中标明月、星期、日,便于旅游者选择的时候一目了然。

2. 抵离的城市

当日行程中抵、离城市要单独列出此行程出发地和抵达的所有城市。应该详细注明每个城市停留的具体天数。

3. 交通工具

首先要标明交通工具的类别,不同的交通工具需要以不同的表达方式加以详细叙述,以便于旅游者对旅途的疲劳度有所准备,备好相应的衣物、药品和日用品。

(1) 飞机。

包括乘坐飞机的机型、航班号、起飞时间、抵达时间、飞行时长,如果有时差,还应该将时差的换算方式列出。

(2) 汽车。

若选用汽车作为唯一的交通工具,需要详细列出乘坐汽车所用的时间,对特殊旅程的路况需要做简单的描述,例如全程高速路等。同时应标明汽车的相应配备,例如空调旅游车。

(3) 火车。

首先要标明火车的类型,例如普快、动车、直快等。其次要标明火车的车次、发车时间、抵达时间、路程时长。卧铺需要标明软硬卧和车厢格局。

4. 当日的主要行程

当日的行程一般分上午、下午、晚上几个时段分别标出,让旅游者一目了然,做到心中有数。对于当日行程的精彩之处要浓墨重彩描述,对于旅游者不太熟悉的活动,要进行细致的介绍。晚上的活动一般要注明活动结束的时间,便于旅游者掌握。

5. 用餐情况

一般要分早、中、晚餐分别列出,包括用餐的地点与大概时间。同时对于用餐作相应的描述,例如中餐、西餐、风味餐或者是特色餐。一般对于风味餐和特色餐需要详细地描述。

6. 下榻酒店

包括酒店的具体名称、具体地点、联络电话、星级状况等,都需要在主要的行程中得到体现。也可以将酒店的网址列出,这样做颇受现代游客的喜欢,一般还要对于酒店的设备设施情况进行简单的描述。

目前,旅游产品在行程的制定上存在的问题较多,例如,行程简单没有突出重点和特色;对于出发返回的时间、航班、下榻酒店仅作大概的描述,使旅游者得不到足够的信息;对于行程平铺直叙,显得平庸呆板,无吸引力;还有一些旅游产品名称与行程不符,如很多旅行社推出的"绿色生态之旅",其行程却与绿色生态无关。

二、旅游产品说明项的制定

旅游产品说明项是旅游产品主要行程项的重要辅助内容,对旅游产品的主要行程之外的所有要点进行细致的解释和描述。作为不可或缺的旅游产品构成内容,旅游产品说明项的基本要求就是准确、清晰,其主要包括如下的内容:收费说明、报名注意事项、签证所需材料以及其他事项的承诺和声明。

1. 收费说明

包含的费用和不包含的费用都应该一一列出,因为旅游产品的主要行程项以及旅游产品的说明项都会与合同一起作为有效的法律文件存在,因而其中的用词与表达应力求准确无误,尽量避免语焉不详、语意含混的表述,以免日后可能发生纠纷和风险。费用标注应该明白、清楚,包括注明儿童收费、老人收费等。

（1）包含的费用。

一般的旅游产品费用包含行程内注明的餐食、景点游览、入住酒店（含星级）、空调旅游车、全程导游服务、国际机票以及境外机场税、团体签证费。

（2）不包含的费用。

以下费用一般不包含在团费中:个人消费、旅游意外伤害保险费、国内口岸费、小费、自费选项、医疗费、护照费、境内机场建设费、商务签证费。同时对于易含糊的项目需要表明,例如酒店的住房、小费的收取等,因此应尽量将住房的安排写明,小费的收取标准也应该注明,以避免日后操作的不便。

2. 报名注意事项

主要包括报名的截止日期（按有无护照分别列出）、成团人数,需要特别注明只有到达基本的人数才能成团,使旅游者心中有数。

3. 签证所需材料

主要包括护照的有无（有效期、空白页）、签证所需的照片、存款证明等。

4. 其他事项的承诺和声明

在添加声明时,应该注意声明不要与旅游合同的原则相违背,否则即使以声明的形式列出来,也仍然会在日后的法律官司中被判为无效,例如,旅行社责任险的保险承诺可针对特殊团队作出（老年团队的境外意外伤害保险等）。旅行社针对旅游产品的声明,也可在此类中列出,例如对于不可抗拒力造成的损失说明、对退团的收费作出的说明等。但是,这种说明必须是要明确表述的,例如"本公司保留因实际情况变化,对日程、航班以及价格的调整权利",这类的表述就属于含混不清,因为"因实际情况的变化"含混不清,旅行社不具备这样的权利调整行程的相关项目。

三、旅游产品宣传资料的制作

（一）旅游者对于旅游产品的感知

旅游产品以两种形式呈现在旅游者的面前,一是旅游产品的整体资料,包括旅游产品的行程、旅游产品的价格等,旅游者可以拿这些资料判断旅游产品的价格是否能够接受,旅游产品是否物有所值。这种资料在每家旅行社的柜台上都可以看到。另一类资料,也同样是旅行社必备的,但却容易被旅行社忽略,即旅游产品的相关宣传资料。

1. 产品宣传单

设计精美的旅游产品宣传单要以醒目的图文展示旅游产品的主题,同时与旅游企业的品牌形象一致。产品宣传单一般要有整齐划一的风格、图文并茂的形式,体现出旅游产品的设计高度和深度。一般以单页形式、折页形式或者是整本的形式展示给旅游者,给旅游者以选择该产品的欲望,例如某旅行社推出的"朝鲜欢迎您:平壤——开城——妙香山四日游"（如图2-3-1所示）。

图 2 - 3 - 1　"朝鲜欢迎您"!

2. 旅游产品相关宣传资料

多数旅游者在选购旅游产品时,对于旅游目的地不是十分了解。随着中国公民可以抵达的目的地国家的不断增多、国内新的旅游景点的不断出现,旅游者对于目的地知识无法全面地掌握,旅行社在推出旅游产品时,会把目的地相关的知识附着在旅游产品资料上面,以便于旅游者获取。

旅游产品的相关辅助性知识也可以成为吸引旅游者选择该旅游产品的主要因素,例如,旅游者选择的目的地是朝鲜,与朝鲜相关的旅游知识就是旅游者最需要的,这类资料也是旅游者出发前预先准备的重要环节。同时旅游者也需要了解在旅游目的地的注意事项包括当地风土人情、特产小吃等。例如针对"朝鲜欢迎您:平壤—开城—妙香山四日游"的旅游产品的旅游须知如下:

为方便中国游客赴朝鲜旅游,游客只能随旅行团出行,所有签证手续必须由指定送签的中方旅行社办理,游客报名只需提供游客护照、两张两英寸彩照及个人资料,还需出具工作单位和职位证明等材料,无需开具财产证明,10 天左右可办完签证,手续十分简便。由于朝

鲜旅游开放较为特殊,提醒游客,赴朝鲜旅游时需要尊重以下几条:

入境篇

1. 旅行者入朝鲜如果被发现携带手机、电脑、长焦照相机、摄像机,收音机均会被没收。傻瓜相机可以携带。朝鲜人自己从国外带回的收音机也得第一时间到公安局去"改造"成只收得到指定频道。因此建议客人将这些东西寄存在中国的关口。

2. 不能携带韩国物品入境。

3. 如果以伪造的身份入境朝鲜将至少罚款2 000元以上人民币。

4. 不得携带报刊,尤其是印有丰胸广告图片的画报入境。带有韩国文字的书刊、衣物更是严禁。

5. 没有用完的朝鲜币不得带出境。

国航班机将降落平壤机场,过海关需要填写三张表格。可以全部用中文填写。

拍照篇

1. 朝鲜严禁给军人拍照,还不能拍着装寒酸的农民、街上的市民,商场、火车上也严禁拍摄。

2. 领袖像不可以拍半身,这样属于不敬。

3. 无论是哪个国家的游客,参观伟大领袖像必须严肃,先献花、鞠躬,之后才能拍领袖全身像。

4. 在旅游车上不得偷拍窗外景物。只能在导游规定的时间内拍照。

5. 不得模仿领袖姿态照相。

交谈篇

1. 不能直呼金日成和金正日的名字,必须在前面加上"伟大领袖"或"敬爱的将军"。

2. 在朝鲜不能提"韩国"两个字,只能说"南朝鲜"。在朝鲜印制的地图上,整个朝鲜半岛是一个国家,首都就是平壤。

3. 不能称人民服务员为"小姐",有侮辱之嫌。

4. 不得嘲笑朝鲜人发自内心爱戴领袖的感情。

5. 不得私下谈论伟大领袖。

礼节篇

1. 游览过程中,即使没有厕所,也不许去草丛和树林中方便,否则随时会被当做脱队逃跑处理。

2. 不能随便向朝鲜儿童扔东西。

3. 不许提出购买像章的无理要求。

4. 朝鲜是个热爱干净的国家,不能向车窗外丢垃圾。

自由篇

1. 晚上游客不能擅自离开酒店。

2. 不得私自探亲会友。

3. 不得到当地人的商店去,只能在规定的游客商店购物。

4. 不得与当地姑娘小伙结婚。

(二) 销售人员面前的旅游产品

旅游产品的设计工作,在完成基本行程、价格、宣传单等平面的设计后,还不能算完成。

因为这不能作为销售人员参考的依据,没有为销售人员提供相关的资料和产品的全面培训,销售人员难以进行接下来的销售工作。

而销售人员对线路的深入了解与否直接决定了旅游产品的销售效果。因此,旅行社对于旅游产品还应该准备更多更详尽的介绍资料,以增强销售人员对于产品的了解。一般销售人员手中的资料包括产品详释资料夹和产品辅助资料夹。

1. 产品详释资料夹

每一种旅游产品都应该设立一个专用的"产品详释资料夹",里面应包括旅行社内部使用的旅游产品销售文件的汇集,是每一位销售人员都要熟悉并掌握的,其中包括的内容有:

(1) 产品广告报刊样张。销售人员手中应当有旅行社在报刊上刊登的广告,并且对广告认真阅读。对于广告中的旅游产品宣传口径、广告语都要熟悉并能进一步解释。

(2) 产品宣传单以及宣传单详释。旅行社销售人员除了持有旅游产品的宣传单外,还应该有一份加入多项解释、细致说明的"产品详解"。有关行程中所列的景点、转机、住宿酒店等内容,都能够了如指掌、回答自如。如果能把旅游产品做成互动式的光盘存放,将旅游者感兴趣的线路内容以图片、视频的形式进行演示、销售效果会更好。

"朝鲜欢迎您:平壤—开城—妙香山四日游"宣传单详释

1. 景点部分

(1) 阿里郎节。

阿里郎节是朝鲜官方举办的大型团体操表演活动。通常不定期地在首都平壤的五一体育场举行。它通过场面宏大的舞蹈讲述朝鲜经历的革命历程,其中包括金氏父子的光辉事迹,以及宣传朝鲜建国后的建设成就和当代风貌。

(2) 妙香山。

妙香山,位于朝鲜西北部,横亘于平安南道、慈江道和平安北道的交界处,是朝鲜著名的旅游胜地,四大名山之一,因山势奇妙、神秘,山上侧柏散发着清香而被称为妙香山。

(3) 中朝友谊塔。

为了纪念在朝鲜战争中用鲜血帮助朝鲜人民的中国人民志愿军的丰功伟绩,1959 年 10 月 25 日,在平壤的名胜古迹——牡丹峰的北边建造了友谊塔。其建筑地址和建筑造型由 1958 年 2 月周恩来总理访问朝鲜时和金日成首相亲自选定和审核。

(4) 板门店。

板门店是朝鲜停战谈判、签字的会场,军事停战委员会会议室、中立国监督委员会会议室也位于此。板门店军事分界线的两侧正对有朝鲜、韩国的哨所。

(5) 开城。

开城曾是高丽国(918 年—1392 年)的首都,高丽是朝鲜半岛上第一个统一国家。这里的松岳山上松林茂密,因此,开城一直被称作"松都"。另外,这里也是高丽人参的产地。开城拥有众多的历史遗迹和文物,最有代表性的是高丽国的王宫"万月台"。

2. 美食部分

(1) 酱汤泡饭。

酱汤泡饭是把牛肉和萝卜熬熟后取出来切成片加佐料,再往汤里泡饭与加佐料的肉,并和萝卜、蕨菜、桔梗、黄豆芽一起吃的一种饭菜。可以放牛肉或鸡肉熬汤,也可以放面条吃。为除膻味放补刻佳你(除味的一种调料)熬熟后取出。

(2) 朝鲜冷面。

有爽口的"水冷面"、以辣椒酱作调味的"拌冷面"两种。任何季节均可以它来取代白米饭,是最受欢迎的食品。

(3) 石锅拌饭。

石锅拌饭是朝鲜独有的菜肴。白米饭上盖上黄豆芽、肉类、鸡蛋等佐料,盛在滚烫的石锅内,加放适量的辣椒酱后搅拌食用,锅底的锅巴更是一绝。

(4) 泡菜。

泡菜是朝鲜菜的象征,几近每餐必备。材料主要有大白菜、萝卜、黄瓜等蔬菜。也可将栗子、梨、大枣、章鱼、鲍鱼、虾、松仁等以大白菜包裹。泡菜除主要蔬菜外,还要加放葱、姜、蒜、水芹菜等调味。

(3) 产品优势要点介绍。包括对于旅游产品特征要点进行针对性描述的简洁文字介绍,与其他同类产品相比的优势,对于特定的受众群体推荐的介绍方式。

"朝鲜欢迎您:平壤—开城—妙香山四日游"产品优势要点介绍

感受阿里郎节风情,

神秘国度朝鲜探险,

尽享"大长今"美食诱惑……

(4) 产品销售价格的计算。资料中旅游产品的价格计算具体规定应该以文字的形式列出,主要包括团费的计算、优惠的政策、常客的折扣等。

2. 产品辅助资料夹

旅游产品制作完成之后,对于销售人员的培训是必不可少的。销售人员做到对于旅游产品熟悉的同时,也要多了解旅游目的地的一些相关知识。这些旅游知识如果是以文字的形式提供给销售人员,对于销售的成功大有裨益。例如对于朝鲜旅游产品销售人员还应该掌握一年四季的气候变化情况

朝鲜——四季分明的国家

春天

在朝鲜一般从 3 月份到 5 月份是春季。初春时早晚温差比较大,比夏天和冬天的气候变化大,所以应准备长袖和短袖的毛衣。朝鲜的春季的气候从 4 月开始到 5 月末是顶峰期,那时全国的天气变得风和日丽,各种花朵缀满枝头、姹紫嫣红。这一季节还会举行各种花卉博览会和庆祝活动。

夏天

朝鲜从 6 月份到 8 月份是湿润和炎热的夏季。夏天平均气温是 22~26℃,因朝鲜地理位置的特点,夏天气候就属于比较潮湿和炎热了。

秋天

从 9 月到 11 月是朝鲜的秋季,也是最美丽的季节。这个时期是秋收的季节,在中秋节(朝鲜的秋收感谢节)这样的民俗节日,会举行多种多样的庆祝活动。

冬天

朝鲜从 12 月开始到下一年的 2 月末是干燥、寒冷的冬季。从气象学方面看,此时朝鲜大部分地区的平均气温是 −5～−9℃,但因受从西伯利亚来的冷空气的影响,会比实际气温感觉更冷一些。在 12 月和 1 月中,有各种登山和滑雪的活动举行。

任 务 实 施

通过分析"微山湖湿地红荷＋台儿庄大战遗址＋铁道游击队影视城双卧三日游"旅游产品,该产品的主要优点有:

(一)该产品面向潜在的旅游者群体,在编制行程时注重展现旅游产品感性的一面,以优美详尽的文字描述营造神奇的旅游过程体验氛围,令旅游者对于旅游的经历充满向往,能激发旅游者的购买欲望。

(二)制作的关键内容详略得当,清楚、准确。具体体现在:

(1)行程时间标注明确,利用周末的空闲时间,有利于旅游者制定周末旅游计划,增加潜在的客户;

(2)明确注明交通工具类型和具体的情况,方便旅游者为出行作准备;

(3)每日行程描述详细,使旅游者阅读时对旅游活动有详尽的认识;

(4)景点表述颇具匠心、语言优美,对于景点介绍详细,既突出了旅游产品的特色,又对一般的景点进行了描述,有利于激发旅游者对于旅游行程的向往;

(5)详细标明了用餐情况。

(三)行程单的产品说明项较为清晰、准确。

案 例 分 析

【案例 1】

京城各旅行社开通赴藏游

《北京晨报》消息:距青藏铁路的开通还剩 10 天,京城各旅行社关于西藏火车团的报价各不相同,记者发现,不同旅行社推出的同样线路,差价竟达千元。

目前港中旅打出的价格最低:参考价 3 980 元。港中旅公民旅游总部的助理总经理王安华告诉记者,他们推出了三条西藏火车游线路,其中常规线路是乘坐北京直达拉萨的火车,游览日喀则、拉萨两地的 10 日游,目前参考价是 3 980 元,"虽然车票定价还没出来,但最终定价不会有太大浮动"。

相对于港中旅的参考价,中国铁道旅行社列车部的工作人员告诉记者,他们推出的 9 晚 10 天直达拉萨火车游,线路相同,定价却为 4 980 元。"主要因为火车票价没出,定太低怕有风险。现在不论车票多少钱,我们的价格都不变。"

记者了解到,康辉国旅、中旅总社、友协国旅等旅行社均推出 10 日 5 600 元左右的西藏火车游。价格高的原因是安排的景点比较多,花费相对高。

思考:看上去相同的线路,报价为何会有巨大差异?

【案例 2】

旅游产品设计别出心裁 合肥旅行社推出以"穿越"为主题的旅游线路

随着电视剧《宫》的热播,一股强劲的"穿越"浪潮席卷而来。一家旅行社从"穿越"中看到商机,推出一条以"穿越"为主题的旅游线路,2 日游成人花上 428 元、儿童 198 元,不仅能体验银幕上的奇妙,还可在现实中过上一把"穿越"瘾。

3D 科技让你"梦回秦汉":

亲身感受"清明上河图",再逛逛繁华的汴京城……穿越游的旅行路线主要围绕着一系列热播穿越影视剧、电影的拍摄地设置。

据该旅行社负责人张经理介绍,游客主要游览的是有"中国好莱坞"之称的横店,会欣赏到电影《英雄》、《木乃伊 3》主拍摄地——"秦王宫景区",在这里感受秦始皇一统天下之雄伟气势。游客还可以欣赏 3D 电影特效的高科技多媒体剧《梦回秦汉》,走入电影银幕,亲身体验电影现场录制的特效。

现实中过一把"穿越"瘾:

除了欣赏银幕上"穿越"场景和特效外,现实设计的一些独具特色的实景主题公园也是这条"穿越"线路的核心内容。

穿越亚马逊雨林,进入"梦幻谷",再去藏金秘窟、巨灵之屋探险。接着亲历全国首个生态灾难体验——暴雨山洪,感受 400 吨洪水瞬间袭来的震撼。然后再来欣赏全国首个大型火山实景演出——梦幻太极,高 35 米的火山在漆黑的夜幕中突然爆发……

该旅行社经理表示,游客们不仅可以走入电影,亲身体验时空穿越,也有机会深入幕后,了解穿越电影的特效制作。"这种别出心裁的旅游设计,无疑对游客产生很大的吸引力。"

这些都是某旅行社推出的"主题旅游"创意。该旅行社的成功之路是什么?

分析提示:

(一)开展特色旅游,并冠以鲜明的宣传主题,应该是本例的成功之处。

(二)抓焦点、热点,推出宣传主题,是出奇制胜之策。

(三)主题旅游,宜买不宜虚,虚则毁之。实,就是实实在在,要名副其实,要有实际的旅游内涵。由此产生的旅游项目就不再是一句漂浮的标语口号,而是有了充实的内涵,有了沉甸甸的分量。

项 目 实 训

在前一任务中,针对都市年轻的新婚夫妇设计了旅游产品"亲亲呀诺达动感激情之旅——新婚蜜月三亚六日游",要求对其进行包装策划,设计出一套宣传资料。

复习思考题

1. 联系实际,举例说明旅行社产品设计有哪些原则?
2. 联系实际,举例说明旅行社新产品的开发过程。
3. 结合实例分析旅行社产品的定价方法。
4. 以某一旅行社的旅游线路为例,分析其设计旅游产品的方法。
5. 选择某一旅行社的旅游产品,分析其设计的程序。

项目三
旅行社外联业务

项 目 摘 要

旅行社产品开发之后,要使游客青睐于自己的产品,使旅游中间商愿意推销、旅游者愿意购买自己的产品,产品的营销非常重要。本项目意在通过了解旅行社外联部的特点和旅行社产品的营销组合,熟悉旅行社产品营销过程,掌握旅行社外联业务的运作程序,并能结合实际的旅游产品进行营销设计和产品的促销。

任务 1 旅行社营销组合运用

任 务 引 入

上个世纪 90 年代末,没有门市的法国德格利夫旅行社,竟然有 45％的巴黎人,50％的企业中的高级管理人员、自由职业者、电子媒体,60％的互联网都知道它。1998 年,它的销售总额达到 4.6 亿法郎,比上一年增长 20％,它的员工从 1991 年的 4 人变成 1998 年的60 人。

为什么会有如此高的成就呢? 它没有门市是怎么销售产品呢?

德格利夫旅行社是第一家利用电子媒体开展业务的旅行社,可以说法国的每一台上网电脑都是它的门市部,这种方式快捷、直观、信息量大,可以使广大的旅游者更好地了解产品特色。

德格利夫旅行社还在价格上下工夫,他们了解顾客的消费心理,瞄准顾客考虑的首先是价格,再次是质量的心理,把销售的产品的价格降为普通市场价格的 60％～70％。他们为什么能以这么低的价格出售产品还有利润呢? 原来他们是通过比别家旅行社先出售同类产品这一段时间差来达到的,比如说,他们把在网上了解到的剩余的飞机票、剩余高级饭店的客房等购买下来,再低价出售给旅游者。

他们的上千个信息源,分别被 20 个销售员工所掌控,只要有新的信息,新的产品就会出现在网页,让顾客第一时间了解到新的旅游信息。

他们注重旅行社的信誉,不仅提供好的信息,还对产品信息的准确性、质量给予保证,有产品的售后服务、保障。同时与保险公司合作,保障旅游者的利益。注重与顾客的沟通,耐心听取反应,再加以改正,这样做也是在展示自己的实力,使顾客对自己的服务有信心。他们还加强同媒体的联系,建立了很好的人际关系。

请分析该旅行社营销组合运用的方法。

任 务 分 析

要想分析旅行社营销组合运用,需了解旅行社营销的各种方法以及各种方法的组合运用。

相 关 知 识

一、外联部的涵义

(一)外联部的定义

外联部也称市场销售部,主要负责旅行社的生产和销售任务。

它主要是通过了解和掌握市场的需求动向,在利用信息的基础上,开发设计旅游线路,促销旅游产品,将产品销售给旅游中间商或旅游消费者,由此招徕客源。具体地说,包括旅行社与旅游客户进行业务联系、信息推介、洽谈、出售旅行社产品乃至达成合作意向或协议等;其职能是将各种旅游信息资料有机地组成旅行社产品,出售给旅游中间商、其他旅行社或旅游者,由此实现买卖双方的市场供求关系。

(二)外联部的特点

1. 综合性

外联部的综合性主要体现在工作内容和涉及的对象上。它的市场部分要对市场进行调研和预测、设计产品、对外报价和广告宣传等。销售部分有业务洽谈、销售产品、草拟协议和意向书、对外报价等工作;计划部分有订票订房业务、各地旅行社联络工作和电讯打字等业务。

2. 复杂性

旅游业的多变性容易造成旅行社外联人员的判断失误,增加了外联操作的难度;旅游供应商产品价格的波动,旅游者行为方式的不稳定易使外联人员的工作受到干扰。

3. 经济性

为提高旅行社的经济效益,外联部必须制定合理的价格,既有竞争力又能使旅行社有经济效益;报价必须准确,签订合同必须认真,各项条款都要仔细斟酌;协助财务做好收款工作,一团一清,杜绝欠款现象。

二、旅行社产品价格

(一)旅行社的产品定价目标

1. 利润最大化

利润最大化是指旅行社在制定产品价格时,力求通过单位产品的高价格或整体产品的薄利多销来获得最大的经营利润。这是最常见的旅行社产品定价目标之一。

2. 投资回报最大化

投资回报最大化是旅行社常见的产品定价目标,其最终目的在于保护和增加投资者的权益。旅行社希望通过经营,在一定的时期内收回所投入的资金,获得预期的投资报酬。为了能够实现这个目标,旅行社在为产品定价时往往采用在产品成本的基础上加入预期的投资报酬的定价方法。

3. 保持价格稳定

当旅游市场供求关系与旅行社产品价格经常发生波动时,旅行社往往采取以保持稳定的产品价格为定价目标。为了保证旅游市场的稳定,在当地旅行社行业中具有较高的威信或影响力的大型旅行社往往先制定一个价格,称为领导者价格。其他旅行社则根据这个价格并对照本企业的实际情况制定自己产品的价格。其他旅行社制定的价格一般略低于领导者价格。旅行社行业采用这种定价方法可以在一定时间和范围内使多数旅行社的产品价格稳定在一定的水平上,避免不必要的价格竞争或价格大起大落的风险,保证各家旅行社均能够获得比较稳定的利润。

4. 维持企业生存

在因旅游淡季、市场竞争激烈、市场竞争态势不利、宏观经济衰退等原因造成的对旅行社产品需求大幅度减退并威胁旅行社生存的困难时刻,旅行社可以将维持企业生存作为定价目标。例如,在旅游淡季,旅行社推出价格低廉的淡季包价旅游产品就是这种定价目标的一种体现。

5. 保持现状

有些旅行社采取保持现状的产品定价目标,主要是为了应付竞争或避免竞争,保持现有的市场份额。采取这种产品定价目标的旅行社一般以对旅游市场有决定影响的竞争对手的同类产品价格为基础,确定自己的产品价格。

6. 扩大产品销售量

采用这种产品定价目标的旅行社通过扩大产品的销售量来提高旅行社产品在旅游市场上的占有率。旅行社往往以降低产品售价的办法来实现这种定价目标。

(二)影响旅行社产品价格制定的因素

1. 内部因素

旅行社销售部门在制定其产品的价格时,首先需要考虑产品内部的因素,这些因素包括:

(1)固定成本。固定成本是指在一定范围内和一定时间内总额不随经营业务量的增减而变动的产品成本,包括旅行社的房屋租金或房屋折旧、其他固定资产折旧、宣传促销费用、销售费用(电话、传真、往来信函的邮寄费用)、员工工资等。固定成本不能够一次性地放到某一件产品里,只能逐步地转移到旅行社所销售的全部产品中。固定成本转移的每一个产品中的份额同旅行社产品的销售量是一种反比例关系,产品的销售量越大,分摊到每个产品中的固定成本份额就越小。

(2)变动成本。变动成本是随着旅行社产品销售量的变化其总额发生正比例变化的成本,一般包括交通费用、餐饮费用、住宿费用、导游费用、门票费用等。变动成本在旅行社产品构成中所占的比重很大,是产品价格的主要决定因素。

(3)利润。产品的利润是指旅行社通过销售其产品所获得的收入和旅行社为生产和销售这些产品所付出的各项成本费用相抵后的余额,是旅行社经营的财务成果。

2. 外部因素

除了内部因素以外,影响旅行社产品价格制定还有一些存在于产品之外、对于旅行社产品价格的制定有着相当重要影响的因素,称为外部因素,主要包括:

（1）供求关系。旅游市场的供求关系是旅行社在制定产品价格时必须加以考虑的重要因素。当旅游市场上对于旅行社的某种产品的需求量呈增加的趋势时，旅行社可以适当地提高该产品的销售价格；当旅游市场上对某种产品的需求量下降时，旅行社往往采取降低产品销售价格的措施。

（2）市场竞争状况。旅行社产品市场的竞争状况对旅行社产品价格的制定具有一定的影响。当市场竞争激烈时，产品的价格很难有较大的提高，而在市场竞争缓和时，产品价格的上涨空间就较大。

（3）汇率。汇率主要影响入境旅游产品和出境旅游产品。旅行社在制定这些产品的价格时，除了需要考虑上述的各种影响价格制定因素外，还应考虑货币的汇率因素。汇率是一个国家的货币用另一个国家的货币所表示的价格。两种货币之间的比价发生变化，会对旅行社产品价格产生一定的影响。

（4）季节。旅行社在制定产品价格时，必须将产品销售的季节因素考虑进去。一般情况下，旅行社在旅游旺季时会保持其产品售价不变或将产品售价上调；在旅游淡季时则往往将产品售价适当地降低，以吸引更多的旅游者。

（三）旅行社产品定价策略

1. 新产品定价策略

新产品在开发之后，旅行社应制定恰当的定价策略，以便及时打开销路、占领市场并取得满意的效益。旅行社在将新产品投放市场时，一般采用取脂定价策略或渗透定价策略。

（1）取脂定价策略。又称撇油定价策略或高价策略，是旅行社为新产品制定价格时经常采用的一种定价策略，其主要特点是将产品的销售价格定得很高，力图在较短的时间里将开发这种产品的投资全部收回，并获得可观的投资回报。

（2）渗透定价策略。又叫低价策略，是一种通过将新产品低价投放市场，增加产品销售量和开拓市场，并有效地排斥竞争者，以达到长期占领市场的目的的定价策略。

2. 心理定价策略

心理定价策略是旅行社利用旅游者对价格的心理反应，刺激旅游者购买产品的产品定价策略。常见的心理定价策略有：

（1）尾数定价策略。尾数定价策略又称奇数定价策略，是利用旅游者喜欢带尾数价格的心理而采取的产品定价策略。尾数定价策略多适用于对散客旅游产品和单项旅游服务产品的定价。

（2）整数定价策略。整数定价策略适用于价格较高的旅行社产品如豪华旅游、团体全包价旅游等。整数定价策略容易使购买这类产品的旅游者产生"货真价实"、"一分钱一分货"的感觉，有利于提高产品的形象。

（3）声望定价策略。声望定价策略多见于在旅游市场上享有较高声望的旅行社及其产品，旅行社一般将其产品的价格定得高于多数旅行社。然而，由于旅行社及其产品的声望，旅游者能够接受这种高价，而且还会产生一种购买到优质产品的感觉。

（四）旅行社产品定价方法

1. 成本加成定价法

成本加成定价法是指将单位产品的变动成本总额和一定比例的利润加在一起后确定产

品价格的定价方法。其计算公式为：

单位产品价格＝单位产品变动成本总额×(1＋利润率)
＝综合服务成本×(1＋利润率)＋房费＋餐费＋城市间交通费＋专项附加费

2. 目标利润定价法

目标利润定价法又称投资回收定价法，是指旅行社为在一定时期内收回投入企业的资金而采用的一种定价方法。首先，旅行社为所投入的资金确定一个回收期限，然后根据投资额和回收期限计算出目标利润率和目标利润额。最后，根据目标利润额、固定成本、单位产品变动成本和预期销售量制定出产品的销售价格。其计算公式为：

$$单位产品价格＝\frac{固定成本}{预测产品销售量}＋单位产品变动成本＋单位产品目标利润$$

$$单位产品目标利润＝\frac{产品目标利润总额}{预测产品销售量}$$

3 逆向定价法

逆向定价法是指旅行社通过对旅游市场的需求、市场竞争状况及竞争对手的同类产品销售价格等方面的调查之后，先确定产品价格，然后相应调整产品的内容和成本的方法。

4. 边际贡献分析定价法

这种定价方法又称变动成本定价法，是指旅行社所制定的产品价格应包括变动成本(直接成本)及对固定成本的边际贡献的定价方法。这种方法主要用于同类旅行社产品供过于求、市场上卖方竞争激烈、客源不足的时期。其计算公式为：

$$单位产品价格＝单位产品变动成本＋边际贡献$$

$$单位产品价格＞单位产品变动成本$$

5. 随行就市定价法

随行就市定价法是指旅行社通过对市场竞争、市场需求及旅游者的反应的不断监测，以随机的方式对产品价格进行相应调整，以期在可能的范围内获得最大利润的定价方法。这种定价方法充分考虑了市场竞争的因素和旅游者的反应，所制定出的产品价格容易为旅游者所接受，并能够使旅行社在市场竞争中取得优势地位。

三、旅行社产品的销售

(一)旅行社产品销售渠道

1. 直接销售

直接销售是指在旅行社和旅游者之间不存在任何中间环节，旅行社将产品直接销售给旅游者的一种分销渠道。直接销售渠道一般分为两种形式：一是旅行社直接在当地旅游市场上销售其产品；二是旅行社在主要客源地区建立分支机构，通过这些机构向当地居民销售该旅行社的产品。

2. 间接销售

间接销售渠道是指旅行社通过旅游客源地旅行社等中间环节将旅行社产品销售给旅游

者的途径。按照销售渠道所包含的中间环节数量,间接销售渠道又划分为单环节销售渠道、双环节销售渠道和多环节销售渠道。

图 3-1-1　旅行社产品销售渠道

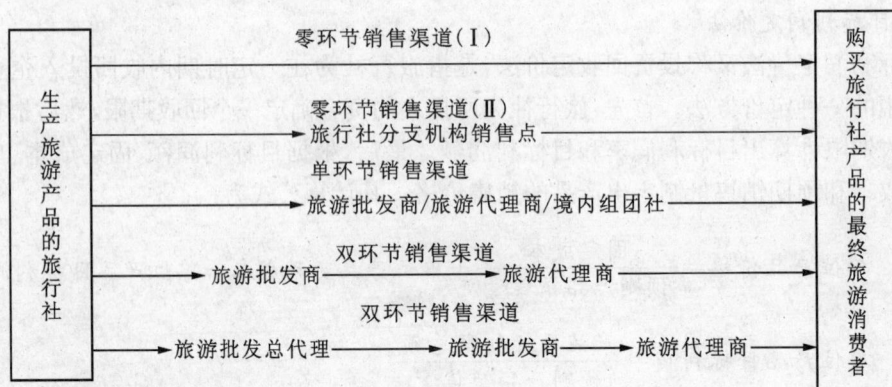

（二）销售渠道的选择标准

1. 与客源市场的距离

与客源市场的距离指旅行社所在地与目标客源市场所在地之间的距离。当目标市场距离旅行社较近或者与旅行社同在一个城市或地区时,旅行社应选择直接销售渠道,以达到节省销售费用、准确把握旅游者的需求变化动向和及时改进产品质量的目的。当目标市场较远时,旅行社应选择间接销售渠道。

2. 客源集中程度

旅行社应该在客源集中的旅游市场上选择直接销售渠道,以获得降低销售成本和直接招徕旅游者的效果。对于那些范围广、潜在旅游者非常分散的客源市场,旅行社则应选择间接销售渠道,以广泛招徕旅游者。

3. 旅行社自身条件

旅行社的自身条件包括旅行社的声誉、资金、管理经验和对销售渠道的控制能力等重要因素。如果旅行社拥有良好的声誉、丰富的管理经验、充裕的资金和较强的分销渠道控制能力,应该选择直接销售渠道;反之,如果旅行社不具备上述的条件,则应该选择间接销售渠道。

4. 经济效益

旅行社还应该根据不同销售渠道给旅行社带来的经济效益来决定选择哪种销售渠道。一般来说,旅行社通过旅游中间商销售其产品所获得的销售收入要低于由旅行社直接进行产品销售所获得的收入,因为旅游中间商要将产品销售的部分收入留下作为它帮助旅行社销售产品的报酬,因而会使旅行社的产品销售利润降低。然而,旅行社通过旅游中间商进行产品销售可以为其省数目可观的销售费用,从而降低了旅行社的产品的销售成本,并提高旅行社的利润。因此,旅行社应该对实际经济效益进行对比,以选择经济效益较好的销售渠道。

（三）旅游中间商

1. 旅游中间商的选择

旅行社在选择旅游中间商时,应坚持以下的标准:

（1）地理位置。旅行社应该选择那些位于旅游客源比集中的地区或毗邻地区的旅游中间商作为合作伙伴。

（2）目标市场。旅行社应选择那些目标群体与旅行社目标市场相一致的旅游中间商作为合作伙伴。

（3）合作意向。旅行社应重点考察和选择那些具有较强的合作意向，并且在经营业务方面比较依赖本旅行社产品的旅游中间商作为合作伙伴。

（4）信誉。旅行社应重点考察旅游中间商的经济实力和偿付能力，并设法了解他们在与其他旅行社交往过程中是否守信用，有无长期拖欠应付账款或无理拒付欠款的历史。

（5）声誉。旅行社应选择那些旅游者比较信任的旅游中间商作为合作伙伴，因为旅游者往往通过旅行社在当地的合作伙伴来判断该旅行社及其产品的质量和可信任程度。

2. 旅游中间商的日常管理

旅游中间商的日常管理包括建立客户档案、沟通信息、实施客户评价、采取折扣策略和适当调整客户五项内容。

（1）建立客户档案。客户档案应按照旅游中间商的名称建立。旅行社在档案中记录每一个旅游中间商的历史和现状，输送旅游者的人数、频率、档次、欠款情况、付款时间等信息。通过对这些信息的分析和研究，旅行社销售人员能够对不同旅游中间商的能力、信誉、合作程度、合作前景等做出判断和预测，并据此对他们分别采取相应的对策。

（2）及时沟通信息。旅行社及时向旅游中间商提供各种产品信息有助于旅游中间商提高产品推销的效果。同时，旅行社也能够根据旅游中间商提供的市场信息改进产品的设计，开发出更多的适销对路产品。

（3）实施客户评价。旅行社应对客户档案中的信息进行评价，以掌握每一位旅游中间商的现实表现及合作前景。客户评价应包括积极性、经营能力、信誉等内容。

（4）采取折扣策略。折扣策略是以经济手段鼓励旅游中间商多向旅行社输送客源、调节旅游中间商输送旅游者的时间或鼓励旅游中间商及时向旅行社付款，以避免不良债权的重要方法。折扣策略包括数量折扣策略、季节折扣策略和现金折扣策略三个类型。

四、产品的营销组合

（一）营销组合

营销组合就是企业的综合营销方案，即企业对自己可控制的各种营销因素（产品质量、包装、价格、服务、广告、渠道和企业形象等）的优化组合和综合运用，是指协调配合，扬长避短，发挥优势，以便更好地实现营销目标。

企业可控制的营销因素有很多，市场学有几种分类方法，其中，E. J. 麦卡锡分类法是最常用的一种分类方法，他把各种营销因素归纳为几大类：Product（产品），Price（价格），Place（渠道），Promotion（销售促进），简称"4P"分类法。所谓营销组合，也就是这四个"P"的适当组合和搭配，体现了现代市场营销观念指导下的整体营销思想。

（二）旅行社营销组合

旅行社营销组合是指旅行社对自身可控制的多种市场营销手段的综合运用。本文主要按"4P"分类法进行讲述。

1. Product(产品)

产品策略位列市场营销组合的四大工具之首,是其余三种营销手段的基础。旅行社通过市场分析和定位等方法了解了游客需求,还必须把这些分析结果"转化"为可满足顾客要求且能获取利润的旅游产品。这一"转化"过程就是制定旅游产品策略的过程。

旅行社产品的市场定位,是指旅行社确定的产品经营因素与竞争者所对应的产品经营因素之间相对应的差异,以及由此而形成的目标市场消费群体对本产品的评价和认识。具体地说,旅行社产品市场定位是旅行社针对竞争者现有产品在目标市场上的经营状况,根据目标市场需求群体对竞争者产品在市场上的需求状况以及特征或属性的重视程度,来树立本企业产品的特色与形象,并把这种特色与形象传递给目标市场群体,从而使本旅行社产品在目标市场上确定一定的位置。

定位不明确是影响营销的主要因素,产品本身的定位关系到产品的宣传和产品销售渠道的选择,市场细分是定位的前提,目前旅行社产品的细分状况不容乐观,针对某些特定受众的旅游产品较少。针对这种状况,首先要做的是加强市场细分,确定商务旅游、会展旅游、修学旅游等旅游项目的消费人群,做明确的市场细分也是避免旅游产品雷同的最好手段。一旦明确特定产品针对的特定市场,就确定了旅行社产品的定价依据,同时也会针对一定的细分市场进行促销和销售。

但是,并不是所有旅行社都适合做所有档次的旅游产品,也就是说,并不是所有的细分市场都适合每一个旅游企业或旅行社,旅游企业也要在市场细分的过程中给自己定位,确定自身适合哪一种或几种细分的市场,同时,企业还应考虑到是否能够为要进入的细分市场提供优质的产品,以及自身是否能在经营该细分市场的旅游企业中占据优势,单纯以降低价格的手段占据市场并模仿他人产品是不可行的。

2. Price(价格)

旅行社销售业务的一个重要内容是制定产品的销售价格。

旅行社产品价格是旅行社旅游服务价值的货币表现形式,决定旅行社产品销售价格的基础是旅游服务价值。

旅行社产品价格有两层含义:一是指旅行社提供的各项服务的收费价格,包括导游服务收费、接送服务收费、行李服务收费、订房服务收费、订票服务收费及代办其他各项服务的手续费等。对于散客或单项委托服务的客人来说,提供哪种服务,就涉及哪种服务的收费标准。二是指旅行社组织客人旅游期间,所安排的各类活动项目价格的综合,其中包括旅行社的综合服务费,也包括旅行社安排活动的代收、代付费部分,如房费、餐费、交通费、文娱活动费等。这种价格针对包价旅游的客人。产品价格按照包价形式不同,可以分为全包价、小包价,服务的内容包括哪些项目,价格也就包括哪些项目;按照项目的层次不同,又分为豪华等、标准等、经济等,各等次因提供服务的消费水平高低而收取不同标准的费用。

价格是旅游经营中最为敏感的问题之一,价格的变化对最终经济效益有着决定性的影响。因而,它成为市场营销组合中的一个重要因素。必须根据整体营销的要求,采用恰当的定价方法与策略,与其他营销手段相配合,发挥整体营销的威力。

一旦确定了明确的市场受众群体,稳定的价格就是稳定客源的重要环节。从消费者的心理角度出发,价格发生变化会影响到旅游需求的变动。价格一旦升高,旅游需求弹性就会偏向脆弱,发生需求下降的情况;而价格降低,但游客从优质优价的角度考虑,仍然会怀疑旅行社降价的动机和产品质量的优劣。所以,在没有发生众所周知的大环境改变的情况下,坚持稳定的价格也就坚持了产品的营销优势。

3. Place(销售渠道)

旅行社将其产品销售给最终消费者的途径,即为旅游销售渠道。它是由一系列参与销售并促使旅游产品向最终消费者转移且被最终消费者购买和消费的组织和个人所组成。其中,行、食、住、游、娱、购等单项旅游产品的提供者位于旅行社销售渠道的起始点;各种旅游中介组织位于旅行社销售渠道的中间环节;而最终消费者则位于旅行社销售渠道的终点。

我国国内旅游大多数采用直接销售渠道。我国入境旅游主要采用间接销售渠道。

4. Promotion(销售促进)

促销作为市场营销工具之一,是指企业组织实施一系列以说服顾客采取购买行动为最终目的的活动,通过这些活动,使潜在顾客了解产品,引起注意和兴趣,激发其购买欲望和购买行为,从而达到扩大销售的目的。

旅行社市场促销是指旅行社以人员推销和非人员推销的方式,向目标顾客传递信息,并与之进行信息沟通,达到影响目标顾客的行为,促进旅行社产品的销售及其对旅行社的产品产生好感和信任的营销活动。旅行社促销的实质就是与目标顾客进行有效的沟通。旅行社的促销沟通组合包括人员推销、广告、营业推广和公共关系这四大促销手段的综合运用,以形成一个统一的促销整体。

(1) 人员促销。

人员促销是一种传统的销售方式,是指旅行社的推销人员与消费者或旅游中间商直接进行面对面的沟通达成销售,是在旅行社所有的促销手段中,唯一利用人员所进行的最直接的促销活动。在消费者对产品产生兴趣阶段到购买产品这一阶段这种促销方法十分有效。人员促销提供了向消费者介绍产品、激起消费者的兴趣,并影响他们购买决策的独一无二的机会。在旅游市场上,人员促销因其选择性强、灵活性高、能传递复杂信息、有效激发购买欲望、及时反馈信息等优点而成为旅行社市场营销中不可或缺的促销手段。然而,旅行社市场营销中使用人员促销往往面临费用高、培训难等问题,因此在使用这一促销手段时须招聘有潜力的优秀人才,严格培训并加以有效的激励措施。

人员促销的过程:

① 寻找潜在顾客。旅游推销人员必须利用各种渠道和方法为所推销的旅游产品寻找旅游者,包括现在的和潜在的旅游者。了解潜在旅游者的需求、支付能力和购买能力,做出购买资格评价,筛选出有接近价值和接近可能的目标顾客。

② 准备工作。推销人员通过多种途径如熟人介绍,以及搜集到的资料确定潜在的消费者的需求特点,了解潜在的消费者群体中由谁负责组织旅游活动以及由谁做出购买决定等情况,然后决定推销的计划、方式,最后选择进行推销的时机和地点。

③ 接近方法。根据掌握的顾客材料和接近时的实际情况,灵活运用各种接近技巧,引起旅游者对旅游产品的注意,引发和维持他们对访问的兴趣,达到接近的目的。

④ 讲解和示范表演。推销人员可以将讲话的内容事先背熟,以备见面时用。也可以和客户一起参与讨论,弄清对方的需求和态度,然后把准备好的内容介绍给对方。也可以采用多种方式引导客人多说话,了解他们真正的需要,并设法解决他们的实际问题。

⑤ 处理异议。面对推销人员的推销,旅游者几乎都会或多或少地存在某种程度的抵触情绪,因而会对旅游产品提出各种各样的购买异议,如价格异议、产品异议等。推销人员要采取积极的措施来转变他们的态度,例如让消费者阐述他们的想法,诚恳地让他们提出解决问题的建议。然后采取不同的方法、技巧进行有效的处理和转化,最终说服旅游者,达到促成交易的目的。

⑥ 达成交易。推销人员要从客户的话语、动作、表情、语气语调中琢磨他们的心理,密切注视各种成交信号,抓住成交时机,及时将旅游者注意力转向各种选择性决策,适时向旅游者提出建设性意见,或提出优惠条件、赠送礼物等,敦促旅游者最后下定购买决心,达成交易。

⑦ 后续工作。要让顾客满意并继续购买旅游产品,售后服务是必不可少的。推销人员在达成交易后,要认真执行所保证的条款,做好服务,妥善处理可能出现的问题,和客户保持联络,随时征询他们的意见并及时将有关信息传递给他们。

(2) 广告。

旅游广告是指旅游企业借助广告媒体,以付费形式介绍旅游产品或企业,与目标消费者沟通,达到影响消费者购买目的的活动。

广告因媒体不同可划分为媒体广告、户外广告、邮寄广告等。

① 媒体广告。主要指大众传播媒体广告,包括电视广告、电台广告、杂志广告和报纸广告四类。不同的媒体具有各自不同的特点,见表3-1-1。

表3-1-1 媒体广告的特点

媒体广告类别	优 点	缺 点
电视广告	传播性能好,视听并存,范围广	费用高,制作难度大
	传播及时,方式灵活	印象逝去快,观众选择性差
	影响力强	广告词有时间限制
电台广告	传播速度快、范围广	信息无法长久保存
	传播方式灵活	较易出现听觉错误
	制作周期短,费用较低	无法长时间引起听众注意
杂志广告	读者群相对稳定,促销对象明确	灵活性较差,发行周期长
	保存时间长	传播范围有限
	印刷效果较好	时效性不强
报纸广告	传播面广,旅游广告的主要媒体	表达方式不形象
	时效性强	信息量大,易分散读者的注意力
	灵活	印刷质量不高
	费用较低	

② 户外广告。指通过户外的广告牌、路灯灯箱、交通工具、建筑物等发布广告,进行宣传。其优点是成本相对较低,重复性强,地理空间的选择性较强。缺点是制作周期长,很难迅速更新和变换,看到广告的人中间潜在顾客的百分率较低。

③ 邮寄广告。旅行社通过邮寄宣传材料、明信片等来宣传自身产品的一种广告形式。这种直邮的方法制作和投递的灵活性较大,可选择性强,而且易于对方进行反馈。但是直邮需要事先知道对方的确切地址,因此在对象的选择范围上有一定的局限性。

④ 互联网。另外,随着互联网的普及,越来越多的旅行社将网络作为促销的一个有利工具,通过在网络上登载自己的企业动态、产品介绍或者采用网络销售的方式,让更多的人了解到自己旅行社的产品,方便旅游者或中间商购买。

依据其覆盖区域不同又可划分为地区级、区域级、国家级、国际级媒体广告。应选择适用于旅行社目标市场的媒体广告。

(3)销售推广。

销售推广又叫销售促进或特种推销,是旅行社为了刺激对某种产品的需求而设计的专门活动,如竞赛、优惠券、买一送一、代金券等。其目的就是运用各种短期的对消费者具有诱惑力和吸引力的活动帮助销售。

① 面向旅游消费者的销售。

A. 旅游目的地展示。

旅游目的地展示的主要内容包括目的地的宣传手册、相关印刷资料、海报、照片、目的地纪念品和手工艺品、幻灯片、录像带和光盘等。大多数旅行社在自己的门市部、接待处和办公室张贴一些景区景点的大幅海报。在显著位置展示一些印刷精美、可视性强、吸引力大的手册,供前来咨询的消费者免费索取观看。录像带和光盘等影音资料能够使消费者更直观地了解到旅游目的地,因此,有条件的旅行社可以在接待处放置播放设备进行播放,让消费者观看。

B. 折扣优惠。

旅游产品的降价促销能提高销售量。降价销售的目的是通过降价、打折吸引初次购买者,使他们成为旅行社的忠实顾客,并在日后购买没有打折的产品。

优惠赠券是旅行社经常采用的一种促销方法,旅行社通过多种途径将赠券发送到旅游消费者手中,消费者凭借这些赠券在购买产品时可以获得一定幅度的折扣优惠。

旅行社还可以采用捆绑销售的方法来扩大促销效率。捆绑销售就是旅行社与其他同行业或不同行业的销售者合作,承诺消费者购买合作者的某样产品后,可以买到打折的旅游产品。例如,如果某个顾客购买了某个品牌的西装,就能以八折的优惠价参加旅行社组织的到某地的游览。

C. 免费旅游产品。

这种形式通常是对产品的初期销售不进行打折让价,但是符合一定条件后提供免费旅游产品。如目前大多旅行社的华东旅游线路采用的是如果旅游者参加了华东五个城市的游览线,就可以免费再游览一个江南水乡古镇的营销策略。

D. 有奖销售。

对购买特定旅游产品的旅游者以多种方式给予一定的物质奖励。国外的许多旅游经营商通常会给游客提供行李箱、录像带、旅游书籍、各式各样的衣服等礼品。旅行社奖品的派发有时是有条件的,例如旅行社向最先购买新产品的旅游者提供免费奖品,或通过抽奖的办法分送奖品,这类奖品往往价值不菲,具有较大的诱惑力。我国国内有过不少如“游某地,赢钻石”之类的抽奖活动。

E. 会员卡销售。

当旅游者在某家旅游公司购买产品后,所消费的金额将按一定的比例折算成积分,当积分累积到一定数目就可获得相应的许多利益,其目的主要是吸引住老顾客,使其成为回头客。

F. 赠送礼品。

通过赠送有旅游企业标识的小礼品,以介绍本企业产品的名称、特点、购买方式、价格等。如赠送旅行社特制的日历、台历、打火机或印有该旅行社标志、名称、联系方式等的遮阳帽、旅行包等,还有的旅行社会赠送给旅游者具有当地特色的纪念品,如杭州的一些旅行社对参加华东地区豪华游的旅游者提供天竺筷、丝绸手帕等纪念品。

② 面向旅游中间商的销售。

旅游中间商是旅行社和旅游消费者之间的桥梁,在有中间商介入的旅游销售中,面向旅游中间商进行销售推广活动非常重要。

面向旅游中间商的销售推广活动的主要目的是使旅游中间商对产品供应商的产品产生兴趣,并保持对供应商的忠诚度,通过对旅游中间商进行物质奖励来促进销量。经常采用的方法有销售奖励、销售竞赛、旅游展览会、招待会、合作广告、折扣、熟悉旅程等。

A. 销售奖励。

旅行社给予旅游中间商各种形式的奖励,用以激励旅游中间商更多地销售产品,旅行社可以向完成销售目标的旅游中间商提供一些免费赠品,如免费旅游的机会或一些活动的门票等。也有的采用现金的方式进行奖励,就是当旅游中间商在一定时期内销售产品达到一定的数量时,供应商按一定的比例或约定的方式发给一定的佣金。

B. 旅游展览会。

旅行社通过旅游展览会向旅游中间商介绍自己的产品,使他们对产品产生兴趣,或者加深对产品的了解。有很多旅行社在展览会期间召开招待会,增进与旅游中间商的交流。如2009年中国国际旅游交易会在昆明举办,中国某旅行社率100多名总社及所属企业业务人员参加了此次旅交会。旅交会期间,此旅行社成功举办了"XX旅行社新闻发布会"和"XX旅行社之夜招待晚宴",宣传效果显著,扩大了自己的知名度。

C. 合作广告。

旅行社和旅游中间商合作刊登广告,由旅行社承担广告的全部或部分费用。

D. 折扣。

旅行社对购买旅游产品达到一定数量的中间商给予一定的折扣,可以是现金折扣,也可以是实物折扣。销售折扣既有利于加强与旅游中间商的长期合作,同时也可以提高旅游中间商的积极性,激励其扩大销售。

E. 熟悉旅程。

旅行社邀请旅游中间商亲身体验旅游产品,组织他们对旅游线路进行实地考察,了解旅游目的地的情况,提高中间商对旅游产品的认知度,成为旅行社重要的销售力量。

③ 鼓励销售人员的销售。

A. 提成。

首先规定专业销售人员的销售指标,对在一定时间内超额完成指标的销售人员按一定比例提成,使其获得一定的奖励。提成的方法有两种:按照销售人员的销售额进行提成;按照销售获得的利润额提成。无论哪种销售方法,都只有销售出更多的产品才能多得利润。

B. 奖励。

旅行社对销售业绩突出、对公司贡献大的销售人员,应给予物质奖励和精神奖励,如金钱或实物,以鼓励其继续努力,不断提高销售成绩。

(4) 公共关系。

旅游公共关系是指旅游企业以社会公众的利益为出发点,通过传播媒介在社会公众中树立良好的形象和信誉,以赢得旅游企业内部和外部公众的理解、信任、支持和合作,为旅游企业的发展创造最佳的社会环境,实现旅游企业的目标。旅游公共关系对于旅游企业塑造自己的公众形象、提高知名度、增强市场竞争力有很重要的作用。

旅行社的公共关系工作主要包括两个方面:

① 针对社会公众的公关活动。

针对社会公众的公关活动包括赞助公益事业和特殊事件,树立在公众心目中的良好形象;赞助社区活动,拉近与社区居民的关系;组织客人参观;出版旅行社杂志、刊物来介绍企业发展、产品信息、员工生活等方面的情况,和公众进行沟通,增进他们对企业的了解;举办各种活动,融入公众生活;举办专题讲座、赞助学术会议等方式,宣传旅游产品,吸引公众的关注。

② 针对新闻界的公关活动。

A. 新闻公关。

新闻公关指利用或策划有吸引力的新闻事件或通过举行活动创造机会,以吸引新闻界和社会公众的注意,扩大影响,提高自己的知名度。新闻公关的关键是与新闻界建立良好的合作关系,尽可能满足新闻界的合理要求。

B. 新闻发布会。

旅行社向新闻媒体通报消息,达到向外界发布关于自身信息的目的。如各种新产品的发布会。

任 务 实 施

利用旅行社营销组合运用包括产品、价格、渠道和促销组合四个方面的知识,分析德格利夫旅行社的营销组合运用(见图 3 - 1 - 2)。

图 3 - 1 - 2　德格利夫旅行社的营销组合

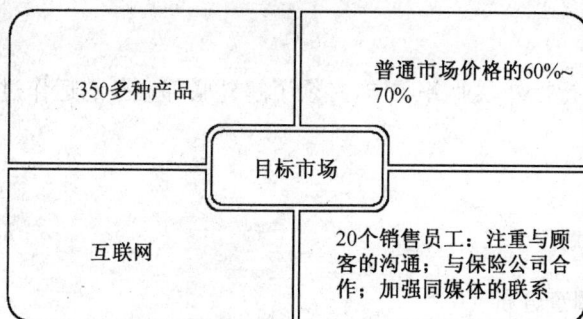

任务 2　旅行社外联业务运作程序

任 务 引 入

　　澳大利亚某旅行社召开了一次跨部门员工会议讨论近期将推出的新产品,即"昆士兰内地探险"的促销方案。参加的员工分别代表调研部、销售部、市场营销部、预订部、计算机部和假日部。

　　假日部的奈特在会议一开始介绍了新产品的特点、价格、核心价值和预订程序。

　　"昆士兰内陆探险"包价旅游被描述为一个高探险性、刺激的旅游产品,其中包括参观昆士兰内陆的三个景点,参加剪羊毛、骑马、赶羊、登山后绕绳攀援下降和丛林漫步等活动。旅游团将住在原汁原味的土著阁楼中,包价中含旅游包车、住宿、餐食和各项活动的费用,不包括自选项目乘直升机观光。旅游团每周从布里思班发团两次,如果订量大则每周发三次团。

　　议程的第二项是由调研部经理安妮发言,安妮介绍了她的部门的市场调研结果,包括一些具体的统计数字,如调研得出的目标市场、团内有意参加深入昆士兰腹地项目的游客比例、这些游客倾向的预订方式和平均消费。她的部门预测这个产品推出的头六个月能使整个系列产品的每月销售量达到月销售指标。

　　产品的主要市场是青年探险爱好者,年龄在 18～35 岁之间,其中的一大部分将是来自加拿大和欧洲,并在澳大利亚逗留了一年左右的背包游客,这些游客会从新南威尔士到昆士兰的旅游途中安排这次旅行。这个目标人群通常希望在出游前得到更充分的信息,信息来源主要是因特网、小册子和流行背包游杂志上的广告,预订方式是从因特网直接预订或在澳大利亚旅行时在沿途的旅行代理店预订。

　　会议一致认定促销应通过作为目标人群主要信息来源的小册子和因特网进行,但就次要促销方式会议没有达成一致意见。

　　会议最后要求各部门认真思考当天会议的内容并在下次会议上提出产品促销方案和预算。

　　试分析该旅行社外联业务运作程序。

任 务 分 析

　　要想正确分析旅行社外联业务运作,必须了解外联部业务的运作过程。

相 关 知 识

一、制订销售计划

(一)旅游市场调查分析

旅游市场调查是指旅行社运用科学的方法和手段,有目的、系统地收集、记录、整理、分析和总结与旅游市场变化有关的各种旅游消费需求以及旅游营销活动的信息、资料,以了解现实旅游市场和潜在旅游市场,并为旅游经营决策者提供客观决策依据的活动。

1. 旅游市场需求信息

(1)目标市场。首先确定旅行社的目标市场在哪儿,需求量是多少。

(2)旅游者的需求。旅行社要确定旅游者所需要的服务内容和想从服务中获得什么。

(3)旅游者购买时间和购买频率。了解这些可以为旅行社制定服务促销策略提供重要的参考。

(4)旅游者的购买原因。旅行社通过了解这个问题,可以真正了解旅游者不同的购买动机,因而设计不同的旅游产品,并进行宣传。

(5)购买决策者。确定购买决策者可以了解到在购买过程中谁在起主导作用。

2. 竞争对手信息

竞争对手信息主要是对第一竞争对手和潜在竞争对手的调查研究:了解对手以什么形式、何种价格提供何种产品,对手的市场占有率、对手的促销策略和分销渠道,对手的产品优势和缺陷。

3. 旅游中间商的调查

旅游中间商对顾客的需求,营销策略的效果,旅游产品的特色、优势和不足有着更深刻的认识,而且他们对整个旅游产品市场的竞争态势认识得更为全面。

4. 对旅游销售情况调查

旅游销售情况调查主要是通过对旅游者的调查了解旅行社的服务质量和消费者的满意程度,从而为旅行社进一步采取有效的销售方法、最大限度地降低销售费用、提高旅游者的满意度提供依据。

5. 公众对旅行社的形象评价

良好的旅游企业形象是企业战胜强手、提高销售额的有力武器。了解旅游者理想化的旅游服务形象,将是旅行社在制定促销宣传和有形展示策略时的重要考量。

在进行旅游市场调查之前,应首先确定是否值得进行调查;如需要进行调查,应就需要调查的问题、目标、方法与方案、调查预算以及时间、人员安排进行确认后,方可展开旅游调查活动。

（二）环境分析

分析旅行社的内部经营环境和外部经营环境的构成要素可能发生的变化及发展趋势。

（三）综合分析

分析旅行社经营所面临的机遇、挑战。

（四）产品销售目标

1. 旅行社产品销售预测

旅行社产品销售预测是指对未来一定时间内全部产品或特定产品的销售数量与销售金额的估计。

销售预测是在充分考虑未来各种影响因素的基础上,结合本旅行社近几年的实际销售业绩,通过一定的分析方法提出未来可能实现的销售目标。

可以采用多种方法进行销售预测,适合旅行社使用的销售预测方法有购买者意向调查法、销售人员综合意见法、高级管理人员估计法、专家意见法等。

表 3-1-2　影响销售预测的外部因素

影响因素	举　　例
消费者需求动向	当消费者私人汽车拥有率上升时,旅游者自驾车出游的数量将增加
经济发展态势	当国民经济保持快速发展时,旅游者会有较高的出游倾向
同行竞争动向	当竞争者数量增加时,旅行社的市场份额有可能下降
政法政策与法律动向	当政府开放更多的出境游目的国时,出境旅游者数量将增加

表 3-1-3　影响销售预测的内部因素

影响因素	举　　例
营销活动策略	投入更多的营销费用有可能带来销售业绩的上升
销售政策	旅行社制定比较宽松的付款政策可能会带来销售业绩的上升
销售人员	如果新聘用资深销售人员,销售业绩有可能上升
生产状况	如果旅行社扩大规模,销售业绩有可能上升

2. 确定旅行社产品销售目标

旅行社产品销售目标的确定建立在销售预测的基础上。

旅行社产品的销售目标是一个完整的体系,由一系列的指标构成。

从横向上来看,销售目标可以划分为:与销售收入相关的目标;与销售费用相关的目标;与利润相关的目标;与销售活动相关的目标。

从纵向上来看,旅行社的销售目标分为企业的总体目标和各层级的分解目标。

(五) 制定销售实施计划

为了实现销售目标,旅行社要采取一系列的营销活动,包括广告、人员推销、销售促进和公共关系等促销活动,也包括销售渠道的拓展与整合等。

销售实施计划也是一个系统的概念。旅行社企业有总体的计划,各个部门、各产品线甚至各个销售人员都有根据所分配的销售指标而制定的销售计划。

(六) 制定销售费用预算

销售预算的制定的全过程包括预测销售费用,决定销售费用,分配销售费用。

(七) 产品营销组合计划

(八) 检测、评价、控制

包括对计划执行过程及结果所采取的检测、评价和控制方法。

二、开展业务洽谈

所谓业务洽谈是指旅行社的销售人员向旅游中间商或"组织"旅游者推销旅行社产品,并最终达成协议、签订合同的过程。

1. 面谈

面谈一般要经过准备阶段——业务谈判——签订协议三个过程。

准备阶段:谈判前应选择好谈判人员,充分了解谈判对手,制定周详的谈判策略。

业务谈判:谈判时应详细介绍产品,并根据实际进行购买谈判。

签订书面协议：双方达成协议后签订书面协议。

2. 通讯洽谈

通讯洽谈包括通过传真、函件、电话、网络等通讯设施进行的洽谈。

三、对外报价

对外报价主要包括团体报价、半包价和小包价三种形式。

四、确认合同

1. 制定接待计划

（1）制定接待计划的程序：整理业务洽谈记录；落实交通事宜；落实各地的接待项目。

（2）接待计划的内容：旅游团（者）基本情况和要求；日程安排；旅游团（者）名单。

2. 接待计划变更

五、售后服务

旅行社售后服务指旅行社在旅游者旅游活动结束后，继续向游客提供的一系列服务，以主动解决客人遇到的问题和加强同客人的联系。

旅行社仅有高质量的接待服务是不够的，良好的售后服务是优质接待工作的延续，向旅游者提供新的信息并从旅游者那里得到意见反馈不仅可以维持和扩大原有的客源，还可以更新产品内容，提高接待服务水平，让旅行社在激烈的市场竞争中立于不败之地，是巩固和扩大市场的手段。

售后服务的方法有：

1. 正确处理旅游者的投诉

2. 及时处理好旅游者留下的个别要求

3. 打问候电话

在顾客旅游返回后的第二天就给顾客打电话，通常只给一些重要的常客打电话，以达到"一箭三雕"的目的：首先，可以让顾客觉得旅行社很关心他们；其次，旅行社可以从他们那里了解到此次旅游的目的是否实现以及一路上各种服务部门的工作情况；最后，旅行社可以及时掌握顾客可能提出的投诉，以便早做工作，妥善处理。

4. 寄送意见征询单

由于时间和条件的限制，旅行社不可能给每一位顾客打电话，但却可以寄送意见征询单。这种征询单可以使旅行社掌握第一手资料，以便安排好以后的旅游。意见征询单的内容可繁可简，但条目必须清楚，便于顾客填写，并附有回寄信封，以提高征询单的回收率。

5. 赠送纪念品

6. 书信、电子邮件往来

旅行社同顾客进行书面联系时，切忌用一大堆广告把顾客的信箱塞得满满的，较好的方式是向顾客写亲笔信。这种做法突出了业务关系中人与人的直接交往，会使对方感到亲切。旅行社当然不能向所有旅游归来的客人都写亲笔信，致信的客人也是经过挑选的，平均每个月写给20~30人。事实证明，这种争取顾客的办法会收到良好的效果。这种亲笔信也不是仅仅写给刚刚旅游归来不久的客人，也可向好久没有音信的顾客寄去亲笔信，也可以和顾客通过电子邮件进行问候。

7. 邮寄明信片

旅行社工作人员可以在考察旅游胜地时向顾客寄送有关旅游胜地的明信片。

8. 举行游客招待会、联谊会等活动

旅行社举行游客招待会或联谊会,可以邀请顾客欣赏风景点幻灯片、照片和录像的活动,使顾客了解各国的风景名胜、风俗等,提高旅行社的知名度,为顾客订购下一次旅游打下基础;还可以介绍旅行社的发展前景,请顾客欣赏精彩纷呈的晚会等。

9. 举办旅行社开放日

在旅行社开放日,旅行社可以有针对性地邀请一些顾客到旅行社参观及观看录像,向大家介绍本社的经营状况以及新推出的旅游产品,或者介绍一些有名望的顾客、旅游专家、飞机机长、旅游新闻工作者或旅游题材的作家等。通过这些活动,让顾客了解旅行社的各种设备及社会关系,从而使顾客坚信旅行社的能力而继续订购旅行社的产品。旅行社还可以在每一个开放日都定一个自己的主题,如媒体开放日、家长开放日等。

10. 节日庆祝

节日或者顾客生日是旅行社加强同顾客联系的理想时机。这要求旅行社在组织旅游时,注意积累客人的资料,建立客史档案,届时向顾客表示祝贺。

11. 邮寄旅行社社报和其他宣传资料

旅行社可根据自己顾客的多少及营业额的大小,每年出 2 期或 4 期旅行社小报。小报的内容可简可繁,有条件的旅行社可以把小报办得同地方报纸一样。这种旅行社小报绝不是招徕顾客的广告,小报的内容主要是介绍旅游知识和经验,帮助顾客消除诸如害怕坐飞机等恐惧心理。报上的文章要富有人情味,供顾客茶余饭后消遣用。事实证明,这种小报已成了旅行社与顾客保持经常联系的一条纽带。

任务实施

旅行社外联业务程序如下:

市场调查研究 → 市场定位 → 设计生产产品 → 营销组合措施 → 服务顾客 → 发展长期关系的顾客 → 联合营销

表 3-1-4

案例分析

【案例1】

"妈妈,我要上北大"

2010 年 6 月 23 日,南国旅行社在当地新闻媒体上打出"妈妈,我要上北大"的主题旅游广告词,众多暑期放假的学生及家长就把电话打到旅行社。到 8 月 20 日,南国旅行社组织了 4 个旅游团共 170 余人前往北京旅游。在景点安排上,除了常规景点外,南国旅行社紧紧抓住许多家长望子成龙的心理,推出参观北大或清华、中国人民解放军军事博物馆、圆明园遗址、世界公园和观看天安门广场升旗仪式等。在参观北大、清华期间，导游还特地邀请学校工作人员讲解学校发展史，从而使学生认识到，只要自己好好学习，北大、清华并非高不可攀。正是通过这些特殊景点的安排，使游客在不知不觉中接受了爱国主义教育，增长了知识，从而激发了学生学习的热情。正是因为有主题旅游，南国旅行社在这个火热的暑期有了源源不断的客源。"妈妈，我要上北大"这一创意，抓住了学生的心理，带动了其他线路，把暑期生意做得红红火火。自从 1997 年起，"97 重阳爱心之旅——爷爷奶奶逛北京"、"我爱北京天安门"、"千名老人游上海"、"红色革命路线"、"大年换个过法怎样"、"女人有个三八节"、"新婚蜜月之旅"、"单身男女玫瑰之旅"、"同学们，带你看大海去"等，这些都是南国旅行社推出的"主题旅游"创意。虽然有的成功、有的失败，但这些举措在旅游界和广大市民中引起的反响却是强烈而长远的。明确旅游主题，引导消费，创造了商机，为旅游开创了一片天地。

讨论：请问南国旅行社采用的是那种产品销售方法？

【案例 2】

旅行社的一次宣传促销

2004 年的一个周六，杭州市一个繁忙的路口比往日更加热闹，位于这个路口的某旅行社门口，聚集了大批的围观群众和媒体记者。原来，这家旅行社为了宣传促销，与动物园联系，从动物园里请来了几位动物明星进行表演。由小猴子、小熊组成的动物乐队吹吹打打，吸引了众多过往的行人，又有事先得知消息的小朋友在父母的陪同下专程前来观看表演。事后，杭州一家电台播出了一则新闻，大意如下："我市某旅行社组织了一次动物明星的表演，寒风中，小动物们……"有人听了这则消息后说："让小动物在这么冷的天气表演太残忍了。"也有人不以为然。

讨论：

1. 这是促销要素组合中的什么形式？
2. 在这次促销中出现了什么失误？为什么会出现这样的失误？

项目实训

青年旅行社欲开发一系列针对大学生的沙漠探险休闲旅游产品，请你根据这一目标顾客群的消费需求特点，在适当的市场调研的基础上，为旅行社设计一个既有针对性、又有吸引力的旅游产品，并进行价格、分销和促销组合策略的设计，最终形成不少于 3000 字的营销策略设计草案。

复习思考题

1. 旅行社市场调查分析包括哪些内容？
2. 旅行社指定销售计划包括哪几方面？
3. 简要叙述如何开展业务洽谈工作。
4. 联系实际，简要介绍旅行社常用的促销方式。
5. 联系实际，简要介绍旅行社广告的分类。
6. 旅行社的销售渠道有哪些？

项目四
旅行社计调业务

项 目 摘 要

计调工作流程关系到旅游产品的具体实施环节是否流畅,起到采购旅游服务、组合旅游产品的重要作用,本项目旨在了解旅行社计调工作的内容及意义,明确旅行社旅游服务采购的内涵与任务,熟悉旅行社计调业务实施步骤,掌握旅行社协作网络的建立和旅行社计调管理的内容。

任务 1　认知计调

任 务 引 入

某旅游团到三亚旅游,导游准时在 8 点将旅游者接到了宾馆,并安排吃早饭。吃过早饭后已经是上午 9 点多。计划书中午饭安排是 12 点,而旅游者都没有饥饿的感觉,要求延长在景点的停留时间,推迟午餐的用餐时间。导游却很为难,旅游接待计划就是这么安排的,并且在新的导游管理办法中擅自更改行程是要扣分的。这样的行程设计显然是不合理的。对于旅游者行程的用餐安排失误,究竟是什么原因造成的呢?

任 务 分 析

要想正确分析上述旅游团用餐安排的失误,应该首先学习有关计调的相关知识,了解计调的工作职责范围,避免在实际工作中由于旅游计划制定的失误而造成游客对于行程安排的不满,给导游工作带来不必要的麻烦和影响。

相 关 知 识

一、旅行社计调业务的概念

广义上讲,旅行社计调业务是对外代表旅行社同旅游服务供应商建立广泛的协作网络,签订采购协议,保证提供旅游者购买的各种服务,并协同处理有关计划变更和突发事件;对内做好联络和统计工作,为旅行社业务决策和计划管理提供信息服务。

狭义上讲,计调业务主要是指旅行社为落实旅游计划所进行的旅游服务采购以及为旅行社业务决策提供信息服务等工作的总称。

其主要任务是落实旅游团队在食、住、行、游、购、娱等方面的具体事宜,以确保旅游团队的日程正常地进行。

二、计调工作的职责

1. 信息资料员

① 收集、整理来自旅游业的各种信息；

② 将汇编的信息资料下发给有关部门，并存档及使用；

③ 向旅行社的决策层提供所需信息及资料分析报告；

④ 收集旅游团的反馈信息并制作列表。

2. 统计员

① 统计全社旅游业务月、季报表，编写接待人数月、季报告；

② 承接并向有关部门及人员分发旅游团的接待计划；

③ 承接并安排各地旅行社的接待计划；

④ 向旅行社的决策部门、财务部门提供旅游团(者)流量、住房、交通等方面的业务统计及分析报告；

⑤ 编写全社年度业务计划。

3. 值班联络员

① 做好昼夜值班记录和电话记录，并正确无误地进行转达与传递；

② 对全社的接待计划应做到了如指掌，并在登记表上及时标出接待团的编号、人数、服务等级、订房情况、抵离日期、下一站城市、船班或车次时间等；

③ 掌握旅游团取消、更改情况，并及时通知有关人员做好调整接待。

4. 订房业务员

① 与饭店洽谈房价，签订协议书；

② 根据接待计划为游客及导游预定住房；

③ 做好预定房的变更或取消工作；

④ 制作旅行社住房流量表及其单项统计；

⑤ 协同财务部做好旅游团(者)用房的财务核算工作。

5. 内勤业务员

① 与餐馆、车队进行洽谈，签订协议书；

② 根据接待计划，为旅游团订餐、订车，做好有关变更或取消的工作；

③ 负责安排宴请、冷餐会、大型招待会；

④ 为旅游团预订文艺节目票，负责落实专场演出等；

⑤ 负责安排特殊要求的参观、访问、拜会。

三、计调的工作要求

计调是旅行社完成地接、落实发团计划的总调度、总指挥、总设计。可以说，"事无巨细，大权在握"，具有较强的专业性、自主性、灵活性，而不是一个简单重复的技术性劳动。对于计调人员的工作要求如下：

1. 责任心

计调人员要有非常强的责任心，在进行每一项工作的时候本着对旅游者负责、对导游人员负责和对旅行社负责的态度进行工作的部署,要保证工作的准确和时效性。

2. 工作计划性

计调应对于旅游产品的效果具有一定的预见性,能够预测旅游过程中可能出现问题的环节,采取相应的预警措施。如出境游需要提前多少天办理签证,要给自己建立一个预警机制。

3. 风险和法律意识

对旅游相关法规要了如指掌,在旅游行程的安排上严格遵守相关的法律规定,不能以营利为目的而钻法律的空子。

4. 市场意识

尽管旅行社的分工细化,但在制定线路、新产品的开发及采购上要求计调必须具备强烈的市场意识。计调要对旅游市场、各旅游目的地的变化、各地接待单位实力的情况等有所了解;按季节及时掌握各条线路的成本及报价,确保对外报价的可靠性、可行性及准确性,还要不断地对工作进行创新。

四、计调工作的特点

1. 具体性

计调工作,无论是收集本地区的接待情况向其他旅行社预报,还是接受组团社的业务接待要约,编制接待计划,都是非常具体的事务性工作,计调部总是在解决和处理采购、联络、安排接待计划等具体工作中忙碌。

2. 复杂性

首先,计调业务的种类繁杂,涉及采购、接待、票务、交通,以及安排旅者食宿等工作;其次,计调业务的程序繁杂,从接到组团社的报告到旅游团接待工作结束后的结算,无不与计调人员发生关系;第三,计调业务涉及的关系繁杂,几乎与所有的旅游接待部门都有业务上的联系,协调处理这些关系贯穿计调业务的全过程。

3. 灵活性

计调工作的灵活性表现在旅游线路变更的灵活性。计调部在旅游旺季或者春运期间,有时候因火车票或其他交通票据紧张而不得不改变行程;有时候为了与其他旅行社竞争而灵活变更旅游线路;有时候则为了满足游客的需求,灵活变换所乘交通工具:正可谓"条条道路通罗马"。

4. 多变性

计调业务的多变性,是由旅游团人数和旅行社计划的多变性决定的。旅游团的人数一旦发生变化,几乎影响到计调人员的所有工作,可谓"牵一发而动全身"。此外,由于我国的交通和住宿条件经常不能保证正常供给,这也给计调工作带来许多的不确定性。

任 务 实 施

一、分析行程中用餐安排失误的原因

上述任务中出现的差错并非导游工作的失误,而是计调工作的失误,在实际的导游服务中,由于计调工作安排得不合理给导游的工作增加了很大的难度,计调的失误主要原因可以

归结为以下两种：

1. 计调人员没有具体问题具体分析

计调没有认真研究旅游团队的行程计划的时效性、现实性和特殊性，仅仅从惯例出发安排旅游者的就餐。没有设身处地地为旅游者着想，也没有统筹整个行程，想当然地以时间决定用餐，导致早午餐间隔不合理，旅游者产生怨气，进而影响到导游的工作。归结为计调人员没有遵循工作职责。

2. 计调人员不了解行程

一般旅行社的计调人员要求有带团工作的经历，这样才能真正了解旅游活动的可行性和可操作性，若没有实际带团的经历容易纸上谈兵，出现安排与实际情况脱节。总的来说可以归结为计调人员不符合从业的标准。

二、正确合理的计调操作工作安排

1. 提高计调工作的准确性

根据《旅行社管理条例》规定，导游不得擅自改变活动日程，否则要承担赔偿责任，这就要求旅行社的计调人员在安排旅游团队的行程时要特别注意准确性、科学性，并且结合实际情况安排各项事宜，使导游在实施计划时具可操作性。

2. 注意旅游行程的可行性

计调人员在安排旅游团队的每一项行程时，要从导游的角度充分考虑其在执行过程中的可行性。

针对上述任务，计调人员首先应该考虑旅游者的合理的就餐时间，事先应该考虑到这一特殊情况，从旅游者的角度出发，顺延中餐的时间。若安排在13:00～14:00点就比较合理。同时，细心的计调人员应该在导游接团之前进行特殊的调度，并且与导游进行沟通，确保旅游团队行程的按计划顺利进行。这样可以避免早餐与午餐由于时间间隔过短而引起的游客不满。同时，把旅游的活动延长，既能让旅游者有足够的时间进行活动，也能给导游人员提供较充裕的服务空间。

计调人员的责任心，决定了导游人员能否顺利完成工作，也影响到旅游产品的质量和旅行社的声誉。因此，计调人员在工作中一定要细致认真，否则一旦出现差错，势必影响到旅游团队的服务质量，最终会影响到旅行社的服务品牌。

任务 2　团队接待旅游服务采购与报价

任 务 引 入

杭州某旅行社接到了北京一家旅行社的内宾旅行团队计划，他们选择的旅游产品是"南京—杭州—乌镇三日游"，具体行程安排如下（表4-2-1）：

表 4-2-1

日 期	行 程 安 排	住宿
D1 南京/杭州	上午南京接团,游览南京长江大桥(门票15元,游览时间40分钟,门票已含),朝天宫,阿育王塔(含治山刀苑表演60元,游览时间60分钟,门票已含),莫愁湖景区(游览时间30分钟),瞻园(含观虎字碑拓展,游览时间50分钟),夫子庙(游览时间40分钟),白鹭洲景区(含鹫峰寺,门票20元,门票已含,游览时间50分钟),中山陵80元自理(游览时间90分钟),结束愉快行程赴杭州。	杭州
D2 杭州/西湖/宋城/ 灵隐寺	上午游览虎跑梦泉(约40分钟),坐船游西湖(约15分钟),三潭印月(约50分钟),乘船去岳王庙参观岳飞墓(约15分钟),用中餐自理(约30分钟),看丝绸表演(约100分钟),参观宋城(约50分钟),龙井问茶(约40分钟),去东南佛国灵隐寺飞来峰(约100分钟),黄龙洞(约40分钟),结束愉快杭州一日游行程。	杭州
D3 乌镇/杭州/上海	杭州市区8:00出发赴乌镇,途经菊乡菊海问茶(约40分钟),游览茅盾故居(约30分钟)、立志书院(约20分钟)、财神湾(约20分钟)、修真道观(约30分钟)、江南百床馆(约30分钟)、民俗馆(约30分钟)、古戏台(约30分钟)、传统商铺(约30分钟)、作坊(约30分钟)、当铺及居民区(约30分钟),下午14:00结束旅游返杭,感受丝绸风采(约60分钟),结束愉快乌镇一日游,回杭州乘火车赴上海。	杭州

结合上面旅游团队以及行程情况完成采购和报价工作。

任务分析

根据"南京—杭州—乌镇三日游"的北京旅行团计划,计调人员要做好采购、计价、报价工作,依据实际情况计调工作应从以下几个方面入手:

1. 根据本旅行社掌握的旅游产品食、住、行、游、购、娱要素的合同价格,对于该旅游团的服务项目进行优化组合,以配置最合理的元素,使该旅游团线路符合科学、紧凑、合理的原则,编制成旅游行程。上述任务采购分为两大部分:

该旅游团队往返机票采购由北京组团社完成;

南京、杭州以及乌镇的住宿采购,南京、杭州、乌镇的所有景区采购,以及餐饮和旅游用车的采购全部由北京组团社委托杭州地接社完成。

2. 就进入地接社的具体计价程序,杭州旅行社应该在2~4小时内完成报价:

南京、杭州、乌镇三地的景区门票价格;

杭州住宿三星级饭店的价格(饭店房价以标准间住宿2人的价格报价),以要求住宿饭店的地点和数量来决定最终的价格;

市内交通空调旅游车的价格(该价格根据车辆的座位数、车辆的状况来决定最终的价格);

委派优秀的导游(导游服务费以每人的固定费用来计算),将以上所产生的价格相加后形成该团队的成本报价。

3. 对外报价,将旅游团队的上述计价总数加上旅行社的税金,报价给组团旅行社。

要完成上述任务,需要学习以下相关知识。

相 关 知 识

计调部门是旅行社完成地接、落实出团计划的总调度、总指挥和总协调，是旅行社的核心部门，特别是在旅行社的采购业务中，计调部门看似不创收，但是却控制着旅行社的成本和服务质量，可以说计调是旅行社的"大管家"。

一、旅游采购服务

旅游采购服务是计调最基本的业务，旅游服务采购的成效，直接关系到旅行社经营活动的成败。旅游产品是旅游经营者为满足旅游者在旅游活动过程中的各种需要所提供的有偿服务。旅行社作为旅游经营者，通过旅游中间商向旅游者（或直接向旅游者）出售的综合包价旅游产品，大部分是由其他旅游服务企业或相关部门供应的，也就是说，旅行社通过向其他旅游服务企业或相关部门采购交通、食宿、游览、娱乐等单项服务产品，经过组合加工再进行销售。旅行社是一种旅游中介组织，并不直接经营旅游活动中的交通、食宿、游览、娱乐等服务项目，采购旅游服务也就成为旅行社经营活动的一个重要方面。旅游服务采购是旅行社通过合同或协议形式，以一定价格，向其他旅游服务企业及相关部门定购的行为，以保证旅行社向旅游者提供所需的旅游产品。

二、旅游采购服务的内容

旅游活动涉及食、宿、行、游、购、娱等方面，航空公司、铁路、轮船公司、酒店、餐厅、景点以及娱乐场所等也就成为旅行社的采购对象，对于组团社而言，还要采购接待社的产品。

（一）交通服务的采购

旅游是一种异地活动，无论从常住地到旅游目的地，还是在目的地的暂时逗留与旅游活动期间各地之间的往返，交通都承担着实现旅游者空间位移的任务。交通不仅要解决旅游者往来不同旅游点间的空间距离问题，更重要的是解决其中的时间距离问题。因此，安全、舒适、便捷、经济是旅行社采购交通时需要考量的因素，交通的形式主要有飞机、火车、汽车和轮船，旅行社必须与包括航空公司、铁路部门、轮船公司、汽车公司在内的交通部门建立密切的合作关系。事实上，为寻找稳定的客源渠道，交通部门也非常倾向于同旅行社的业务合作。旅行社要争取取得有关交通部门的代理资格，以便顺利采购到所需的交通服务，同时代理资格已成为国内许多旅行社获得利润的来源之一。

1. 采购航空服务

作为大众旅游时期远程旅行方式之一，航空服务的主要优点是安全、快速和舒适。一般而言，旅行社选择航空公司主要考量以下因素：

（1）机票折扣是否具有竞争力；

（2）机位数量是否能够满足需要；

（3）航空公司与旅行社的工作配合度是否协调；

（4）机票代理的付款方式以协议为准；

（5）航空公司的航班密度能否满足旅行社的需要；

（6）航空公司在各地联络网络是否合理是否方便；

小链接

表 4-2-2

1. 航班——飞机航行的班期；

2. 航班号——航空公司代号：

CZ-南航；CA-国航；MU-东航；3Q-云航；XO-新航；WH-西北航；SZ-西南航；MF-厦航；G4-深航；H4-海航。

表达：如 CZ3395 意即 CZ 指南航，3 指出发地郑州，3 指到达地广州，95 表示往返（去程为单）。

3. 机型——国内一般使用 4 种机型：

波音(B)居多；欧产空客(A)、麦道(MD)次之；运 7(Y-7)用于支线。

4. 机位(座)：

B-737 200 120 座；

B-737 300 145 座；

B-737 500 150 座；

B-747(双层)340—400 座,分头等、公务、经济；

B-757 198 座；

B-767 246 座；

B-777 380 座；国内用空客 A320 150 座；

MD-82 MD-90 168 座；Y-7 40 座。

5. 飞机餐(配餐)：飞行超过两小时有正餐,指米饭；配餐只有点心；特殊旅客(如穆斯林)有特餐。

6. 直达、经停、联航——直达是指点到点,不需要技术支持的航班；经停主要因技术原因,需要加降(如加油等),也有从经营考虑。

7. 订座：

(1) 票价：一般分为公布票价、折扣票价两种；

(2) 成人 100％；小童 50％；婴儿(2 岁以内)10％；

(3) 团体——指有组织的、同一日期、同一等级、同一目的地,10 人以上等；

(4) 座位再证实——联航 3 日内；OPIN 票年内；OK 票限期；需要提供技术编号在返程地再证实；

(5) 行李——航空公司提供给旅客的免费行李额规定：

头等(记者)40 KG；公务 30 KG；经济 20 KG。

2. 采购铁路服务

火车具有价格便宜舒适安全的特点,特别在包价产品中具有竞争力。目前,国内多数旅游者仍选择火车作为首选出游交通工具。旅行社向铁路部门采购,主要是做好票务工作。采购铁路服务就是按照旅游接待计划订购火车票确保团队顺利成行。出票率、保障率是衡量铁路服务采购的重要指标,尤其是在旅游旺季、各个长短节假日和春运期间。

小链接

表 4 - 2 - 3

火车的车次前冠有的英文字母代表什么意思？

客列车分类和车次规定：

1. 新时速旅客列车：D 字头
2. 特快旅客列车：Z 字头（直达）
3. 特快旅客列车：T 字头
4. 快速旅客列车：K 字头
5. 路局管辖快速旅客列车：N 字头
6. 普通旅客快车：

    1001 - 3998   跨铁路局运行，

    4001 - 5998   铁路局管内运行

7. 普通旅客慢车：

    6001 - 6198   跨铁路局运行

    6201 - 9998   铁路局管内运行

8. 临时旅客列车：

    L   跨铁路局运行

    A   铁路局管内运行

9. 旅游列车：

    Y1 - T3998   跨铁路局运行

    Y4001 - T9998   铁路局管内运行

    3. 采购水路服务

鉴于我国的大陆形态，除去三峡、桂林等内河及少数海路，轮船不是外出旅游的主要交通工具。旅行社向轮船公司采购水路服务，关键是做好票务工作。如遇运力无法满足，或不可抗力因素无法实现计划，造成团队航次、船期、舱位等级变更，应及时果断地采取应急措施。

    4. 采购公路服务

尽管汽车已成为人们普遍的旅行方式，但一般认为，乘汽车旅游的距离不宜过长，最好控制在短距离 50 公里（一小时）左右/景点间，长距离 300 公里（不超过 5 小时）以内/天，否则客人会感觉疲劳。

旅行社在采购汽车服务时应考虑：

① 汽车服务公司拥有的车辆类别、型号以及能否满足旅行社各类旅游团队的需要；

② 汽车服务公司的旅游车的使用状况、使用时间以及车辆的新旧状况；

③ 汽车服务公司的司机驾驶技术、驾驶员的年龄、驾龄等；

④ 汽车服务公司服务的标准化和规范化；

⑤ 车辆的准运资格和年检的情况，以及运营的相关手续是否齐全；

⑥ 使用车辆的协议价格是否合理，有没有淡旺季的优惠；

通过考察,最终选择管理严格、车型齐全、驾驶员素质好、服务优良、已取得准运资格,且善于配合,同时车价优惠的汽车公司,与之签订协议书。

表4-2-4　旅行社租车协议书

旅行社租车协议书

甲方:＿＿＿＿＿＿＿＿＿＿＿＿＿＿　旅行社有限公司

乙方:车主＿＿＿＿＿＿＿＿＿＿　驾驶员＿＿＿＿＿＿＿＿＿＿＿＿

一、甲乙双方本着遵规守法为原则,互惠互利,诚信服务为宗旨,特定此协议。

二、乙方同意甲方租赁其＿＿＿＿＿车＿＿＿＿＿台,车牌号为＿＿＿＿＿,此车允许载客人数为＿＿＿＿＿人。

三、本次租车费用为人民币,大写＿＿＿＿＿整,该车行驶中产生的费用(如过路过桥费、加油费、停车费等)均由乙方负责,此次包车甲方为乙方提供＿＿＿＿＿位司机的食宿(以行程中所含食宿数量为准),乙方按合同完成任务后,甲方于＿＿＿＿月＿＿＿＿日前付清全部租车款,结算时乙方必须提供合同及全额车费发票。

四、驾驶员要按照中华人民共和国道路交通安全法中所规定的准驾车型驾驶车辆。

五、乙方承诺做到:

1. 机动车辆必须是经公安、交通部门年审检验合格并符合行业标准的车辆,保证车况良好,并已足额办理了承运人责任险、第三者责任险。

2. 驾驶车辆时,听从导游员的指挥,保证乘车游客的人身及财产安全。

3. 下车、入住和参观景点时,要提醒客人贵重物品随身携带。

4. 本人离开车辆时,要拔下钥匙、拉死手刹、关好门窗,确保车内财产安全后方可离开。

5. 备一些塑料袋,以防客人晕车及其他不便时使用,随时保持车内卫生,创造一个良好的乘车环境。

6. 在行驶如发生交通事故,导致游客受伤,应积极主动抢救伤者,并先预垫付医疗及相关费用。待责任确认后,按责任比例向游客承担赔偿责任

7. 在乙方提供的车辆中途因车辆本身的故障造成抛锚,则由乙方尽快更换相应的车辆,或由双方协商解决,因此产生的直接费用由乙方负责。

8. 当行驶证与驾驶证不符时,应有车主的授权书。

9. 乙方应在出车前做好车辆安全检查,并按照甲方要求的时间、地点准时发车。

六、如乙方违反上述承诺,甲方除有权拒付租车费外,还有权要求乙方赔偿给其造成的一切经济损失。

七、机动车保险单复印件附后。

八、车主授权书附后。

九、在行程过程中,甲方人员及客人应遵守乘车规定,不能随意离开座位、身体任何部位不能伸出车窗。不能影响驾驶员的行驶安全,否则由此造成的后果乙方不负责任。

十、如因人力不可抗拒原因,如塌方、泥石流、不可预见的断路、非本车交通事故的堵车等人力不可抗拒因素造成行程不能完成或行程延误,所造成损失由甲方负责。

（续表）

十一、若因乙方原因造成安全事故、抛锚、漏接、车辆手续不全被查扣等，造成甲方人身伤害或财产损失，则按《中华人民共和国交通事故处理办法》由乙方负责协调处理并承担相应赔偿责任；因乙方过错造成旅游团延误行程或误机（车、船）的，由乙方负责赔偿。

十二、此协议一式两份，有效期为一年，双方必须遵守，如单方取消合同，违约方赔付另一方租车费 50％的损失。如因甲方原因，提前终止包车，原订车费照常支付，但乙方可适当减免未完成形成的费用（指过路过桥费、燃油费）。

十三、双方补充条款：

（1）游客禁止携带危险品乘车＿＿＿＿＿＿＿

（2）＿＿＿＿＿＿＿＿＿＿＿＿＿＿＿＿＿＿＿＿＿＿＿＿

（3）＿＿＿＿＿＿＿＿＿＿＿＿＿＿＿＿＿＿＿＿＿＿＿＿

甲方：＿＿＿＿＿旅行社　　　　　　乙方：（车主）

（驾驶员）

盖章：　　　　　　　　　　　　　　　　盖章：

　　　年　　月　　日　　　　　　　　年　　月　　日

（二）住宿服务的采购

酒店（饭店）是旅游业三大支柱之一，是旅游产品的重要组成部分，在一定程度上已成为衡量一个国家或地区旅游接待能力的重要标尺。根据酒店的使用目的划分为商务酒店、度假酒店、会议酒店、旅游酒店等。根据酒店等级划分有 1~5 星五个等级。计调应按接待计划提出的等级要求采购住宿服务，并在选择酒店时充分考虑以下因素：

（1）酒店保安的配备条件是否规范、严谨，服务是否到位；

（2）酒店的同级备份，即在附近的地区选择几家同级的酒店，以做后备之用，尤其是在旅游旺季酒店的同级备份非常重要；

（3）酒店的地理位置以及房况的选择，满足不同旅游者的不同需要；

（4）酒店与旅行社的销售配合度，是指旅行社能否得到酒店的支持；

（5）酒店的房价及结算协议价，依据不同的季节进行实时的价格调整，增强旅行社在同行中的竞争力；

表 4-2-5　酒店接待协议和酒店服务计划单

酒店接待协议

甲方：＿＿＿＿＿＿＿　　　　　乙方：＿＿＿＿＿＿＿

根据《中华人民共和国合同法》、《旅行社管理条例》的有关规定，双方愿在平等互利、友好的基础上，就甲方委托乙方接待游客住房，就餐业务中的权利、义务关系达成如下协议：

第一条：委托办法。

（1）甲方应于旅游团队入住饭店 24 小时前向乙方做出酒店入住预订，并提供团队人数，司陪人数，以及离开酒店的具体日期、时间，如有特殊要求请提出注明。

（2）甲方预订时需用甲方统一制作的"酒店预订单"预订，以传真形式双方签字盖章为准作为凭证。

第二条：价格。

根据市场情况，双方可协商调整按照国际酒店管理规定，旅游团 8 人成团 16 人免 1 间房，司陪＿＿＿＿＿＿元/床，享受游客同等待遇，如不成团散客为＿＿元/间，不免司陪，上一家另定。（可选择，请在□内打"√"）

□全年统一散客价，双标间＿＿＿＿＿＿元/间（含早），司陪＿＿＿＿＿＿元/人，16 免 1 游客。

□淡季双标间＿＿＿＿＿＿元/间（含早），旺季双标间为＿＿＿＿＿＿元/间（含早），16 免 1 游客。

□其他：＿＿＿＿＿＿＿＿＿＿＿＿＿＿＿＿＿＿＿＿＿＿＿＿＿＿＿＿＿＿＿。

第三条：合同履行。

1. 乙方须提供与其星级或其等级相符的硬件接待服务，大堂内醒目处标明欢迎牌。

2. 甲方团队抵达乙方酒店时，接待服务员必须热情、周到、认真细致，尽可能满足顾客的要求；当顾客要求超出接待范围时，应与甲方联系协商，切莫将甲方的协议价或有损于甲方的不良行为传播给甲方的游客。

3. 顾客入住后，乙方应保证顾客的人身和财物安全，如有特殊要求，应当面提示或及时通知甲方处理。

第四条：结算方式（按照双方协议的结算方式执行）（可选择，请在□内打"√"）。

□旅游团队入住前，按照确认件，10 以上免 2 司陪，先付房费及早餐费。

□旅游团离店时，按照确认件，并结清所有费用。

□旅游团队入住前，凭已确认的"团队通知书"入住，每月 30 日双方对账，确认无误后五天内甲方必须将房费汇入乙方指定账号，同时将发票交到甲方财务入账，确保双方利益的机密性。

第五条：合同变更违约责任。

1. 甲方对委托的内容进行变更，应填写《变更通知单》通知乙方，乙方就变更的内容在 24 小时之内予以确认并通知甲方；乙方对甲方的委托内容进行变更，亦须以书面形式通知甲方，甲方认可后方可变更。

2. 双方一旦确认，因不可抗拒的原因（指地震、自然灾害、交通工具或交通路线发生重大事故或变化等）发生违约，则不负担任何责任。特殊情况发生时，甲方须有相关部门的证明，乙方须认可。

3. 非因不可抗的因素（例如甲方客源地旅行社临时取消团队）发生违约，甲方应与乙方协商解决或另行约定。

4. 乙方在确认甲方的接待服务后发生违约，比如：A. 不能保证甲方预订的客房时，须提供同等或高于等级的住房，产生的差额只能由乙方负责。B. 因乙方服务原因造成游客投诉，如房间标准难以入住、失窃、发生争执、停电、停水、停暖、无空调，或不够确认等级、干扰太多等，甲方将减免相应的应付费用或待处理后由乙方承担损失。

5. 本合同的订立、变更、解除违约责任处理，须遵守《中华人民共和国合同法》的规定，未经双方共同同意，任何一方不得将本合同享有的权利和承担的义务转给第三方，双方均有保密的责任。

6. 双方在执行中如发生争议及未尽事宜,应通过友好协商解决,不能协商解决时,双方同意将争议提交有关法律部门处理。

7. 本合同签字之日起即生效,有效期为＿＿＿＿年＿＿＿＿月＿＿＿＿日至＿＿＿＿年＿＿＿＿月＿＿＿＿日,共计＿＿＿＿年。

合同期满后经双方同意,可以书面协议确定延长执行期,本合同和传真确认复印件为团队确认不可分割的整体,具有同等法律效力。

8. 本合同一式两份,双方各执一份。

甲方代表签字:　　　　　　　　　　　　乙方代表签字:

盖章　　　　　　　　　　　　　　　　　盖章

签字日期:　　　　　　　　　　　　　　签字日期:

＿＿＿＿＿＿＿旅行社 团队入住酒店服务计划单

团队名称:＿＿＿＿＿＿＿(或系列)

时间:由＿＿＿＿年＿＿＿＿月＿＿＿＿日至＿＿＿＿年＿＿＿＿月＿＿＿＿日【共＿＿＿＿餐】。

团队人数:共＿＿＿＿人,其中成人＿＿＿＿人、儿童＿＿＿＿人、不占床位小孩＿＿＿＿人、领队＿＿＿＿人,素食＿＿＿＿人。

服务内容:住宿要求[其中儿童＿＿＿＿元/人]

□ 免司陪房　　　　□ 其他＿＿＿＿＿＿＿＿＿

用房间数:双标间共＿＿＿＿间,其他＿＿＿＿间,司陪免＿＿＿＿人。

付款方式:□ 按以约定的协议价执行。

　　　　　□ 按约定前台现付＿＿＿＿共＿＿＿＿间×＿＿＿＿/元间、天。

共计大写＿＿＿＿＿＿＿＿。

警示:	签发单位(盖章)
1. 此通知单只适用于上述日期,逾期无效; 2. 此通知单只适用于上述服务,如有任何删改而未经本公司同意视同无效; 3. 结账时请附上通知单,作为结账时凭证。	
	年　　月　　日

(三) 采购餐饮服务

餐饮属于旅游者基本的旅游活动之一,餐饮质量关联到旅游产品的质量。因此,计调在选择餐厅时,因着重考虑如下因素:

1. 餐厅卫生符合 GB-16153—1996《饭馆(餐饮)卫生标准》;

2. 餐饮部门的地理位置是否便利,能否为旅游者节约用餐的时间;

3. 餐饮部门的停车是否方便,车位是否充足,洗手间卫生状况如何,能否保证旅游者有较好的用餐环境;

4. 餐饮部门的餐饮服务质量、餐饮口味能否满足各种旅游者的需要,餐标是否合理;

5. 有没有当地的风味(特餐)餐,能否体现出当地特色;

6. 餐饮部门与旅行社的结算方式、时间、款数明确；

7. 餐饮部门与旅行社的配合情况如何，能否处理突发的餐饮事件。

表4-2-6   酒店用餐协议书

酒店用餐协议书

甲方：_____酒店   乙方：_____旅行社

甲乙双方本着友好合作、诚信互惠的原则，经协商一致，就乙方在甲方"东方"酒店签单用餐事宜达成以下协议：

一、乙方用餐招待指定在甲方_____酒店时，可提前通知预订或临时安排，用餐后由乙方授权签单代表签单挂账。

二、凡乙方在_____酒店餐饮消费的签单均享受优惠_____折（海鲜酒水除外）。

三、甲方应保证饭菜的品质和卫生，并给乙方提供一个满意、卫生的就餐环境。

四、结账方式为月结，结账时间为每月_____日之前，甲方凭乙方上月用餐账单明细及相应发票与乙方结账。

五、为方便甲方管理，乙方应提供可签单人员名单及签字字样。双方确认为乙方授权签单代表。今后如有变更，乙方须提前以书面形式通知甲方。

六、在协议期间，如乙方公司搬迁或人员变动，乙方须提前告知甲方，否则由此引起的责任由乙方承担。

七、本协议暂定一年，有效期自_____年_____月_____日至_____年_____月_____日止。到期后双方如无异议，协议自动顺延。

八、未尽事宜由双方另行协商，补充条款经双方签字盖章后与本协议具有同等的法律效力。

九、合同一式两份，甲乙双方各执一份，经双方签字盖章后生效。

甲方：	乙方：
电话(传真)：	电话(传真)：
代表人：	代表人：
签署日期：	签署日期：

（四）采购参观游览景点服务

参观游览是旅游活动最基本最重要的内容，计调代表旅行社向可供游览参观的单位采购游览服务，此项采购的关键是就价格和支付方式达成协议。对于一些特殊的参观点，如工厂、民宅等，应征得同意，并力争取得支持与配合。

表4-2-7   丹噶尔古城景区旅游合作协议书

丹噶尔古城景区旅游合作协议书

甲方：湟源县旅游局（以下简称甲方）

乙方：_____（以下简称乙方）

为更进一步推进青海旅游业的发展，提高青海旅游业的知名度，甲方自2006年以来对所辖丹噶尔古城景区进行了保护性的修建，对景区整体进行了包装和改造，使景区具有了更高、更强的客源吸引力；同时改变经营机制，为鼓励乙方推介和宣传本景区，本着互惠

（续表）

互利、公平公正的原则，经甲乙双方协商同意，签订如下合作协议：

一、门票价格

1. 门市价：50 元/张（里面含七个景点）。

2. 旅行社协议价：凡签订协议的旅行社按门市价 50 元/张的六折优惠，即门票 30 元/张，（返 20 元/张）。

二、操作办法

1. 乙方负责为甲方输送游客。

2. 甲方为乙方的团队提供景点讲解服务，使游客高兴而来，满意而归，如果出现接待质量投诉，由甲方负责。

3. 甲方应确保游客接待服务质量，不得发生变相加价或降低服务标准等损害游客的行为，否则由此造成的一切后果由甲方承担。

4. 凡持老年证、学生证、残疾证、军官证者按相关部门规定 25 元/人为标准，包括 1.1—1.4 米高的儿童。

5. 结算方式：凡签单旅行社实行月清；凡带散团的一团一清，实行现金结算。

6. 协议有效期自签订起计算至本年度底，有效期为一年。

7. 有效期：2009 年_____月_____日至 2010 年_____月_____日。

8. 本协议一式两份，甲乙双方各执两份。本协议经双方签字盖章生效。

甲方：　　　　　　　　　　　　　乙方：

代表人：　　　　　　　　　　　　代表人：

年　　月　　日　　　　　　　　年　　月　　日

传　真：　　　　　　　　　　　　传　真：

（五）采购娱乐服务

娱乐是旅游活动六要素之一。旅行社采购娱乐服务时，就预订票以及演出内容、日期、演出时间、票价、支付方式等达成协议。

（六）采购购物商店服务

旅游购物为非基本旅游需求，但是引导旅游者购物，是接待社的主要任务之一。为使旅游者购物方便、安全，计调应当慎重选择旅游购物商店，要与其建立相对稳定的合作关系。

（七）采购保险服务

根据《旅行社管理条例》及相关法律，旅行社应该为旅游者提供规定的保险服务。旅行社中由计调负责采购保险服务。

（八）采购异地接待服务

旅行社向旅游者销售的旅游线路，通常有一至多个旅游目的地。采购异地接待服务的目的，是使旅游计划如期如愿实现。应该说，旅游产品的质量在很大程度上取决于各地接待质量，尤其是各旅行社的接待质量。因此，选择高质量的接待旅行社，是采购到优质接待服务的关键。计调在采购时应考虑到：

1. 接待社的资质、实力、信誉；

2. 接待社的体制、管理效率如何；

3. 接待社的报价是否合理，将同类旅行社的报价进行简单的对比选择实惠的旅游报价；

4. 接待社的服务质量是否满意；

5. 接待社的接待质量如何，包括餐饮、住宿、景点、导游的整体安排；

6. 接待社的结算（垫付）周期长短，垫付周期长的对于组团社越有利；

7. 接待社的合作意愿如何。

三、旅游服务采购的合同

旅行社为购买各种旅游服务项目而与旅游企业或相关部门订立的各种购买契约通称为旅游采购服务合同。它以一定价格向其他旅游企业及与旅游相关的其他行业和部门购买相关的服务行为，是一种预约性的批发交易，通过多次成交完成。旅游服务的采购特点决定了旅行社同采购单位签订经济合同的重要性，签订合同可以避免可能发生的各种纠纷，如发生纠纷也可以合同为依据正确处理。

采购合同的基本内容包括：

（一）合同标的

合同标的是指法律行为所要达到的目的。旅游采购合同的标的就是旅行社向旅游企业或相关部门购买的服务项目，如客房、餐饮、航空、陆路交通等等。

（二）数量和质量

数量指买卖双方商定的计划采购量（非确切购买量）；质量则是指由双方商定最低的质量要求。

（三）价格和付款办法

采购价格是合同中所要规定的重要内容。合同要确定采购量和定价的关系，以及合同期内价格变动情况，还要规定结算方式及付款时间等。

（四）合同期限

指签订合同后开始和终止买卖行为的时间，一般一年一签，也可按淡旺季分列两个合同。

（五）违约责任

按照我国《经济合同法》规定，违约方要承担支付违约金和赔偿金的义务。

任 务 实 施

以"南京、杭州、乌镇三日游"的北京旅游团计划为例，计调人员的采购任务：首先，订一辆33座的旅游车，保证旅游者带上行李在车上不会过于拥挤；其次，采购三星级酒店房间10间（标准间），若出现单男或者单女的情况，由酒店承担一间自然单间的费用，旅游者不承担额外的费用。旅游景点的安排根据旅游团的行程计划由导游安排游览。

一、"南京、杭州、乌镇三日游"线路的采购工作

1. 南京、杭州、乌镇三地景区游览的采购

首先，根据线路的安排，合理、科学地选择游览的景区。依据旅游者的需求选择旅游目的地的精华旅游点，让旅游者在旅游过程中欣赏当地美景、了解当地文化。南京地区的景区采购需要支付门票的景点有南京长江大桥、阿育王塔、白鹭洲景区；杭州景区需要支付门票的景点有游船、岳王庙、宋城、灵隐寺、黄龙洞；乌镇需要支付门票的有乌镇景区门票。参观游览是旅游活动中最基本、最重要的内容，计调部门代表旅行社向旅游景区进行旅游景点采购相关的游

览服务,此项采购的关键就是就景点的价格和支付的方式达成一致的意见。对于一些特殊的参观点,例如工矿、民宅等,应事先与相关单位联系,征得他们的同意与配合。

根据该旅游团的实际人数模拟计调人员预定乌镇的大门票,并填写如下所示的参观游览结算单。

表4-2-8 参观游览结算单

参观游览券存根 团号: 人数: 地点: 陪同: 日期:	中国旅行社参观游览券 旅游团名称: 旅游团人数:(大写) 佰 拾 个 收款单位(公章): 陪同姓名: 日期: 年 月 日

2. 饭店住宿服务的采购

旅游饭店是旅游者的第二个家,人们称其为"家外之家"。选择不同的星级和地理位置的饭店以满足旅游者的不同的需求,也是旅游产品多元化的体现。旅行社应该与酒店建立长久、互利的合作关系。针对该旅游产品,在杭州住宿两个晚上,要求是三星级饭店。旅行社要充分考虑到酒店的地理位置,以及房况和特色等,例如,距离西湖是否很近,附近公交设备是否便于出行等,同时还要考虑到房价对于旅游产品价格的影响。然后填写住房预订单。

根据旅游团人数模拟计调在杭州的××大酒店(三星级)的住房预订通知单。

表4-2-9 住房预订单

```
_____ 饭店销售部:
    请为我社预定下列团队住房,并速确认,谢谢合作。
团号:      国籍:      人数:    抵达:    商店:    订房:
预定:      备注:      时间:    间数:    早餐:
注:1. 房费结算账单,请寄我社财务部。
   2. 其他费用均由客人自理,我社不予承担。
   3. 受到订房委托书后,请速将订房回执传回我社。
                                        联系人:
                                         年  月  日
                     订房回执
  兹收到    旅行社    旅行团订房委托书,房价按    元/间结算,已列入计划。
                              饭店(酒店)  联系人:
                                         年  月  日
```

3. 采购市内交通服务

考虑合作汽车公司的车型、车况、服务规范、准运资格、价格,选择管理严格、车型齐全、驾驶素质好、服务优良、善于配合同时车价优惠的汽车公司,并签订协议书。

该团从南京出发到杭州,车程较长,应选择车况较好、舒适度较高的类型。

根据该旅游团的实际人数模拟计调人员预订车队、确认用车。

表 4-2-10　团队用车确认

订车人		团号		确认人	
出团地点		时间、航班		人数	车型、车号
接团地点		时间、航班		人数	车型、车号
备注					

此表共3联(第一联　存根;第二联　财务支付;第三联　业务结算)

4. 采购本团的餐饮服务

计调人员在选择餐饮网点时,首先要考虑到地理位置的多样性,应该对各个城市、城镇以及各个旅游景点的用餐地点进行合理的布点,满足旅游行程的需要。根据形成的需要,就近用餐;其次要考虑到不同的游客的不同口味和饮食习惯。餐饮采购是旅游服务中选择余地较大的,但又是最敏感的、受人为因素影响最大的一项采购,要给予高度的重视。该旅游团选择正餐20元/人,包3早5正。旅游团在杭州的早餐包含在酒店的房价中。

根据该旅游团的实际人数模拟计调人员填写乌镇农家餐厅的结算单,见下表。

表 4-2-11　餐饮费用结算表

收款单位:				用途:	日期:
旅游团名称:				人数:	陪同签名:
项目:餐费				品名:	单位公章:
	客人	全陪	地陪	司机	陪餐单价:
标准					
人数					数量:
金额					金额:

合计金额(大写):
本单须经陪同签名,数量必须大写,涂改无效,无公章无效

5. 安排优秀的导游服务

导游的服务费是以旅游者的人均固定费用来计算价格的。导游服务费简称导服费,4—5天以及以上的旅游团称为长线团,长线团按每人每天20—30元计算;2—3天的旅游团称为短线团,短线团每人每天40—50元计算。

对外报价,就是把旅游团队上述的计价总数加上旅行社的税金,报给组团的旅行社。

二、"南京、杭州、乌镇三日游"线路的计报价工作

1. 南京、杭州、乌镇三地的景区报价

南京景区:南京长江大桥,15元/人;阿育王塔,60元/人(含治山刀苑表演);白鹭洲景

区,20 元/人。杭州景区:游船,60 元/人;岳王庙,25 元/人;宋城,80 元/人;灵隐寺,65 元/人;黄龙洞,15 元/人;乌镇需要支付门票的有乌镇景区门票,120 元/人。

游览门票总价:460 元/人。儿童(12 周岁以下)景点门票、餐费等按半价计算。

2. 杭州三星级宾馆

130 元/床位,260 元/标准间。两天共计 260 元/人。

3. 车辆选用 33 座空调旅游车,全程随团旅游

车辆总价 4 000 元,平均 200 元/人。

4. 正餐 20 元/人,包 1 早 5 正

杭州早餐包含在房价内,正餐 5 次,早餐 1 次,共计 105 元/人。

5. 导游服务费

按照每人每天 20 元计算,三天共计 60 元/人。

三、"南京、杭州、乌镇三日游"20 人团队报价

门票 460 元+房费 260 元+车费 200 元+餐费 105 元+导服费 60 元=1 085 元。按照上述地接社的计价结果进行报价,1 085 元/人+(1 085 元/人 * 10%)=1 085+108=1 193 元。根据旅游产品的报价规则,杭州旅行社向北京组团社的报价为 1 198 元/人(或者 1 200 元/人)。

根据国际惯例,旅行社的收费是 16 人免一人的费用,因此,该旅游团 20 人的实际收费是:1 198 元/人 * 19 人=22 762 元(需大写为:贰万贰仟柒佰陆十贰元整)。

北京组团社应该在旅游团抵达南京之前的 7—10 天把上述团款电汇到杭州地接社的账户,杭州地接社收到款项后予以确认,通常是传真确认。

按照上述报价,模拟向组团旅行社收取团款。

表 4-2-12　××××旅行社团费确认单

致:＿＿＿＿＿＿　团号:	线路:	出团起止日期:　年　月　日—　月　日
人数:	客人名单:	
团费核算:		
总计人民币(大写)　拾　万　仟　佰　拾　元整　¥　　元		
公司名称:杭州市××旅行社有限公司 开户行:农行湖墅分理处 账号:×××××××××	收到账单后请速回传予以确认,(0571—88××××) 并在出团前将团款汇至我社!谢谢合作与支持! 签字(必须盖章):	
汇款凭传真到我社时,请务必注明团号、收件人! 1. ＿＿＿年＿＿＿月＿＿＿日确认开机票,一经确认,不可取消,如取消团费全损失。 2. 请提供客人联系方式,方便机场联络。		
操作人: Tel:		

表 4 - 2 - 13　欠款确认证明

兹＿＿＿＿＿＿＿＿＿＿＿＿＿＿＿（旅行社名）参加杭州××旅行社＿＿＿＿＿＿＿＿＿（团号），已付金额＿＿＿＿＿＿＿＿＿＿＿＿＿（大小写），尚欠金额＿＿＿＿＿＿＿＿＿＿＿（大小写）。 　经商议于　　　年　　月　　　日前付清欠款。 　×××旅行社　　　　　　　　　　　　　　　　　　　　欠款单位 　年　　月　　　日(盖章)　　　　　　　　　　　　年　　月　　　日(盖章)

任务3　国内组团计调业务

任 务 引 入

石家庄某旅行社在 2012 年"十一"黄金周，组织了 28 人散客拼团到华东旅游，该旅游产品的名称为"华东五市双卧六日游"，具体线路如下（表 4 - 3 - 1）。试完成国内组团社的计调操作业务。

表 4 - 3 - 1

第一天：石家庄乘 K374 次火车至南京，自由活动后入住酒店。(住：南京)
第二天：早餐后，赴南京，车游玄武湖(不进五洲公园)，观明城墙，游览总统府；参观南京大屠杀纪念馆(周一闭馆)，游览雨花台景区，参观革命烈士纪念碑；夫子庙观光购物，晚自费品尝秦淮风味小吃。(含早、中餐，住：南京)
第三天：早餐后，赴无锡，观灵山大佛，游无锡中央电视台影视基地，三国、水浒双城(自愿自理)，三国城(游汉鼎广场、山坡桃园、吴王宫、甘露寺，观大型现场古装表演)乘仿古战船畅游太湖，水浒城(游清明上河图一条街、宋代皇宫、相国寺、武大郎家、王婆茶馆等)；紫砂艺苑，游览园林水乡——木渎(游严家花园，虹饮山房)；赴苏州，晚自费夜游苏州。(含早、中、晚餐，住：苏州)
第四天：早餐后，游世界文化遗产藕园听评弹，看江南园林；参观珍珠苑，观京杭大运河，远眺寒山寺；赴杭州，游览梁山伯与祝英台爱情发生地——万松书院；晚餐后，自费欣赏宋文化主题公园"宋城"。(含早、晚餐，住：杭州)
第五天：早餐后漫步西湖风景区——赏西子风情、观三潭印月、湖心亭、阮墩环壁三岛、苏堤春晓、花港观鱼，欣赏丝绸时装表演，品龙井茶；车赴上海，乘车赴中国第一水乡 5A 级——周庄参观游览，过双桥，参观沈厅、张厅，桐乡品杭白菊；晚自费欣赏上海夜景。(含早、中、晚餐，住：上海)
第六天：早餐后车游南浦大桥，浦东新区，东方明珠外景(上塔自理)以及金茂大厦外景，浦江隧道，游览外滩风光；南京路观光购物，城隍庙自由活动；晚 21:44 乘 K372 次火车返回石家庄，结束愉快的旅程！(含早餐)

任 务 分 析

华东五市双卧六日游，是北方组团旅行社的黄金旅游线，沿途经过发达的长三角地区，人文荟萃、文化厚重，各个城市的资源各具特色，处处呈现出勃勃生机。石家庄某旅行社组织的 28 人散客拼团到华东旅游，其对外发团计调业务应考虑到如下几个方面：

1. 异地采购,确定地接社;
2. 建立团队档案;
3. 预订火车票;
4. 向地接社预报活动计划;
5. 与地接社书面确认;
6. 旅程变更的书面确认;
7. 安排全陪;
8. 团队结束后进行账单审核;
9. 总结并归档整理。

相关知识

旅行社的组团业务主要涉及组团社前期的计调业务操作——编制团号、预订机(车)票、自订房等;向接社发团及其操作流程;要求地接社反馈计调过程以及结果,使组团旅行社能够及时掌握团队的操作过程情况,以保证旅游团队的旅程顺利等三个方面的内容。据此得出旅行社组团计调业务流程,如图4-3-1。

图4-3-1 组团社计调人员操作业务流程

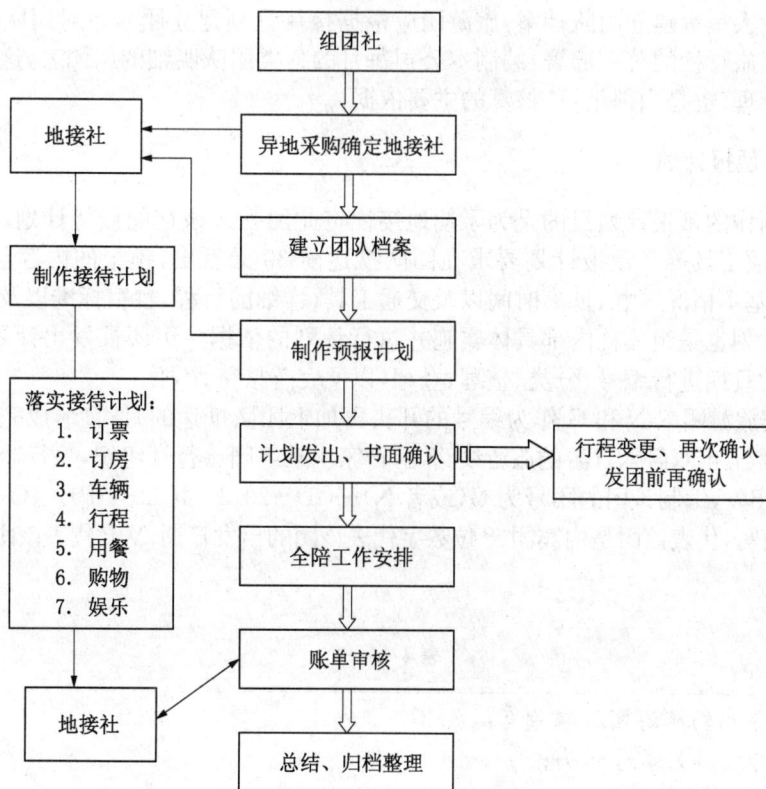

一、异地接待服务采购

组团社向旅游者销售的旅游线路,通常有1个以上的旅游目的地。采购异地接待服务的目的是使旅游计划如期如愿实现,旅游产品的质量在很大程度上取决于各地地接旅行社的服务质量。因此,选择高质量的接待旅行社,是采购到优质接待服务的关键。在异地采购时应该考虑到如下因素:

(一) 接待社的资质、实力、信誉;

(二) 接待社的体制和管理模式,主要考虑接待社的运作是否顺畅,各城市的衔接是否协调;

(三) 接待社的报价;

(四) 接待社的服务、接待质量;

(五) 接待社的团费结算(垫付)周期。

一般有如下几种形式:

(1) 达到一定数量的款项,双方先对账,在双方确认的前提下再支付;

(2) 每月(季)清款一次,先对账,在双方确认的前提下结清团款;

(3) 小型旅行社一般以一团一清的方式处理团费;

(4) 平时不进行大量交流的旅行社,或者是首次合作的旅行社,为保障团队的顺利运行,以一团一清的方式处理团费。

(六) 接待社的合作意愿。

二、建立团队档案

一般由专人负责建立团队档案,旅游团应根据接待计划建立团号。对团队的命名要通俗易懂。按照旅行社的统一部署,编制本公司每月的各类团队明细的出团表,这属于旅行社内部的资料管理,也是内部结算、核算的主要依据。

三、制作预报计划

组团社制作的预报计划目的是为了使地接社将此团列入该社的接待计划,要求尽早地预订酒店、交通工具等。预报计划要求在团队抵达前 30 天发出,预报的内容包括团号,人数,游客构成基本情况,团队抵离时间以及交通工具,详细的行程,食宿标准以及其他的要求等。该预报计划也是组团社内部具体实施并执行计划的依据。组团社发出计划前,要根据旅游团出发的日期进行编号、分类、整理、登记,以便完善接待计划。

一般内宾旅游团以 N 和 G 作为编号的开头再加上团队抵达的月、日形成完整的编号工作。例如,华东五市双卧六日游的旅游线路,由石家庄某组团旅行社组织,一行 28 人,于 2012 年 10 月 2 日出发,编制该团的团号为 G(或者 N)—GD—2012—1002(VIP)。(G 或者 N 是国内旅游团的缩写,代表该团是内宾团;8 位数字代表该团的出发日期;VIP 代表该团为贵宾团。)

小链接

表 4 - 3 - 2

旅行社常用的旅游团队编号有:
日本团以 J 作为编号开头;
美国团以 A 作为编号开头;
欧洲团以 E 作为编号开头;
香港团以 HK 作为编号开头;
澳门团以 M 作为编号开头。

完成旅游团的编号,就设定了一个团队的代号,便于开展工作,也可以避免重复,有利于后续工作的进行。

四、旅行团接待计划的发出和落实

旅游团接待计划发出后,接下来的工作就是要落实每个旅游团具体计划内容。旅行社担负着安排旅游者"食、住、行、游、购、娱"的任务,要保证旅游者进得来,住得下,玩得好,出得去,这就有大量的工作要做,每项工作都要具体落实。

1. 订票业务

订票通知单要有明确的团号、团队的人数、全陪人数,需要订的航班、车次、目的地景区票数。如果团队中有不满 12 周岁的孩童,要单独注明,轮船要注明船舱等级,还要注明各团队所住宿的饭店名称、星级标准等。

订票计划以及订票通知单发出后,经常会出现旅游团队人数的增减情况。变更通知要以书面的形式进行,在填写时要一式两份,通知人在签字后交给票务科经办人,再由经办人签名后,两人各保管一份,以备查询。

2. 订车业务

应根据旅游团报名的情况、团员人数,确认接站车辆的车型、车号和接团时间表。

任务实施

作为长期合作的伙伴,在往来的业务经营过程中,组团社与地接社形成了良好的合作基础。在发团之前对地接社进行必要的询价,使公司报价更趋于合理,每一个团队的利润都能得到很好的保证。华东五市双卧六日游旅游产品的采购和本地卧铺的预订工作在公司内部的计调完成后,向杭州某旅行社有限公司发团,对外的计调业务操作实施如下:

一、组团旅行社的发团作业流程

1. 团号

依据上述知识可编号为:N—GD_____—2012—1002

2. 向地接社发出预先报送旅游团计划

向地接社以传真或邮件的形式预先报送旅游计划,紧急情况可以先用电话预报后发传真或者邮件。内容包括团号、旅游团人数、游客构成(性别、年龄、民族、有无特殊客人、抵离时间、航班、车次、游览内容、市内交通要求、食宿标准等),并要求地接社在 24 小时内予以回复。根据"华东五市双卧六日游"旅游团的计划,预报见下表 4-3-3。

表 4-3-3 华东五市双卧六日游 N—GD_____—2012—1002

团名	N-GD-2012-1002	人数		28	儿童数	无	全陪人数	1
抵达日期	12/10/02	抵达车次/班次		K374	国籍/地区		内宾/石家庄	
离开日期	12/10/07	离开车次/班次		K372	游江(湖)时间、地点		太湖 10 月 04	
游览景点:玄武湖、明城墙、南京大屠杀纪念馆、总统府、雨花台景区、灵山大佛、无锡中央电视台影视基地、园林水乡——木渎、藕园、万松书院、宋城、西湖风景区、周庄、南浦大桥、南京路、东方明珠外景。								

（续表）

出车单位	浙江_____旅游车队	车型	金龙；33 座	车号	
全陪以及手机			司机以及手机		
机票/火车票			礼品		
文娱活动	杭州宋城大型演出		计划风味餐		
购物	每个城市进购物点一次		特殊用餐要求		
入住宾馆	各地入住三星级宾馆	入住日期：	2012 - 10 - 02	用房数以及房间类型	14 间 全陪 1 床位
用餐日期	02 - 07	用餐类别	10 正餐	标准以及要求	20
备注					
陪同详细填写报销费用					
	合计			审核签名：	

预先传真旅游团计划是要把最重要的团队信息告知地接社，以确保旅游团活动的顺畅，保证旅游者玩得开心。

3．与地接社进行书面的确认

组团社的计划发出后，地接社要在 24 小时之内书面答复，主要是对组团社所报内容逐一确认，最主要的是对机票、车票和住房的确认。

4．旅程变更

如果旅游团队的形成或者人数有变化，应该及时书面通知地接社，并要求对方书面确认更改通知单。

5．正式计划发出、书面确认

正式的团队计划应该在团队到达第一站前的 10—15 天内发出，邮寄或者传真至地接社。正式计划以正式的文件打印、盖公章，每地寄出 3 份。旅游团的组团正式计划，既是接团计划，也是对方收款的凭证，应力求正确、清楚。发正式计划时应该附上回执，以便对方寄回，确认收到无误。

4．最后一次确认

旅游团队出发前 24 小时以内，计调人员还应对计划进行最后的再确认，以防接团社疏忽和遗漏，发现问题可以及时补救。特别要强调，计调人员千万不能因为怕麻烦而不做最后的确认。本次确认可以以邮件或者电话的方式进行。

5．安排全陪工作

全陪工作责任重大，一个旅游团外出旅游成功与否，最终取决于全陪的工作责任心。全陪从接受任务、熟悉计划开始，实际上就参与了工作。计划内外发生的一切事情，都要由全陪完成。一个好的全陪应该熟悉业务，有良好的职业道德，机智、沉着、果断，既要站在旅游者的立场维护其利益，又要和当地导游人员、旅游从业人员搞好关系。全陪在整个旅游的过

程中,要做好上下站的协调与配合工作,保证行程的万无一失。为此全陪要做好如下工作:

(1) 认真阅读计划书,严格按照计划书执行。各地的行程、游览景点、就餐、住宿、购物等以计划书为准,不得任意更改、替换。

(2) 各城市之间的衔接要精心安排,各城市游览期间出现的费用问题,全陪要及时与计调人员联系,确认标准,以免发生不必要的损失。

(3) 代表旅行社全权处理在旅游过程中可能出现的意外,与游客进行沟通交流。监督地接社的服务质量,保证旅游者的满意。

(4) 维护旅游者的权益,兑现旅行社向旅游者的承诺。

6. 账单审核

旅游团队结束,各地的地接社均会传来旅游团的收款账单通知书。组团社的计调人员应根据计划认真核实,实事求是,纠正错误。计调人员的依据来自全陪表的准确填写,在审核全陪表的基础上做好一团一清的结算工作,并把已经审核的账单按时上报公司的财务部,请财务部按照合同标准按时付款。

7. 做好组团旅游团队的总结工作

总结工作是将团队计划书、往来确认书、预订(机、车)票的确认书、全陪表、单团和算账单、合同等进行归档。每一个旅游团单独成档,旅游团的档案要妥善保管 2 年。

任务 4 出境组团计调业务

任 务 引 入

以下为北京旅行社组织的特色英国 8 日游旅游线路,根据该团的实际行程完成出境组团计调业务。

表 4-4-1 特色英国 8 日游

第1天:北京—迪拜—伦敦 航班:EK309 0650/1200 EK3 1415/1840 凌晨在首都机场集合(务必注意集合时间和航班时间),搭乘阿航航班经迪拜转机飞往伦敦,期待已久的欧洲离我们越来越近……抵达后,专车接至酒店休息。 (酒店:无 用餐:无 交通:飞机、汽车)
第2天:伦敦 早餐后,游览议会制度的发源地——英国国会大厦,女王加冕登基的地方、埋葬历代帝王将相的西敏寺大教堂,劫后余生的大本钟。参观白金汉宫,当女王住在宫中时,这里王室旗帜会在宫殿中央高高飘扬,运气好的话还可以看到御林军交班仪式,之后参观聚集无数和平鸽的特拉法加广场,伦敦城的标志素有"伦敦正门"之称的——伦敦塔桥,也是英国标志性景点。收藏民俗珍品最为丰富的大英博物馆(入内参观)藏品令人目不暇接,尤其文明古国的藏品(包括古埃及、古希腊及古罗马),令人叹为观止,还有文艺复兴时期的历史珍藏,令人流连忘返。 (酒店:三~四星级 用餐:中、晚 交通:汽车)

（续表）

第3天:伦敦—牛津—史特拉福

早餐后,乘车前往英皇室行宫温莎古堡(含门票)。位于伦敦以西的温莎镇,建筑在一座山岗上,古堡分下、中、上三区,下、中两区为英王王室的正式国务活动场所和私邸,上区有国家公寓,以收藏皇家名画和珍宝而著称。古堡四周是一望无际的青草地,远处是田园农舍,一派乡村原野风光。女王及其亲属常到此地度周末或短期居住。乘车前往万千学子向往的学府牛津大学城,这里共有36个学院,八百年来陆续修建的大学城连砖瓦树木都染上了学术气息,令人沉醉在历史的情怀里。夜宿小镇莎士比亚出生地——史特拉福。

(酒店:三~四星级　用餐:早、中、晚　交通:汽车)

第4天:史特拉福—剑桥—约克

早餐后,参观莎翁故居(含门票)。让时光倒流,看一看他出生的地方,了解他是怎样在史特拉福逐渐长成一个少年的。乘车前往英伦著名学府所在地剑桥大学城,沿着康河漫步,到处绿草如茵、杨柳垂堤,河中有小船往来穿梭,也只有这时才能体会出浪漫诗人徐志摩《再别康桥》中的韵味;在漫长的历史长河中,康河两岸增建了许多美丽的大学校舍。之后乘车前往英国的北部首府约克。

(酒店:三~四星级　用餐:早、中、晚　交通:汽车)

第5天:约克—爱丁堡(YORK—EDINBURGH)

早餐后,游览约克郡。罗马人、维京人及诺曼人都在此地留下了痕迹。这里有很多杰出的建筑,英国最大的哥特式教堂——约克大教堂,历时250年才完工,是约克的地标。之后乘车前往苏格兰首府爱丁堡。

(酒店:三~四星级　用餐:早、中、晚　交通:汽车)

第6天:爱丁堡—湖区—曼彻斯特(EDINBURGH—MANCHESTER)

早餐后,游览爱丁堡,爱丁堡是南部低地的中心,也是苏格兰的首府,爱丁堡古堡(含门票)是市内最雄伟的建筑物,它建在海拔130多米三面陡峭的山顶上。您还可以漫步在全球精品荟萃的王子街,熙熙攘攘的人群配合着上个世纪的建筑,让人陷入前所未有的和谐情绪,真正享受迷人的爱丁堡风情。之后乘车前往温德梅尔湖区,感受徜徉湖区的美景。之后乘车前往著名工业城市曼彻斯特。

(酒店:三~四星级　用餐:早、中、晚　交通:汽车)

第7天:曼彻斯特—迪拜　航班:EK 20 2050/0700+1

早餐后,游览城市的心脏地带艾伯特广场;英国最大的唐人街,它是英国北部地区华人最集中的社区;市政厅和曼联队主场。之后乘车前往机场,搭乘阿航航班飞往迪拜。

(酒店:无　用餐:早、中　交通:汽车、飞机)

第8天:迪拜—北京　航班:EK308　1100/2300

迪拜时间上午起飞。当日晚上抵达北京,结束愉快的英国之旅。

任务分析

　　与国内组团计调业务操作工作相比,出境旅游产品的计调业务操作工作相对复杂,涉及出境相关程序的手续办理等多方面的内容,但是其中与境外接待社的计调业务操作程序与国内组团社计调业务操作流程基本相似。要能准确完成出境组团计调业务工作还需要掌握以下相关知识。

相关知识

一、出境组团计调工作流程

图4-4-1　出境组团计调工作流程图

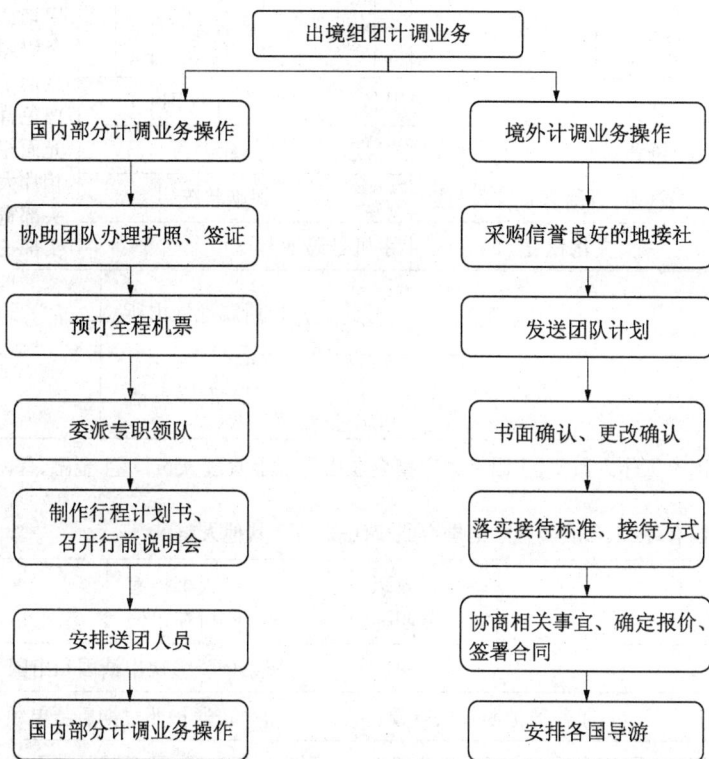

二、护照的基本知识

护照（passport）是一个国家的公民出入本国国境和到国外旅行或居留时，由本国发给的一种证明该公民国籍和身份的合法证件。护照一词在英文中是口岸通行证的意思。也就是说，护照是公民旅行通过各国国际口岸的一种通行证明。所以，世界上一些国家通常也颁发代替护照的通行证件。

1. 外交护照

外交护照一般是颁发给具有外交身份的人员使用的护照，如外交官员、领事官员和到外国进行国事活动的国家元首、政府首脑、国会或政府代表团成员等，都使用外交护照。

2. 公务护照

公务护照是发给国家公务人员的护照，也有的国家称这种供政府官员使用的护照为"官员护照"。此外，各国都把这种护照发给驻外使（领）馆中的不具有外交身份的工作人员及其配偶和成年子女。

3. 普通护照

普通护照是指发给一般公民（即平民百姓）使用的护照。在我国，普通护照又分为两种，一种是因公普通护照，一般发给国家派出的研究生、留学生、访问学者和工程技术人员等，这种护照由外交部或地方外办颁发。另一种是因私普通护照，由国家公安部或公安部授权的各地公安机关颁发给因私事前往外国或旅游居住在国外的本国侨民使用的护照。

表 4 - 4 - 2　中国公民因私出国申请表

申请编号条形码

身份证号码																申请人照片（请贴有条码照片）

申请人照片（请贴有条码照片）
近期正面半身头像
白色背景 深色上衣
光面相纸彩照
相片大小：48×33 mm
头部宽度：21—24 mm
头部长度：28—33 mm

姓		名		曾用名		性别	
拼音姓		拼音名		出生日期	年　月　日		
出生地	省（市、自治区）		民族		婚姻状况		
政治面貌		文化程度		手机号码			
户口所在地址				户口所属地派出所			
家庭现住址				联系电话			
本人身份	□ 国家工作人员　□ 国有大中型企业中层以上管理人员　□ 金融、保险系统人员　□ 军人 □ 国有控股、参股企业中的国有股权代表　□ 其他人员						
服务单位		行政职务职称		人事档案所在单位			
前往国家		属第（　　　）次申请因私出国					
申请类别	□ 普通护照首次申领			□ 普通护照过期重新申领			
出国事由	□ 定居　□ 探亲访友　□ 自费留学　□ 公派留学　□ 商务　□ 劳务 □ 就业　□ 个人旅游　□ 团队旅游　□ 其他						
原护照号码		有效期至	年　月　日		签发地		

成员家庭主要	称谓	姓　名	年龄	工作单位、职务	家 庭 住 址

本人简历	

（续表）

申请人特别声明	本人知道，凡属于登记备案的国家工作人员申办因私护照必须由单位出具意见，否则，由此造成的一切后果由本人承担；我保证，本申请表所填写的内容均正确无误，所提交的证明材料真实、合法。如有虚假，愿承担一切法律责任。 　　申请人签名：　　　　　　　　　　　　　　　　　　　年　　月　　日
	不满十六周岁的申请人须由父母或其他监护人陪同，监护人须作出如下声明： 　　本人是申请人的 □ 父亲　□ 母亲　□ 其他监护人　（　　　），依法拥有对申请人的监护权，本人同意申请人提出的这项申请，本人的身份证号码是：_____。 　　监护人签名：　　　　　　　　　　　　　　　　　　　年　　月　　日
	需要通过特快专递方式领取护照的，请在申请交费后到邮政速递专柜办理委托手续。

说明：申请人须使用蓝黑色或黑色墨水笔如实填写本表，表中有"□"的栏目，请在相应项划"√"。

国家机关、人民团体、事业单位在职的县（处）级以上干部，离退休省管干部，金融机构、国有企业领导干部、现役军人及省、市主管部门规定需提交单位意见的人员，请按照干部管理权限和行政隶属关系由相关单位出具意见，负责人签名并加盖公章

　1. 申请人_____（填写姓名）系单位的_____（填写职务或职称），申请表中所填内容是否属实（填：是或否）：_____

　2. 是否同意该人申请出国（填：同意或不同意，不同意的请说明理由）：

不同意，请勿盖章。

_____

　负责人签名：　　　　　　　　组织人事部门联系人姓名：　　　　　　　　（单位公章）

　联系电话：_____

　　　　　　　　　　　　　　　　　　　　　　　　　　　年　　月　　日

以下栏目由公安机关出入境管理机构填写	
受理意见栏	1. 面见申请人和查验户口簿、身份证、相关证明及询问情况： 2. 查询相关信息情况： 3. 受理意见： 　　受理民警签名：　　　　　　　　　受理日期：____年___月___日
审核意见栏	 　　审核人签名：　　　　　　　　　　审核日期：____年___月___日

（续表）

审批意见栏		
审批人签名：	审批日期：_____年___月___日	
备注栏	护照号码		发证日期	_____年___月___日

三、港澳通行证

港澳游顾客须办理往来港澳通行证。首次办理《往来港澳通行证》需填写完整的《内地居民往来港澳地区申请表》；交验有效居民身份证、户口簿或其他户籍证明原件，提交复印件；提交近期正面彩色免冠照片四张；在申请人常住户口所在地的公安机关办理。

四、签证的基本知识

1. 签证的定义

签证是一个主权国家发给申请出入该国的外国公民或本国公民的出入境许可证明，即在申请出入境人员持有的护照或其他有效的旅行证件上签注盖印，以示准许其出入境或经过该国国境。签证通常由前往国的驻外领使馆签发。

2. 我国签证的类别

目前，我国国家根据外国人来华的身份和所持护照种类，分别发给外交签证、礼遇签证、公务签证、普通签证四种。

普通签证共分八类，根据外国人来华事由，在签证上标明相应的汉语拼音字母（F、L、X、C、J-1、J-2、G、D），标明外国人的来华目的和事由。

小链接

表 4-4-3

签证字母的含义

F 字签证：发给应邀来华访问、考察、讲学、经商、进行科技文化交流及短期进修、实习等活动不超过 6 个月的外国人；

L 字签证：发给来中国旅游、探亲或因其他私人事务入境的外国人，其中 9 人以上组团来中国旅游的，可以发给团体签证；

Z 字签证：发给来华任职或就业的外国人及其随行家属；

X 字签证：发给来华留学、进修、实习 6 个月以上的外国人；

C 字签证：发给执行乘务、航空、航运任务的国际列车乘务员、国际航空机组人员及国际航行船舶的海员及其随行家属。

J-1 字签证：发给来中国常驻的外国记者。

J-2 字签证：发给临时来中国采访的外国记者。

G 字签证：发给经中国过境的外国人。

D 字签证：发给来华定居的外国人。

3. 申办签证的程序

（1）递交有效的中国护照。

（2）缴验与申请事由相适应的各种证件，这些证件应包括前往国的入境许可和我国公证机关出具的各类有关证明。

（3）填写外国签证申请表格。签证不同，表格也不同，有的要用外文填写。同时缴付本人照片，必须和护照上的照片一致。

（4）同前往国驻华大使馆或领事馆官员会见。

（5）国内主管部门审批：大使馆或者领事馆，将填妥的各种签证申请表格和必要的证明材料，呈报国内主管部门审查批准。有少数国家的使领馆有权直接发给签证，但仍须转报国内备案。

（6）前往国家的主管部门进行必要的审核后，将审批意见通知驻华使领馆。如果同意，即发给签证。如被拒绝入境，也会通知申请者本人。

（7）获得批准者向有关国家的驻华使领馆缴纳签证费用。有些国家根据互免签证费协议，不收费。

4. 中国的签证机关

在境外是中国驻外国大使馆、总领事馆、签证办事处、驻香港特派员公署领事部或外交部授权的其他驻外机构。外国人入境或过境中国，应向中国的上述签证机关申请办理签证。

五、中国公民境外入境程序

1. 旅游团队到达旅游目的地之后，领队带领旅游者通过护照检查。然后到行李提取处提取行李，行李必须由旅游者自行提取，以免出现不必要的麻烦。接着领队带领旅游者通过海关检查。

2. 完成入境的所有手续后，领队与地接社导游在出口处接洽，清点行李与人数，与导游一起安排团员上车，入住酒店。

3. 安排妥当后，领队及时与导游按照事前约定行程商定游览计划，互换名片。

4. 境外游览期间，领队与司机导游协作共事，安排好旅游活动，尽量取得旅游者的满意。要注意旅游目的地国家的一些禁忌，例如，在欧洲旅游车上严禁食用矿泉水之外的任何食品，教育旅游者注意公共卫生和安全，遵守目的地国家的一些规定。及时告知旅游者旅游车型、车号、休息时间等。

5. 配合导游做好购物安排。注意退税环节和相关的工作。如果旅游者在同一商店内购买一般日用品，比如，皮鞋、包、化妆品、衣服等，可统一保管好小票，在领队的帮助下统一开好退税票，把团员购物数合并，可以提高退税率，使旅游者得到更多的实惠，但是会增加领队工作的难度。

6. 做好每国(地)导游意见的反馈工作(尽可能征求旅游者的意见,如实填写)。

六、办理国外离境手续

1. 办理国外离境手续与中国出境时基本相同。

(1) 有退税的团员,领队陪同办理退税。

(2) 办理登机手续。每位旅游者本人持机票、护照,按照名单表上的顺序排队,每人保管自己的行李,并逐一通过托运行李安检。

(3) 通过人员的安检。

2. 过关前,领队告诉旅游者航班号、登机门、登机时间。叮嘱旅游者一定要在约定时间赶到机门,登机时间需要提前30分钟。大的机场一定要事先告诉旅游者从哪一区哪一号登机口登机。领队要提前到达登机口等候旅游者。

七、办理回国入境手续

1. 领队必须告诉旅游者遵守中国边检以及海关规定,不得携带违禁物品、管制品入境,也不得携带未经检疫的水果入境。

2. 凡在名单表上的旅游者,须按名单表的顺序将护照交给边检官审验盖章。

3. 未上名单表的客人,自行持护照入关。

4. 健康声明书由领队统一填写。领队向检疫人员作全团人员的健康说明即可。

5. 商务考察团须在飞机上由领队填写好入境健康检疫申明卡和入境卡,把填写好的申明卡和入境卡夹入护照内,由旅游者持护照一次性接受检查。

6. 通过检查后直接到行李提取处提取自己的行李。

八、抵达后散团以及其他事宜

1. 根据事先确定的行程计划,旅游团队回国后,领队在散团前要提醒旅游者注意有关事项,包括清点行李物品、注意安全等,了解旅游者离团后的去向,领队应尽可能帮助旅游者安全返回自己的家。

2. 散团前,领队应利用时间让旅游者填写出境旅游团旅客问卷表,回国后及时上缴组团社的计调部门。

3. 整理和上交领队日志、问卷表。领队日志要填写详细、清楚,有特殊情况须说明。

4. 财务账单报销。对带团出游时所发生的费用,领队应妥善保存有关票据,回国后及时到计调部与负责该团的计调人员汇总、审核,由分管的副总签字后到旅行社的财务部门报销。

任 务 实 施

依据案例中的任务,要密切结合计调工作的实际,以计调操作为核心展开。针对该出境旅游产品,按照国内操作流程和境外操作流程两个子任务展开。

一、国内操作流程

具体的计调操作如下图4-4-2所示。

图4-4-2　国内业务操作流程

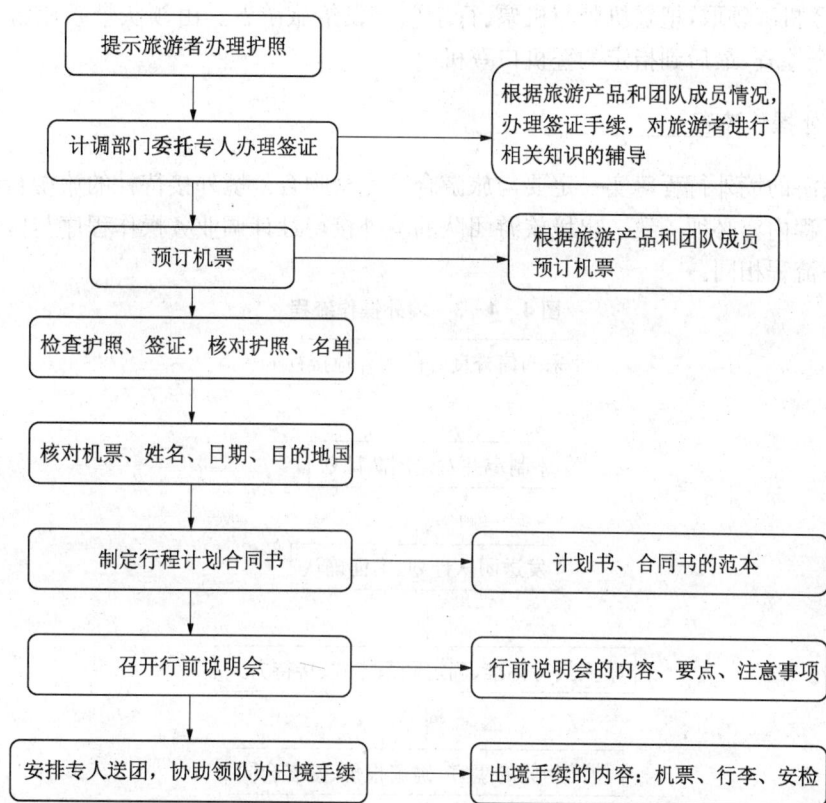

```
┌──────────────────┐
│  提示旅游者办理护照  │
└──────────────────┘
          │
          ▼
┌──────────────────┐        ┌──────────────────────┐
│ 计调部门委托专人办理签证 │───────▶│ 根据旅游产品和团队成员情况，│
└──────────────────┘        │ 办理签证手续，对旅游者进行 │
          │                 │ 相关知识的辅导         │
          ▼                 └──────────────────────┘
┌──────────────────┐        ┌──────────────────────┐
│      预订机票      │───────▶│ 根据旅游产品和团队成员   │
└──────────────────┘        │ 预订机票              │
          │                 └──────────────────────┘
          ▼
┌──────────────────────┐
│ 检查护照、签证，核对护照、名单 │
└──────────────────────┘
          │
          ▼
┌──────────────────────┐
│ 核对机票、姓名、日期、目的地国 │
└──────────────────────┘
          │
          ▼
┌──────────────────┐        ┌──────────────────────┐
│  制定行程计划合同书  │───────▶│   计划书、合同书的范本   │
└──────────────────┘        └──────────────────────┘
          │
          ▼
┌──────────────────┐        ┌──────────────────────┐
│    召开行前说明会   │───────▶│ 行前说明会的内容、要点、注意事项 │
└──────────────────┘        └──────────────────────┘
          │
          ▼
┌──────────────────────┐    ┌──────────────────────┐
│ 安排专人送团，协助领队办出境手续 │───▶│ 出境手续的内容：机票、行李、安检 │
└──────────────────────┘    └──────────────────────┘
```

结合英国8日游旅游产品，进行如下操作：

1．检查本人的有效护照。旅游者的因私护照必须由本人办理。

2．设计旅游行程，可参考案例中的行程安排。

3．填写英国签证表格。填写表格之前对于旅游者进行必要培训，详细告知填写表格所需的个人资料范围。此外，提供英国签证的表格样本。

4．由组团旅行社为旅游者提供英国签证所需的英文名单。

5．英国签证表格可在网站上下载。

6．以上材料，包括签证所需要的客人本人的其他资料，由旅行社专职人员代为收集。

7．由旅行社专职送签人员按照使领馆的要求、时间，预约后送达使领馆，等待签证出来。

8．一旦签证顺利通过，旅行社出境旅游中心就要按照出境旅游的要求进行计调操作。

9．国内部分计调操作流程：

(1) 预定国内段、境外段的全程机票。

(2) 检查护照、签证的有效期，核对护照与名单表是否一致。

(3) 核对机票的姓名、日期、前往目的地国家的个人信息。

（4）委派合适的专职领队人员。

（5）召开行前说明会，给旅游者准备出境旅游行程计划，与整个旅游团签订出境旅游合同。

（6）安排送机人员，该人与领队预约后在指定的机场碰面，并帮助领队办理旅游团队的行李托运、登机牌领取，把登机牌与机票、行李票分发给旅游者。由领队带领旅游者通过边防检查、安全检查，最后到指定的登机口登机。

二、境外操作流程

出境旅游的境外行程落实一定要与旅游合同完全吻合。境外接待社的旅游行程与旅游者手中的行程内容必须一致。出境旅游团队的境外接待社计调业务操作程序与国内组团社的计调业务流程相同。

图4-4-3　境外操作流程

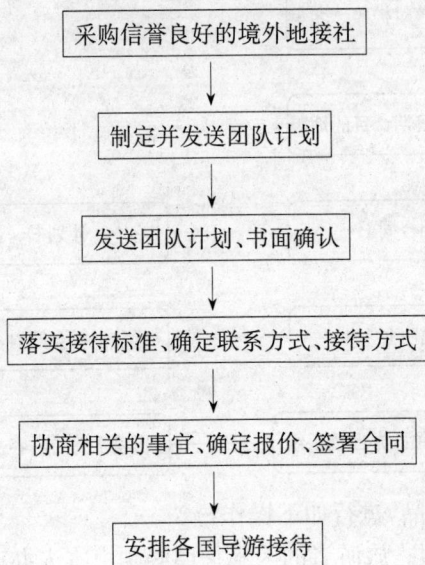

采购信誉良好的境外地接社
↓
制定并发送团队计划
↓
发送团队计划、书面确认
↓
落实接待标准、确定联系方式、接待方式
↓
协商相关的事宜、确定报价、签署合同
↓
安排各国导游接待

案例分析

【案例】

计调部一味追求高标准的住宿就能满足客人的要求吗？

有个教师旅游团，旅游目的地是内蒙古和山西，团队价位报得比较高。计调部经理想安排得好一点，因此决定，在内蒙古安排住豪华蒙古包，即二人一个蒙古包，蒙古包内和星级饭店一样有独立卫生间；在山西省则安排住太原的四星级饭店。结果团队对住房并不满意。他们说在内蒙古还不如住六人一包的普包，这样才像住蒙古包，大家济济一堂，那才热闹、才有来到内蒙古的感觉；对于在太原安排住四星级饭店，他们也并不觉得称心，因为他们是教师团，与饭店进进出出的客人格格不入，显得穷酸。故而，他们宁愿住在平遥古城，第二天早晨也不必赶时间，又能在平遥古城好好逛逛。这算不算"赔了夫人又折兵"呢？真是出了钱还未能让客人满意。

讨论:计调人员的失误在哪里?

项 目 实 训

1. 设计一接待计划,并实施订票、购票。
2. 根据对计价业务的学习,设计总结出一个"计价流程图"。
3. 制作一张"定点餐厅联络表"。
4. 模拟旅行社的计调人员,学习并了解住宿采购协议书的内容。
5. 设计一旅游线路,并做出报价单。

复习思考题

1. 你认为计调可以带团吗?
2. 在计划突变的情况下,计调人员如何临时调动车辆?
3. 旅行社计调部向其他旅游服务供应部门或企业采购的旅游服务有哪些类型?
4. 计调部进行旅游服务采购的任务是什么?
5. 如何进行旅行社旅游服务采购管理?

项目五
旅行社接待业务

项 目 摘 要

本项目的主要任务是了解旅行社团体旅游接待业务、散客旅游接待业务及其与之相配套的管理要素和程序。在旅行社的日常经营管理过程中,团体旅游业务又可以分为入境旅游团体业务、出境旅游团队业务。而随着经济的发展,散客旅游已经成为旅行社接待业务的一个非常重要的方面。在进行各项工作任务的时候,我们不仅要做到把我们所学到的知识运用到实践中去,还要从根本上去理解旅行社接待业务流程。

任务 1 团体旅游接待业务与管理

任 务 引 入

某旅行将要接待一入境旅游团,完成旅游团体接待任务及管理工作。旅游产品的行程如下(表 5 - 1 - 1):

表 5 - 1 - 1 团队任务计划书

团队任务计划书

团队号:0709 - 2010 - 0155	组团社:中国青年旅行社
团队性质:自联团	国籍:澳大利亚
全陪:张三 手机:1396937548	地接:优秀英文导游
人数:10+1 全陪	
用房:2 间双人房+2 间大床+2 间单人床+1 全陪床(无烟房)	
From:中国青年旅行社悉尼分社	To:苏州望湖旅行社
抄送:北京中银旅行社,西安建国旅行社,无锡国都旅行社,桂林假日旅行社,武汉东方国旅	

附行程单:

中青旅 0709 - 2010 - 0155 行程

日　　期	行　程	交　通	景　　点	酒　店
6 月 15 日	抵达上海	CX832 航班	无	协同酒店
6 月 16 日	上海	中巴	豫园　外滩　南京路	协同酒店

（续表）

日　期	行　程	交　通	景　点	酒店
6月17日	上海—苏州	中巴	留园 虎丘 寒山寺	苏州酒店
6月18日	乌镇	中巴	乘船游览江南水乡	苏州酒店
6月19日	苏州—北京	SU234航班	天安门广场 故宫	友谊酒店
6月20日	北京	中巴	天坛 北京四合院	友谊酒店
6月21日	北京—西安	HU758	大雁塔 兵马俑	
6月22日	西安—宜昌	总统一号	长江三峡	总统一号
6月23日	重庆—桂林	MF9532	漓江 阳朔 象鼻山	桂林国际酒店
6月24日	桂林—武汉	CA3132	黄鹤楼	武汉商贸酒店
6月25日	武汉—悉尼	CA1707	送团	

说明：1. 本团只负责境内机票，境外机票导游代为确认机票。

　　　2. 各地购物：北京同仁堂、景泰蓝、西安地毯、杭州茶叶。

　　　3. 旅游团中一位客人Jake于6月14日先期抵达上海，安排住宿酒店。

任务分析

编号为0709 - 2010 - 0155的团队是来自澳大利亚的入境旅游团队。该团在华历时10天，在整个行程中共安排浏览9个城市，客人中还有一人先期抵达、一人先期离团，并且每个客人的要求都不同，这就要求旅行社的计调在安排各类旅游活动的时候要保证旅游团队的质量，要选派合适的、优秀的外语导游进行全程导游服务。

相关知识

一、认识团体旅游

团体旅游是由旅行社综合其本身的关系、经验、能力等有利因素，精心拟定出来的一定行程，在我国团体旅游主要有三种形式：入境团体旅游、国内团体旅游和出境团体旅游。划分团体旅游和散客旅游的区别主要是人数，一般团体旅游的人数为10人以上。

二、入境团体旅游的特点

入境团队旅游是指旅行社通过海外旅游中间商招徕和组织的海外旅游团到中国内地旅游的活动，其主要特点是：

1. 外籍人员比较多

入境旅游团队中的旅游者多以外国旅游者为主体，每个旅游者的语言、宗教信仰、生活习惯、文化传统、审美等与旅游目的地之间存在较大差异。因此，旅行社在接待入境旅游团队时，必须充分尊重他们，为其配备熟悉风俗习惯、文化传统并能熟练使用外语的导游人员担任全陪和地陪。

2. 停留时间长

大多数入境旅游团在中国停留时间都比较长，一般停留的时间都是 10 天左右，甚至有的团队在国内停留的时间达 15 天以上。由于入境旅游团在中国的时间长，所以消费比较高。因此旅行社在接待入境团队的时候要为团队提供良好的服务。

3. 提前预订期长

入境旅游团队的提前预订期一般比较长，从旅游中间商开始向旅游目的地接待旅行社提出接团要求起，到旅游团实际抵达旅游目的地时止，旅行社同旅游中间商之间需要进行多次的通讯联系，不断地对旅游团队的活动日程、人员构成、旅游者的特殊要求等事项进行反复磋商和调整。另外，旅游中间商还要为旅游团队办理前往旅游目的地的交通票预订、申请和领取护照和签证手续。所以说，入境旅游团队相对于国内团队来说，提前预订期比较长，并且受各种因素的影响比较大。

4. 活动日程变化多

入境旅游团的活动日程变化比较多，涉及旅游各个要素比如食、宿、行、购、娱等各个因素是变化比较大的，其中变化最多的是涉及旅游交通方面的变化，影响最大也最频繁。

5. 落实环节多

入境旅游团队在旅游目的地停留的时间和停留的地点较多，其旅游活动往往涉及旅游目的地的各种关系。为了安排好游客们的参观游览，接待入境团队时应该逐项落实每一环节，保证旅游活动的顺利进行。

三、出境团体旅游的特点

1. 活动日程稳定

出境旅游团的活动日程一般比较稳定，除非发生极其特殊的情况，否则其活动日程很少发生变化。无论是组织出境旅游团的旅行社还是负责在旅游目的地接待的旅行社，都必须严格按照事先同旅游者达成的旅游协议，安排旅游团在境外及境内的各项活动。组织出境旅游的旅行社应委派具有丰富接待经验的导游员担任出境旅游团的领队，负责在整个旅行途中关照旅游者的生活。

2. 消费水平高

出境旅游团的消费水平比较高，他们一般要求在旅游期间乘坐飞机或豪华客车，下榻在档次比较高的饭店，并往往要求在就餐环境比较好的餐厅用餐。此外，出境旅游团的购物欲望比较强烈，采购量较大、采购商品的价值较高。据一些担任过出境旅游团领队的导游员和旅行社经理们的反映，我国出境旅游团在旅游目的地的购物消费甚至超过来自某些发达国家的旅游者，深受当地商店的欢迎。因此，旅行社的领队在陪同出境旅游团在境外旅游期间，应在当地接待旅行社导游人员的配合下，组织好旅游者的购物活动，满足他们的需要。

3. 文化差异比较大

出境旅游团队的成员中，有许多人从未到过旅游目的地国家或地区，对那里的历史、文化、风俗习惯等缺乏了解，与当地居民之间存在着文化上的较大差异。特别是像我国这样的自身文化传统悠久、出境旅游发展时间较短的国家，旅游者除了在文化上与旅游目的地国家有较大的差别外，在语言方面也存在着一定的差异。目前，我国参加出境旅游的旅游者，除个别人外，外语水平一般比较低，许多人干脆根本不懂外语。到达境外后，同当地人交流成为一个严重的问题。有些旅游者由于既不会讲当地语言也不懂英语,结果闹出不少的误会和笑话,甚至发生上当受骗的事情。因此,旅行社应选派熟悉旅游目的地国家或地区的风俗习惯、历史沿革,精通旅游目的地语言或英语的导游员担任出境旅游团的领队,在境外充当翻译,以帮助旅游者克服文化和语言方面的障碍。

四、国内团体旅游的特点

1. 准备时间短

国内旅游团的预订期一般比较短,而且由于不需要办理护照、签证等手续,所以国内旅游团的成团时间较短。有些时候,从旅游者提出旅游咨询到旅游团成团出发,只需要一周的时间,使得旅游客源地的组团旅行社来不及用书面形式及时通知旅游目的地接待旅行社,只好先用电话通知,然后再补发书面旅游计划。旅行社在接待国内旅游团时常会感觉准备时间不像接待入境旅游团或出境旅游团那样充裕。针对这个特点,旅行社应一方面在平时加强对接待人员的培训,使他们熟悉国内团体旅游接待的特点和要求,以便在接到旅游接待计划后能够在较短时间内制订出当地的活动日程,做好各项接待准备。另一方面,旅行社应根据当地旅游资源和本旅行社接待人员的特点,设计出针对不同国内旅游团的接待规范和标准活动日程,使接待人员能够按照接待规范和标准活动日程进行接待准备,提高接待准备工作的效率。

2. 日程变化小

国内旅游者一般对于前往的旅游目的地具有一定程度的了解,并能够在报名参加旅游团时对旅游活动日程做出比较理智的选择,因此他们很少在旅游过程中提出改变活动日程的要求。另外,国内旅游者往往把旅行社是否严格按照事先达成的旅游协议所规定的活动日程安排旅游目的地及安排旅行途中的交通看成旅行社是否遵守协议、保证服务质量的重要标志。所以,他们对于旅行社更改活动日程的反感较之入境旅游团和出境旅游团更加强烈。旅行社在接待国内旅游团时,必须注意到国内团体旅游接待业务的这一特点,尽量避免修改活动日程。

3. 消费水平差别大

参加国内旅游团的旅游者生活水平参差不齐,既有收入丰厚的个体或乡镇企业家、外企高级管理人员和工程人员、某些经济效益好的企业员工,也有中等收入水平的工薪阶层人士,还有在校的青年学生。不同生活水平的旅游者在旅游消费水平方面的差异很大。例如,有些消费水平高的旅游者可能要求在档次较高的星级饭店下榻和就餐、乘坐豪华客车、增加购物时间,而另一些消费水平较低的旅游者则可能对住宿、餐饮、交通工具等要求不高,希望增加参观游览时间、减少购物时间。旅行社在接待不同的国内旅游团时,应根据他们的消费水平和消费特点,在征得旅游团全体成员或绝大多数成员同意的前提下,对活动日程做适当的修改,以满足不同旅游者的需要。

4. 讲解难度小

国内旅游团在游览各地旅游景点时,一般对这些景点事先有所了解。另外,除了少数年龄较大的旅游者外,多数国内旅游者具有一定的文化水平,能够听懂导游员的普通话讲解,对于导游员在讲解过程中所使用的历史典故、成语、谚语、歇后语等比较熟悉,容易产生共鸣。因此,导游员在导游讲解中可以充分运用各种方法,生动地向旅游者介绍景点的情况,而不必向接待入境旅游团那样,因担心文化上的差异和语言方面的困难而不得不放弃一些精彩的历史典故介绍,也不必担心因旅游者无法理解导游讲解中所使用的各种成语、谚语、歇后语等而影响导游讲解的效果。

任务实施

我们在接待这个编号为 0709-2010-0155 的澳大利亚旅游团时,可以按照业务流程操作法具体实施。具体业务流程见图 5-1-1。

图 5-1-1 入境团体游业务流程图

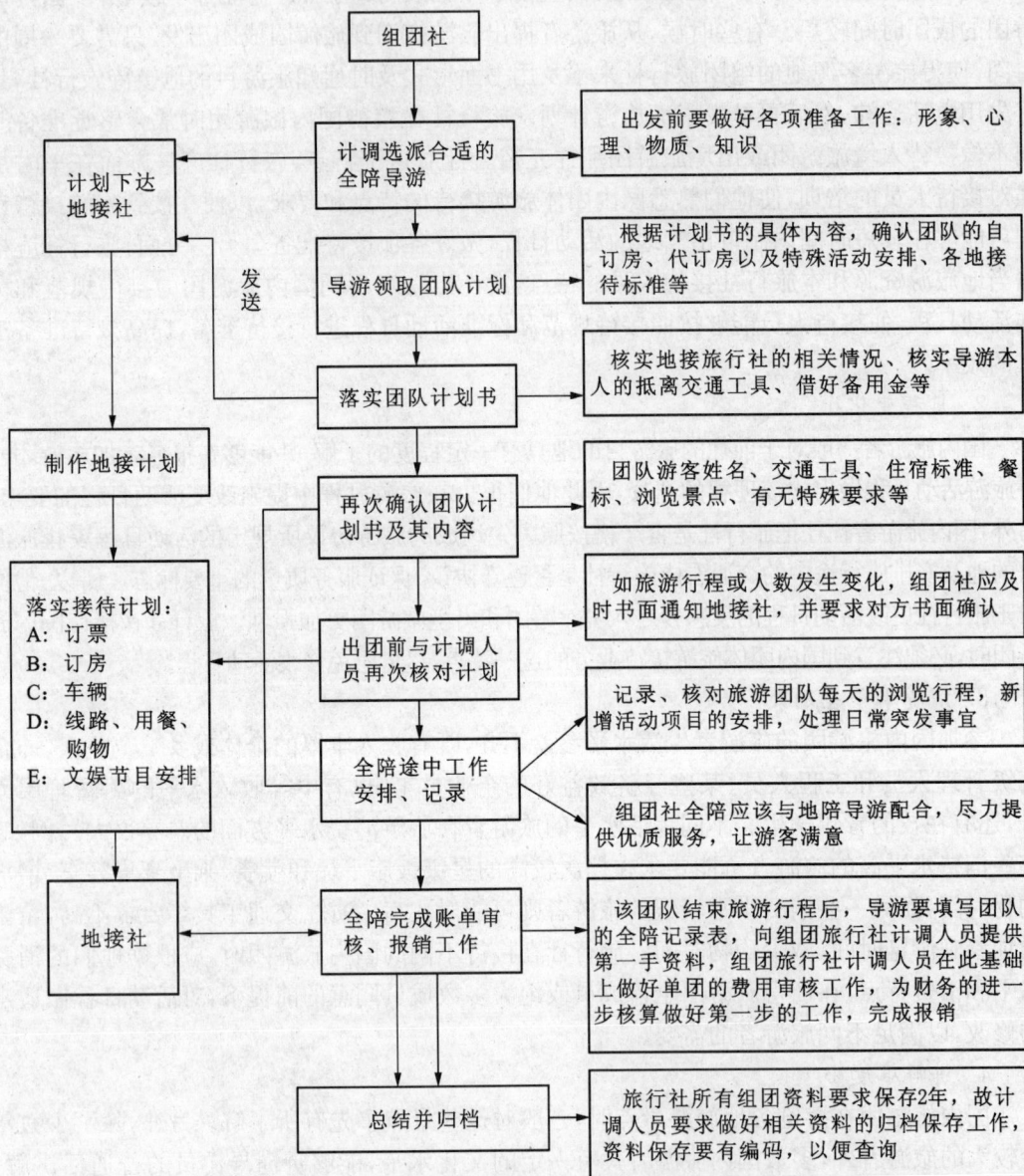

流水操作法是由一个或者几个业务人员专职负责一项工作。计调人员从事入境旅游业务工作的,在接到旅游团队计划书或者境外旅行社交给的接待任务时,就着手编制进行计划

编制工作;负责机票和大交通的业务员就着手进行机票预订工作;负责房控的业务员就按照计划要求落实订房;其余如负责餐控业务员安排餐饮、购物商店的选择;负责横向联系的业务员下发计划书到各个地联接待社和本社的接待部门,等等。

流水操作的具体步骤为:计划编制——订票——订房——室内交通——安排游览活动(包括订餐、购物商店预订等)——订文艺节目票——向接待部门下达接团通知。

全程陪同在接待旅游团队的过程中,要熟悉旅游团队计划,严格按照计划书的内容进行操作。入境旅游团体的活动往往涉及旅游目的地各种相关的旅游服务供应部门和企业,因此须制订出缜密的活动日程,并逐步落实到旅游过程中的每一个环节,避免在接待过程中出现重大的人为事故。

相对于流水操作法,小型旅行社由于团队数量少、业务量不多且单一、人力配备相对比较单一,故采用专人负责到底的操作法。

在旅游团结束之后,导游要填写该团队的全陪记录,向组团旅行社计调人员提供第一手资料,组团旅行社计调人员在此基础上做好单团的费用审核工作,为财务的进一步核算做好第一步的工作。

任务 2　散客旅游接待业务与管理

任 务 引 入

表 5-2-1　某旅行社推出的港澳品质特色五日游

天数	行　程　安　排	特色用餐
第一天	济南 SC1185(0815/1055)赴深圳,出关抵达香港,游览【会展中心新翼】【金紫荆广场】,途经立法会大楼、中国银行,外观礼宾楼、特区政府总部等著名建筑,后游览迪士尼乐园,观完"星梦奇缘"焰火汇演后于指定时间集合送酒店休息。	中餐:团餐不含晚餐
第二天	香港 早餐后前往香火最旺盛的庙宇【黄大仙】,而后参观【DIL 珠宝店】[约 2 小时]、【香港免税品摄像器材直销中心】[约 90 分钟],后参观落成在 440 米的海滨长廊上的【星光大道】,旧火车站钟楼;之后前往全球连锁的著名免税商场 DFS[约 50 分钟]自由活动,游览港岛最著名的海水浴场之一的【浅水湾】,而后往【太平山】,晚乘船夜游维多利亚港湾,欣赏夜景。	早:港式早茶 午:港式海鲜餐 晚:港式烧鹅餐
第三天	香港全天自由活动。喜欢购物的客人可以去铜锣湾的时代广场、金钟的太古广场、中环的置地广场、尖沙咀的海港城、九龙塘的又一城、沙田的新城市广场逛逛,还可去餐馆林立的山林道苏豪区。	全天不含餐、不含车、不含导游
第四天	香港—澳门 早餐后乘船前往游澳门,游览圣保罗教堂遗迹【大三巴牌坊】【大炮台】【澳门恒香手信特产店】[约 40 分钟],购买代表性的澳门特产肉干、杏仁饼、老婆饼等食品。后参观【妈祖庙】【主教山】后前往标志着澳门回归之花【盛世莲花】【望海观音】,午餐后前往【渔人码头】,晚餐后可去赌场小试手气。	早:团餐 午:团餐 晚:葡式风味餐

（续表）

天数	行 程 安 排	特色用餐
第五天	澳门—珠海—深圳—济南 SC1190（2045/2305） 早餐后拱北入境，沿途经【情侣路】【渔女像】【百货店】（50 分钟），送深圳机场乘机返回济南，结束愉快的行程！	早：团餐 中：团餐

团费包含：

1. 济南/深圳或广州/济南往返机票，香港到澳门船票，港澳名单费；
2. 行程中所列餐（含特色餐）；
3. 住宿四星级酒店或者以上标准，境外酒店均不挂星，星级以酒店网站公布为准；
4. 行程中景点门票及全程豪华旅游观光巴士。

团费不含：

1. 港澳通行证工本费，卫检以及人力不可抗因素导致的额外费用；
2. 境外导游司机小费 200 元/人；
3. 离团费及行程以外自费项目及个人所产生的费用等；
4. 旅游意外险，请组团社一定要建议客人购买。

以上行程所走购物站：以下为参考店名，具体以团体计划确认为准。

香港：DIL 珠宝店，香港免税品摄像器材直销中心；DFS 为正宗香港 DFS 国际免税连锁店，太阳百货店或是华懋店，选择其中一家。

澳门：一站手信、恒香手信、满香圆，选择其中一家。

珠海：百货。

备注说明：

1. 客人必需自备前往港澳有效证件及签注，报名时请提供参团人的姓名、性别、出生日期、出生地、签注类别。如因自身证件问题（如过期）未能过港澳者，本社不承担由此造成的损失与责任。
2. 团队旅游属集体活动，产生单男、单女以加床为主或自付单房差；原则上按同性别安排，夫妻在不影响房间数的前提下尽量安排同一间房；如团队出现单男单女，我社有权分房、拆夫妻或采取加床处理；在有房的情况下，游客要求住双标间须补单房差，敬请谅解。
3. 在不影响正常行程、不减少景点的前提下，我社有权根据特殊情况调整行程游览顺序！
4. 如遇航班调整或天气、战争、罢工等不可抗力所造成的晚点、取消及价格、出团线路变更等情况，本社不负责承担由此造成的损失与责任！本社有权根据具体情况调整行程和航班。
5. 严格执行行程所列景点并按照规定的停留时间游览各个景点，不得减少、更换景点及缩短景点所需时间。如客人自愿放弃景点、或因特殊情况不能走完景点的，导游须向领队及客人说明原因，并经领队及三分之二客人书面签名确认。
6. 香港、澳门无需保证自费。全程绝不能卖超过两项自费。所有自费是客人自愿参加且参加客人有书面的签字后才能进行。各段车上可推纪念品（香港：钥匙扣及紫荆花；澳门：回归纪念表或纪念碑），但绝不强迫客人购买。

香港可推荐自费项目：歌舞秀：¥160/人；纪念品：紫荆花 ¥100/人；蜡像馆：¥150/人；钥匙扣：¥120/人。

澳门可推荐自费项目：威尼斯人 ¥120/人；夜秀表演套餐 ¥400/人；纪念表 ¥100/人。

任 务 分 析

当该产品对外推出后，旅行社在面对散客拼团销售该线路产品时，可以采用门市直接销售、电话销售，也可以通过网上处理散客订单等多种方式，完成散客的预订、购买、接待服务，并落实旅游行程的后续工作。

相 关 知 识

散客旅游是利用旅行社的品牌效应,通过旅行社的运作,采用多种销售形式把散客组成团队,使得作为散客的旅游者能够得到团体旅游的优惠价格。散客旅游产品的特点是既可"组合",又可"拆零",便于旅游者按各自需求购买。这种形式在网络化普及的今天,是旅行社集中采购,便利旅游者,并向旅游者提供合理价格的旅游产品服务的最佳途径。

旅行社对散客旅游者提供的旅游产品介绍比较详细,不仅列出可选择的交通工具、饭店等级,而且对每天的旅游行程时间都详尽告知。对旅游景点、游览时间一一标明,使旅游者能够明明白白知道每一天的游览内容、所需时间,一天游览几个景点,旅游行程中多少个正餐等。这是旅行社提供给散客的旅游产品与给团队的旅游产品的最大不同之处。

旅行社提供的散客旅游产品介绍还需要包括旅游目的地城市的地图、游览景点的位置、旅游目的地城市的注意事项、旅游目的地城市的天气情况及其温馨提示、旅游目的地城市游览景点的详细介绍等,使旅游者能够尽可能掌握旅游目的地城市的基本情况,有利于旅游者增强旅游时的体验和感悟。因此,旅行社提供的散客旅游产品更能体现旅行社经营的专业化程度,增加旅游产品的竞争力,使旅游者能在专业旅游咨询师的指导下进行高质量的旅游,以满足旅游者的需求,扩大旅游消费市场,扩大旅行社的市场份额。

一、散客旅游的特点

1. 批量小

散客旅游多为旅游者本人单独外出或与其家属亲友结伴而行。与团体旅游相比,散客旅游的批量一般比较小。

2. 批次多

散客旅游的批量虽然比较小,但是采用散客旅游方式的旅游者日趋增加,加上许多旅行社大力开展散客旅游业务,更促进了散客旅游的发展,所以散客旅游者的总人数在迅速增加。散客市场规模的日益扩大及其批量小的特征使得散客旅游形式呈现批次多的特点。

3. 预订期短

散客旅游者旅游决定的过程比较短,相应地使散客旅游形成了预订期短的特点。散客旅游者往往要求旅行社能够在较短的时间内为其安排好旅游线路并办妥各种旅行手续。

4. 要求多

散客旅游者当中有大量的商务、公务旅游者。他们的旅行费用多由所在的企业、单位全部或部分承担。而且,他们在旅游过程中有很多交际应酬活动和商务、公务活动。再者,他们的旅行经验丰富,因此,他们的旅游消费水平较高,对旅游服务的要求也比较多。

5. 变化多

散客旅游者在旅行前往往缺少周密的安排,而在旅行过程中经常会临时变更旅行计划,提出各种新的要求或在旅行前突然由于某种原因而临时决定取消旅行计划。

二、散客旅游产品的类型

1. 单项委托服务

单项委托服务也称委托代办服务,是指旅行社根据旅游者的需求所提供的单一服务项目的有偿服务。由于旅游者需求的多样性,决定了旅行社单项服务内容的涵盖的范围比较广,常规性的服务项目主要包括导游服务,抵离接送,代订饭店,代办行李托运,代租汽车,代订、代购、代确认交通票据,代办签证,代办旅游保险等。旅行社单项委托服务的对象除了以散客为主外,旅游团内个别旅游者有时也会要求提供接待计划以外的个别委托代办服务项目。

2. 旅游咨询服务

旅游咨询服务是旅行社散客部或门市柜台接待人员向旅游者提供各种与旅游有关系的信息和建议的服务。旅游咨询服务的范围极其广泛,主要包括旅游交通、酒店住宿、餐饮预订服务、旅游景点、旅游产品种类及各种旅游产品的价格等内容。旅游咨询服务形式可分为电话咨询服务、信函咨询服务、人员咨询服务和网络咨询服务。

3. 选择性旅游

选择性旅游是指由旅行社为散客旅游者组织的短期旅游活动,如市内游览、晚间文娱活动、风味品尝、到近郊及邻近城市旅游景点的"一日游""半日游""多日游"等项目。根据国际旅游市场的发展趋势和我国实行双休日制度后出现的周末远足、黄金周旅游、城市周边旅游的热潮,不少旅行社已将目光转移到散客旅游这一大有潜力的新市场,纷纷推出各种各样的散客旅游产品,以增加旅行社的经济效益和社会效益,扩大知名度。我国有些地区甚至出现了专营散客旅游产品的旅行社。

三、散客旅游接待的要求

1. 产品方面

散客旅游者的文化层次通常比较高,而且旅游经验一般比较丰富。他们对旅行社产品的深层内涵十分重视。旅行社在接待散客旅游者时应针对这一特点,多向他们提供那些具有丰富文化内涵和浓郁地方与民族特色的产品,增加一些参与性活动,以满足游客追求个性化和多样化的消费心理。

2. 预订系统方面

散客旅游者的购买方式多为零星购买,随意性较大。因此,散客旅游对高效、便利、准确的预订系统有着强烈的需求。针对这一特点,旅行社应采用以计算机技术为基础的网络化预订系统,保证散客旅游者能够自由、便利地进行旅游活动。

3. 采购方面

散客旅游者多采取自助式的旅游方式,对于旅游目的地各类服务设施要求较高。旅行社应加强旅游服务的采购工作,建立起广泛、高效、优质的旅游服务供应网络,以满足旅游者的需要。在通过网络将信息传递给散客旅游者时可以采用各种不同的方式,如 QQ 方式、视频方式、MSN 方式、邮件方式等,使散客旅游者采购时更为便捷。

旅行社针对散客旅游者的特点设计和编制出各种适合散客旅游者需要的选择性旅游产品。这些产品包括"半日游""一日游""数日游"等包价产品;游览某一景点、品尝地方风味、观赏文娱节目等单项服务产品;"购物游"等组合旅游产品。选择性旅游产品的价格应为"拼装式",即每一个产品的构成部分均有各自的价格,其中包括了产品的成本和旅行社的利润。

任务实施

以某旅行社推出的港澳双飞深度六日游的散客拼团为例。

一、以电话预订散客服务

2008 年 5 月 18 日星期一,上午 9:35,一位中年王女士电话询问某家旅行社,七、八月是否有到港澳双飞的旅游产品,她家有 6 位亲朋好友要在暑期陪同孩子们一起旅游。

电话铃响 3 声之内,某旅行社的小李接起电话,主动问好并自报家门(例如:您好!这里是×××旅行社,请问怎么称呼您?)。小李从客人王女士处了解了她的需求之后,随即把本公司近期刚推出的港澳双飞深度六日游的散客拼团暑期产品介绍给她,同时告知王女士可以在该公司的网站上查看详细的产品内容。小李把该散客旅游产品的主要内容及其价格向王女士作了介绍,王女士听了小李的介绍之后,感觉不错,就在小李处先报名,具体细节待她查询网站之后,明天再与小李联系。双方互致问候之后挂了电话。小李对王女士的 6 人购买港澳双飞深度六日游的散客拼团作了记录,并登记到预定系统内,具体情况等待明天王女士的进一步确认。

第二天上午王女士按照约定来了电话,告知他们一家很认同该产品,认为价格也比较合理。小李感谢王女士选择了他们公司的旅游产品,与王女士在口头上达成了一定的协议之后,请王女士在 10 天之内到公司支付前期费用,并签订合同。小李答应给王女士一家制作一份散客拼团的旅游行程计划书。几天后,一旦王女士支付了团费,签署了旅游合同,即转入后台操作。

二、门市散客预订服务(模拟散客进入公司的门市部)

1. 当旅游者进入旅行社门市部时,应上前主动问好或者起身问好,请其坐下,及时送上一杯水,让旅游者感受到贴心的服务。
2. 通过与旅游者交谈,询问旅游者的旅游需求,并认真记录。
3. 根据旅游者的要求介绍本公司的产品。
4. 随时注意观察旅游者,能够根据旅游者的需求动态不断调整所介绍的产品。
5. 根据不同旅游者的喜好和年龄向其介绍本公司产品的亮点和特色。
6. 旅游者如果对某产品产生一定的兴趣后,要马上促成购买。
7. 如果旅游者最后无意购买本公司的产品,也要认真记录旅游者的信息,在旅游者临走的时候也要热情相送,对有潜力的旅游者可以送上公司的小纪念品。
8. 如果是因为本公司的产品有限不能满足旅游者的需求,门市人员应记录旅游者的详细信息,向旅游者道歉。并告知旅游者待公司有该类产品后一定以优惠价格或者优先请旅游者来参加。
9. 旅游者确定要购买产品后,应该马上请旅游者填写报名表。
10. 旅游者与公司签订合同,并向旅游者发放旅游赠品、旅游凭证、旅游发票。
11. 向旅游者说明有关注意事项和发放旅游行程单。
12. 把旅游者信息输入计算机,转入后台操作。

三、网上预订散客服务

现在很多旅行社都通过网站进行旅游产品的销售,在进行网上预定散客服务时,一般有两种方式:一种方式是通过旅行社网站的预定系统处理网上散客的订单,根据旅游者订单上预定的产品信息和联系方式,通过电话与预定旅游者取得联系并确认,然后将相关票据快递至旅游者手中,完成网上散客的预订服务;另一种方式是借助工作专用 QQ 客服,协助网上散客完成产品预订。

1. 在 QQ 上了解旅游者的需求,及时回答旅游者的问题。

2. 根据旅游者需求查看本公司的产品,如果有,马上发给旅游者。

3. 如果本公司没有旅游者要求的产品,积极引导旅游者购买其他相类似的产品。

4. 如果旅游者对本公司的产品不满意,可以推荐其他旅行社的产品(成功后转卖给其他旅行社)。

5. 向旅游者介绍其产品的性价比,促成其购买。

6. 旅游者对产品有购买意向后,应问清楚旅游者的详细信息,并要求通一次电话。

7. 与旅游者确定旅游者的产品要求、个人信息后,与旅游者商定签订合同的时间、地点。

8. 与旅游者签订合同,进入后台操作。

任务 3　门市(营业部)接待业务

任 务 引 入

李先生最近放假准备出去旅游一趟,走进一个旅行社门市部,发现整个旅行社的人员都在忙着操作计算机,三五分钟没有人理睬他。他自己从架子上拿下一份宣传资料慢慢地看了一会儿,被资料上"昆大理双飞五日"吸引住了,门市服务人员冷不丁地说了一句:"这条线路很贵的。"听了这句话,李先生顿时觉得自己受到了很大的侮辱,和门市服务人员吵了一架,最后李先生向旅行社进行投诉。

在这个案例中,旅行社门市人员的做法哪儿不合理呢? 正确的做法是应该怎样呢?

任 务 分 析

旅行社门市工作人员的服务是顾客对旅行社服务质量的第一印象,是公司销售产品的关键环节,因此在服务接待工作中,门市工作人员应严格遵守前台接待礼仪,专业地为游客介绍产品,时时体现出"一切为了顾客",使游客心情愉悦地接受产品。

相 关 知 识

一、 认识门市的工作

作为服务企业,旅行社最能够体现服务的内涵的就是那些直接面对游客的员工。门市部是旅行社的一个窗口,门市员工的素质直接关系到旅行社的服务质量和服务水准。每个门市部的员工必须记住,当坐在门市的位置上、拿起电话的时候,自己就代表了整个公司。

1. 对于客人来说,门市的员工的服务代表着整个旅行社的服务

"我想了解北京有什么特产?""对不起,我不是很清楚。"游客去旅行社咨询旅游,本来非常高兴。但是,当他发现门市接受咨询的员工居然连北京有什么特产都不清楚,不禁怀疑起旅行社员工的水平了。于是,对于接下来这个员工给游客介绍的内容都抱着怀疑的态度。

2. 对于公司业务部门来说,门市的工作实现了他们的计划

国内部、海外部制订团队计划、预订机票和酒店、编制线路等大量的工作,其目的是要客人参加团队,实现公司利润。但是,如果没有门市对这些线路进行销售,所有业务部门的工作都是白费的,甚至会造成损失。每个门市员工都必须明白,全体同事之所以能够领取工资,完全是由于游客消费而给公司带来利润。而引导和实现游客消费的工作,就是门市员工所完成的。所以,一个优秀的门市员工队伍,能够实现各个业务部门的团队计划,为公司创造利润,而如果是一个差劲的门市员工队伍,即使业务部门设计的产品多么优秀,也可能因为门市原因而导致滞销,给公司带来损失。

3. 对于游客来说,门市的服务可以让他们更加客观地清楚他们所购买的产品的情况

旅游产品是一种无形的产品,游客交给旅行社几千元团费所购买的这个线路产品是他们看不到摸不着的。所以他们必须依靠门市员工的描述和回答,进行了解。门市员工必须清楚地将该产品真实地向游客描述,让游客对线路的期望与线路提供给游客的享受一致。同时,游客的一些特殊要求可以通过门市向业务部门反馈,满足游客要求,提高服务满意度。

4. 对于导游和客户服务部门来说,门市的工作减轻了他们的压力,减少了游客的投诉

事实上,门市的工作也是售前工作。让游客客观地了解他们所购买的旅游产品的真实情况非常重要。例如,一些游客会以为他们花了3 000元参加北京游,一定是吃好住好。但是,如果门市的员工能够很有策略地告诉游客,这3 000元是包括了机票近2 000元,汽车交通近200元,门票近300元,实际上酒店和餐费不多了,则会使客人减低了期望,也接受了旅行社的服务,这样,投诉的几率就降低了。而一些行程中的自费项目、注意事项等,在出发前,如果门市员工就已经和游客说清楚,那么导游带团就轻松多了,客户服务部门的工作也会更加容易。同时,门市规范的工作流程,能够使业务操作人员和导游得到详细的游客资料,更好地做好服务工作。

5. 对于公司来说,门市的服务和公司形象是行业竞争的重要内容

目前,旅行社竞争非常激烈,产品同性化严重,大家卖的线路行程和标准基本一样,怎么争取更多的客源成了旅行社的主要竞争目标。而对于游客来说,越来越多的旅行社虽然提供了更多的选择,但是产品的同一化令他们难以选择。那么,门市的服务就成了游客选择旅行社的重要因素了。

二、 门市员工的基本素质

1. 好学与自学

门市的员工必须是一个杂家,也就是说,面对着各个不同的游客所提出的各种不同的问题,你都必须知道该如何回答,或者懂得如何去寻找答案。游客希望,每个门市员工都必须

是旅游专家,这样子他才有兴趣向你提问。而面对这么庞大的知识海洋,作为门市员工,必须经常性地进行自学,包括一些业务知识,也包括一些风土人情、历史地理、新闻时事等等。可以通过同事学习,比如 OP 人员,也可以通过书籍学习,而目前最方便的就是通过网络学习。

2. 热情和微笑

旅行社作为一个服务企业,要求每个员工必须对客人主动和热情。特别是门市人员,即使你业务能力很强,但坐在门市冷若冰霜或者呆头呆脑,就是对公司形象的一种破坏。门市工作人员一般应性格外向,热情主动,真诚待客,微笑待客,绝不能冷落任何一个进入营业大厅的客人,绝不可以对客人的咨询爱理不理或者敷衍了事。

3. 耐心

作为门市工作人员,耐心是一种必须具备的素质。门市报名或者咨询的客人,他们或许一些问题非常幼稚,或者对一个简单的问题刨根问底,或者对于一个决定犹豫不决。那么在这个时候,门市员工必须保持不急躁和耐心的态度,绝不能表现出任何不耐烦的情绪。

4. 细心

门市工作是团队操作的前奏,一个粗心,就可能会导致业务做团、导游带团等一系列出现错误。比如客人要求吃斋,但是由于门市的疏忽,未把这个特殊要求通知业务人员,那么势必导游业务人员没有通知地接社,地接社没有交代导游,导游没有交代餐厅,于是,当吃素的客人发现端上来的食品都是荤菜时,肯定要饿肚子,那么质量问题也就产生了。门市员工的细心必须充分体现在客人的特殊要求、客人的名单和证件、客人联系电话以及收费上。这些环节都是最容易出错,而一错就会造成重大损失。

5. 沟通能力

门市是一个对客沟通部门。要求门市员工有良好的沟通能力和沟通技巧。内向的人不适合做门市。要让一个客人对你产生良好的第一印象,要让一个客人接受你的观点,要让一个客人接受你的产品,都必须要求门市员工拥有良好的沟通能力。其中最重要的就是语言表达能力。门市员工的另外一个重要职责就是接听电话,更需要良好的语言表达能力。怎么把你所知道的信息准确地传达给客人,就是语言表达能力的问题了。

任 务 实 施

按照门市服务流程表流程接待一顾客。

表 5-3-1 门市服务流程表

售前	售中	售后
1. 线路策划 2. 编制线路行程、报价核算 3. 推广线路	1. 热情、耐心接听、解答客户的咨询 2. 记录客户资料 3. 编制行程及报价 4. 跟踪及反馈 5. 接受报名 6. 团体确认	1. 服务跟踪 2. 计划调整 3. 报账归档 4. 定期回访 5. 总结回顾

任务 4 旅游投诉接待管理

任务引入

2012年8月,广东游客何先生及朋友二人参加了某国内旅行社组织的"长江三峡四日游"的散客旅游。旅行社报价880元,包括交通、住宿、餐饮、景点第一门票及游览期间景点导游服务等。何先生要求在奉节和宜昌分别入住夔州宾馆和葛洲坝宾馆,并且由组团社委派导游,负责三峡沿线各旅游景点的全程导游服务。旅行社因此加收了住宿费600元和导游费用300元。在旅游过程中,该社导游张小姐态度冷淡,对三峡许多景点不作讲解,也不说明上、下船时间等注意事项。从奉节返程开始,导游就不见了踪影,何先生在宜昌下船后,自行乘车回汉。何先生以旅行社委派的导游服务质量低劣、中途抛弃客人为由,向质监所投诉,要求旅行社赔偿其全部旅游费用,维护其合法权益。

被投诉方旅行社辩解道:旅行社对游客在旅游途中因导游服务质量不达标而引起的旅程不愉快深表遗憾。旅行社已为游客安排了合理的旅游行程及舒适的酒店住宿,并支付交通、景点、住宿等相关费用,游客所付的300元导游费用包括导游的车费220元和服务费80元,因此不应退还所有旅游费用,而仅退还返汉车费和服务费。最后,何先生对结果非常不满意,向旅游质监部门投诉,质监所裁定,退还投诉人返汉车费每人120元,赔偿违约金每人399元。

在这个案例中,导游哪儿做错了呢?

任务分析

导游人员的行为代表着旅行社的形象,其职责是履行所属旅行社和旅游者之间的旅游合同。所以导游人员有义务、有责任维护旅游者的利益,尽职尽责地为旅游者安排好旅游线路、游览行程,提供高质量的导游服务。导游人员工作过程中因失职、违反行业规定造成旅游者损害的,首先由其聘用单位向旅游者承担赔偿责任。如果由于导游人员因工作无关的行为造成旅游者的损失,应由导游人员直接对旅游者承担相应法律责任。

相关知识

一、旅游投诉产生的原因

(一)旅游服务部门的原因

1. 交通服务方面的原因

(1)抵、离时间不准时。交通工具抵离时间不准时常会给旅游者的旅游活动造成不便甚至严重损失。例如,由于旅游者所乘坐的飞机、火车未能按照航班时刻表、列车时刻表等准时起飞或发车,造成旅游者无法按预定计划抵达或离开旅游目的地,或造成旅游者被迫延长在旅游目的地某一个城市的停留时间及缩短在另一个城市的停留时间,有时甚至被迫取消对某个城市或地区的旅游计划。

（2）途中服务质量低劣。有些交通部门、企业或司乘人员认为其任务就是简单地将旅游者按照计划或合同按时运送到目的地，不重视提高服务质量，在服务过程中态度生硬粗暴或懒懒散散，对于旅游者提出的合理要求熟视无睹、不闻不问，造成旅游者的不满和投诉。

（3）忽视安全因素。安全是旅游者旅行期间十分关心的一个因素。旅游者往往对于那些不重视交通安全的旅游交通部门、企业或司乘人员深恶痛绝。因此运输安全是旅游者旅游活动顺利进行的重要保证。然而，有些交通部门、企业或司乘人员只关心本部门、企业的经济利益，忽视飞行安全或行车安全，给旅游者的生命财产造成损失，是旅游者投诉的一个重要原因。

2. 住宿服务方面的原因

（1）设施设备条件差。有些饭店或旅馆的设施设备比较陈旧，维护保养差，给旅游者的休息带来诸多不便。例如，在客房里，洗手间里马桶跑水，影响旅游者的夜间睡眠；淋浴设备缺乏维修，造成旅游者在淋浴时水流不均匀、时冷时热；空调设备制冷性能差，在炎热的夏季不能使客房里保持适当的温度等；在楼道里，地毯陈旧破损，致使旅游者绊倒摔伤；客用电梯因维修不当而开时停。这些都会导致旅游者提出投诉。

（2）服务技能差。服务技能差也是造成旅游者对饭店或旅馆不满的一个原因。有些饭店或旅馆由于对服务人员的服务技能培训缺乏足够的重视，或者贪图一时的经济利益而大量雇佣没有经过正规服务技能培训的临时工或实习生，并让这些人单独上岗为客人服务。由于这些人缺乏服务经验、服务技能差，无法向旅游者提供符合规范的服务，因而导致旅游者的不满和投诉。例如，前台服务员因不熟悉饭店预订系统的操作程序，无法迅速为入住的旅游者办理好入住手续，使旅游者在前台长时间等候；又如，在旅游者办理离店手续时，前台结账员因缺乏足够的财务知识，无法及时为旅游者办理结账手续，致使旅游者因等候结账而耽误了航班。

（3）服务态度差。服务态度差是导致旅游者投诉饭店、旅馆等旅游住宿服务设施的又一个原因。一些饭店、旅馆的服务人员缺乏职业道德，不尊重顾客，对旅游者态度生硬，说话时要么爱答不理，要么出言不逊，甚至为了一点小事就与旅游者大吵大闹。还有的服务人员在向旅游者提供服务时敷衍搪塞，不负责任。旅游者由于无法忍受他们的恶劣态度，于是向旅行社提出投诉。

（4）卫生条件差。卫生条件差往往是由于饭店管理不善，忽视对有关部门和员工的教育，不重视维护饭店、旅馆的卫生环境所造成的。有些饭店、旅馆的经营者片面强调经营效益的重要性，为了降低经营成本，将承担客房、公共卫生区、餐厅等处卫生工作的人员大量裁减，使得卫生工作难以正常进行。还有的饭店、旅馆经营者热衷于搞表面上的卫生，忽视平常人们不容易注意到的地方，结果导致这些地方成了卫生死角，成为藏污纳垢的地方。而正是这些角落里滋生的蚊蝇、蟑螂等爬进旅游者下榻的客房或出现在餐厅里，使旅游者感到无法忍受，从而提出投诉。

3. 餐饮服务方面的原因

（1）菜肴质量低劣。造成菜肴质量差的原因主要有三种：一是厨师没有按照菜谱上规定的主、副料配比进行烹调，造成菜肴的质量下降；二是厨师的烹饪技术差，做出的菜肴口味与规定不符；三是菜肴的分量不足，引起旅游者的不满。

（2）就餐环境恶劣。有些餐馆或餐厅的就餐环境比较差，如餐厅里摆放的餐桌、餐椅已经损坏,餐厅未加修理仍让客人使用;餐厅里的卫生条件差,出现蚊蝇、蟑螂等害虫;餐具没有清洗干净;厨房与餐厅隔离较差,导致厨房里烹饪的味道跑到餐厅里,影响客人就餐的情绪等。

(3) 服务态度差。餐厅或餐馆的服务人员服务态度差主要表现在:

A. 对待客人冷若冰霜,对客人提出的要求不予理睬或寻找借口不予办理;

B. 服务时懒懒散散,不主动向客人介绍本餐厅的特色产品,客人询问时,表现出不耐烦的神情;

C. 服务态度恶劣,与客人大吵大闹;

D. 对待客人不能一视同仁,而是对某些客人曲意逢迎,而对另一些客人则瞧不起。

(4) 服务技能差。有些餐厅为了节省员工工资开支,大量雇佣未经专业培训,服务技能较差的实习生或临时工,并让他们单独为旅游者服务。尽管在这些人当中不乏热心为旅游者服务的人员,但是由于缺乏必要的专业训练,他们往往无法提供规范的餐厅服务,有的甚至给旅游者造成了损失,如将菜汁溅在旅游者身上、将旅游者点的菜肴上错桌等,因而招致旅游者的不满和投诉。

4. 其他服务方面的原因

除了上述部门或企业因其服务欠佳造成旅游者投诉外,其他一些旅游服务部门如游览景点、娱乐场所、购物商店等也会因服务质量低下造成旅游者向旅行社提出投诉。

(二) 旅行社自身的原因

1. 活动日程安排不当

(1) 活动内容重复。有些旅行社在安排旅游者的活动日程时只考虑本地区的特色,而没有综合考虑整条旅游线路上各地的旅游景点情况,造成旅游活动内容重复。例如,某旅行社在接待一个来自北美地区的旅游团时,不顾该旅游团已经在我国境内旅游的前几站已经参观过多处庙宇的情况,仍安排旅游团在本地参观两个寺庙,结果招致旅游者的不满。旅游者在向该旅行社经理投诉时不无讽刺地说我们是来旅游的,不是来改变宗教信仰的。

(2) 活动日程过紧。活动日程过紧是旅游者向旅行社投诉的原因之一。有些旅行社的接待人员在安排旅游者的活动日程时,不顾旅游者年龄偏大的特点,将旅游活动日程安排得过紧,有时甚至安排旅游者一天参观三、四个规模较大的游览景点,结果造成旅游者要么疲劳不堪,要么跑马观花、无暇欣赏。

(3) 活动日程过松。活动日程过松也是旅游者向旅行社提出投诉的一个原因。有些旅行社在安排活动日程时,过分强调了旅游者年龄结构偏大的特点,将活动日程安排得稀稀松松,往往是早上很晚才出发,下午很早就将旅游者送回饭店,使旅游者感到旅行社不负责任,浪费旅游者的时间和金钱。

(4) 购物时间过多。有的旅行社只顾本旅行社的经济效益,将游览景点的时间安排得很紧,挤出较多的时间安排旅游者多次到在本旅行社定点商店购物,结果造成旅游者的不满。

2. 接待人员工作失误

(1) 擅自改变活动日程。有些旅行社的接待人员在接待过程中,未与旅游者或领队商量并征得同意,也未向旅行社有关领导请示,便擅自将活动日程做较大的变动,如减少旅游计划中规定的部分游览项目,擅自增加购物时间或将旅游者带到非定点商店购物,使旅游者因购买假冒伪劣商品或高价购买了低价商品而蒙受损失等。

（2）不提供导游服务。有些导游员将旅游者领到游览景点后，不是按照旅游合同的规定向旅游者提供导游讲解服务，而是游而不导，或只做简单的介绍之后便不再理睬旅游者，或者在前往游览景点及从游览景点参观结束返回饭店的途中，与司机聊天或打瞌睡，不进行沿途导游讲解。

（3）造成各种责任事故。有些旅行社接待人员工作责任心不强，麻痹大意，遇事敷衍搪塞，造成漏接、误机、误车、误船、行李丢失或损坏等责任事故，给旅游者的旅游活动带来不便和损失。

（4）服务态度恶劣。有些旅行社接待人员不尊重旅游者，在接待过程中不热情，态度生硬，经常顶撞旅游者或与旅游者大吵大闹。还有的接待人员在接待过程中厚此薄彼，对旅游者不能做到一视同仁，使部分旅游者产生受歧视的感觉。

二、旅游者投诉心理

要正确处理消费者的投诉，必须先从了解旅游者投诉的心理入手，其中旅游者产生投诉的心理主要有：

1. 要求尊重的心理

有些旅游者向旅行社提出投诉是因为他们认为没有受到旅游接待人员或其他旅游服务人员的尊重，或尊重不够，所以向旅行社管理者提出投诉以维护其尊严。这种旅游者多属事业上取得了一定成就或拥有一定的社会地位的人士。他们往往十分看重别人对待他们的态度。如果旅游接待人员或其他旅游服务人员对他们表示出较高的尊重态度，他们通常就会从心理上感到满足，而一旦有人有意或无意地表现出对他们的不尊重，他们就会感到格外委屈，难以容忍。

具有要求尊重心理的旅游者在投诉时的目的主要是通过投诉获得其所希望得到的尊重，而对于经济补偿则不大重视，也不关心旅行社管理者是否会严肃处理被投诉的有关人员。有的时候，当投诉者从旅行社管理者那里得到尊重的表示后，甚至会请求不要惩罚被投诉者。旅行社管理者应针对这种旅游投诉者的心理特征，在处理其投诉时主动表示对其遭遇的同情，并对其表示较大的敬意，使其感到旅行社确实尊重他（她）们，以平息他（她）们的怨气。

2. 要求发泄的心理

要求发泄是另外一些旅游者投诉时的心理状态。他（她）们因对旅游接待人员或其他旅游服务人员的服务感到不满，觉得受了委屈或虐待，希望向别人诉说其心中的不快。这种人在投诉时或喋喋不休，反复诉说其不幸遭遇，或态度激动，使用激烈的语言对被投诉者进行指责。具有要求发泄心理的旅游者提出投诉的主要目的是向旅行社管理者发泄其胸中的不满和怨气。当他（她）们的怨气发泄完毕，并得到某种安慰后，往往会感到心理上的满足，而不再提起赔偿的要求。有些旅游者甚至还会对其在投诉时使用的激烈语言感到后悔和歉意。旅行社管理者在接待这种旅游投诉者时，应针对其心理特点，耐心地倾听其投诉，不要急于安抚对方，也不要为了急于弄清事情的真相而打断对方。当投诉者将所要说的话全部讲完后，旅行社管理者应给予适当的安慰。一般情况下，旅游者会对这种处理方法感到比较满意。

3. 要求补偿的心理

有一些旅游者,其提出投诉的主要动机是要求得到一定的补偿。这种要求补偿的心理可能是物质性的,如希望旅行社向其退还部分旅游费用,也可能是精神性的,如希望旅行社管理者向其表示道歉。旅行社管理者在处理这类投诉时,应根据对其投诉心理的分析和掌握,加以适当的处理。如果确实因旅行社接待服务的失误给旅游者造成经济损失或精神损失的,可以适当给予一定的经济补偿或赔礼道歉。如果旅游者因误会而向旅行社投诉的,则可以婉转地加以解释,以消除误会。同时,旅行社还可以向其赠送一些小礼品,以满足其要求补偿的心理。

任 务 实 施

在旅行社经营管理过程中,处理投诉应一般针对旅行社过程中的具体情况具体分析,但一般处理投诉的程序如下:

1. 倾听投诉

旅游投诉分书面投诉和口头投诉两种形式。旅行社管理者在接到旅游者的书面投诉时,应仔细阅读其来信,总结出投诉的要点。在接待提出口头投诉的旅游者时,管理者应耐心倾听旅游者讲述的意见。倾听旅游者投诉时,应做到:端正态度,旅行社管理者在倾听投诉时应态度严肃,给旅游者一种认真对待其投诉的印象,切不可面带微笑,使投诉者误认管理者没有把他(她)的意见放在心上,或产生被嘲笑的感觉;认真倾听,旅行社管理者在倾听旅游者投诉时不应打断旅游者的叙述,无论旅游者的投诉理由是否正当,都必须让他(她)把话讲完,必要时还要引导他(她)将埋藏在内心的怨气和不满全部发泄出来;头脑冷静,管理者在接待旅游者投诉时必须保持冷静的头脑,不管旅游者的态度如何激烈,都不得同其争吵或对其进行指责。

2. 询问情况

旅行社管理者在倾听旅游者的投诉后,应首先表示对其遭遇的同情,使旅游者感到管理者通情达理,愿意解决其所投诉的问题,得到心理上的安慰。然后,管理者应就旅游者投诉中尚未讲清楚的关键情节进行询问,以便了解旅游者投诉的事实。最后,管理者应就旅游者能够坦诚地向旅行社反映情况表示感谢,指出这是对旅行社的信任和爱护,并答应尽快进行对旅游者所提出投诉的事实进行调查和处理,并将处理结果反馈给旅游者。

3. 调查事实

旅行社管理者应立即着手对旅游者投诉所涉及的人员和事情经过进行调查核实。在弄清事实的基础上,采取适当的方法进行处理。

4. 进行处理

旅行社管理者在对旅游者投诉的事实调查清楚的基础上,应根据具体情况对旅游投诉进行妥善处理。对于涉及旅行社员工的投诉,如果经过调查,发现旅游者的投诉与事实相符,应立即采取适当的措施,按照旅行社的有关制度和规定对当事人进行批评教育;情节严重并造成严重影响或经济损失的,还应根据错误的严重性和造成的后果给予扣发奖金、暂停接待工作、赔偿经济损失、通报批评、行政记过、留社察看、解聘或开除等处分。对于涉及其他旅游服务供应部门或企业的投诉,经过调查证明确属该部门或企业责任的,则应通过适当渠道向该部门或企业的有关领导反映。如果发现该部门或企业屡次出现旅游者因同类情况进行投诉,旅行社则应减少直至停止与其合作,不再采购其服务或其他旅游产品。

5. 答复处理结果

旅行社管理者在完成对旅游投诉的处理之后,应及时将处理结果以口头或书面形式通知旅游者。在答复时应诚恳地向旅游者表示歉意,希望能够得到其谅解,并愿意继续为其提供优质服务。如果处理结果涉及经济赔偿,旅行社还应征求旅游者的意见,以适当的渠道和方式进行赔偿。如果经过调查发现旅游者的投诉与事实出入较大,属于旅游者的误会,旅行社管理者则应向旅游者做实事求是的解释,并欢迎他(她)在今后继续关心和监督旅行社的服务质量。旅游投诉得到妥善处理后,旅行社管理者应将旅游者投诉的原因和处理结果向旅行社的有关部门和人员公布,以提高员工们对服务质量重要性的认识。同时管理者还应根据旅游者的投诉,对出现问题的地方进行检查,以提高服务质量。

6. 记录存档

旅行社应将旅游投诉的内容和处理做详细真实的记录,并存入档案,以备将来必要时核对。

案 例 分 析

【案例】

导游员"崇洋媚外"?

一次,欧美部的英语导游员小方作为地陪负责接待一个由 7 个散客组成的散客旅游,其中 5 人讲英语、2 人讲中文。在旅游车上,小方用两种语言交替为游客讲解。到了游览点时,小方考虑到游客中讲英语的占多数,便先用英语进行了讲解,没想到他用英语讲解完毕,想用中文作再次讲解时,讲中文的游客已全部走开了,因而他就没用中文再次讲解。事后,小方所在旅行社接到两位讲中文游客的投诉,他们认为地陪小方崇洋媚外,对待游客不平等。

案例讨论:

1. 怎样接待投诉的游客?

2. 对这个投诉你怎样处理?

项 目 实 训

通过仔细阅读某长线旅游团的接待计划书,按照导游接待规范的要求制定出该旅游团在北京、承德、北戴河三地的接待行程详单,注意考虑在行程单主要包括的内容。

表 5-4-1

北京承德北戴河团接待计划(2010)06 联字第12 号

北京 分(支)社:

由我公司组织的北京承德北戴河旅游团一行21 人,将于 6 月 2 日至 6 月 9 日访问(所访问城市按先后顺序排列)北京、承德、北戴河,请协助接待。请提供旅游接待等综合服务。综合服务费和城市间交通费向我社结算。出境机票由客人自理,请代为确认。(各地游览,住房及特殊要求写在此。)

北京:故宫,颐和园,长城

承德:避暑山庄,外八庙(普宁寺、普陀宗乘之庙)

北戴河:山海关,鸽子窝,老龙头

(该团无全陪,请上下站加强联系。)

全程陪同:×××请北京分社为全陪订购×月×日返×地机票×张。

联系人: 电话:

××××旅游公司(加盖公章) 年 月 日

抄:本公司××部、财务部、计调部、总经理、办公室、各地公安局和安全局。

【提示】活动日程表应包括以下内容:(1) 必须写明接待社名称、旅游团名称和代号;(2) 所住饭店名称及抵、离时间;(3) 活动日期及出发时间;(4) 每天的参观游览项目(可按当地情况安排)及时间安排;(5) 就餐(风味)地点及时间;(6) 购物安排;(7) 文娱节目、自由活动及其他安排;(8) 地陪、全陪、领队的姓名、房间号或电话号码等;(9) 简短问候及欢迎词语。

复习思考题

1. 入境旅游团队游客的特点有哪些?

2. 入境旅游团队的接待业务流程是什么?

3. 散客旅游产品的类型是什么?

4. 门市接待服务的主要流程是什么?

5. 散客旅游团队的特点是什么?

6. 旅行社门市的作用是什么?

7. 游客投诉的原因一般包括几种?

8. 游客投诉的处理过程是什么?

项目六
旅行社财务管理

项 目 摘 要

本项目旨在使学生掌握旅行社财务管理基本技能,主要涵盖旅行社财务管理收支资金管理、票据管理、应收账款综合管理、现金及预付(借)款管理、财务管理制度、财务流程管理、旅行社业务核算、旅行社结算业务、旅行社特殊情况的结算业务、旅行社收款实践操作、催收欠款的要点等等。

任务 1 了解旅行社财务规范流程和管理规定

任 务 引 入

北京大海旅行社刚刚成立,相关制度不完善,财务相关制度几乎为零。根据旅行社财务管理相关知识,为北京大海旅行社有限责任公司拟定一份财务管理制度。

任 务 分 析

财务部门的职能包括:认真贯彻执行国家有关的财务管理制度,建立健全财务管理的各种规章制度,编制财务计划,加强经营核算管理,反映、分析财务计划的执行情况,检查监督财务纪律;积极为经营管理服务,促进公司取得较好的经济效益;厉行节约,合理使用资金;合理分配公司收入,及时完成需要上交的税收及管理费用(在有关机构及财政、税务、银行部门了解);检查财务工作时,主动提供有关资料,如实反映情况;完成公司交给的其他工作。

相 关 知 识

一、收支资金管理

(一)业务收款

1. 营业部将每天所收到的营业款及时缴存旅行社财务专用账户,保存银行缴款凭证,月底与部门业务明细登记表一起向旅行社财务部报账;

2. 旅行社总部业务款由财务人员直接收取;

3. 财务人员应将当天的回收款及时缴存单位账户。

（二）应收款管理

1. 原则上出团前散客团款要全额收清,团队业务款要收回 80％以上,特殊情况须报总经理批准;

2. 团队旅行结束后,该团队业务人员必须明确该团总收入,尾欠团款的结算时间,并由部门经理审核后报批入账;

3. 财务部每月底将未按时收回欠款的团队情况汇总上报该部门经理和旅行社总经理。

（三）业务支出

1. 团队业务的所有支出统一由旅行社财务部经办,其他部门未经总经理批准不得坐支团队收入款;

2. 在团队未报账前预付部分地接款时,填写付款申请单,由业务所在部门负责人、财务经理审核、总经理审批后支付;

3. 依照与合作地接社的约定,在团队旅游活动结束,经反馈服务质量后,及时与地接社进行结算;

4. 导游报销团队其他支出时,在严格按照财务规范提供并填写支出票据后,由该业务操作计调、部门负责人审核后报账,列入团队成本;

5. 除团队直接发生的已确认成本支出外,在旅游活动中实际发生的代收代支费用,部门负责人在审核时应分别注明。

（四）其他要求

1. 按照权责发生制的要求,当期发生的组接团收支及费用支出应及时结算,及时入账,无法及时结算的部分业务,应由计调人员于月末财务结账前,对当期确认业务进行计算,先按估价入账。下月初先冲销估价凭证,正式结算后再按实际收支入账。

2. 所有组接团队业务要求单团核算,每个团队的收支均要统一、集中入账,及时填写单团业务核算表,确保收入与其成本相互配比。

3. 组接团队业务收支,有合同和确认件的,以合同或确认件确认金额为入账依据(如两者存在差额,须注明产生差额原因),如无合同或确认件,必须由计调人员填写收支计算单,经负责人确认后,方可入账;单位其他项目收支,必须附明细计算表,经负责人确认后,方可入账。

4. 各部门对所发生的经营业务须按时间的先后顺序编号,编号方式为年月日序号,如"06102201",及时填写业务报表,内容涉及团队编号、日期、线路、客户、人数、报价、收入计算、地接费、交通、其他支出、毛利润、人均利润等项目。

5. 计付员工工资时要求:一要根据各旅行社当月考勤表、完成业务汇总表编制工资计算单,并与留存的工资表一起存档;二要结合应收账款分析,凡业务员(或导游员)所负责的团款在要求的时间内未清收,又未经负责人批准的,暂不予发放;三参照业务完成情况进行提成的业务员,应在所经办团款全部收清后方能兑付提成工资。

6. 固定资产折旧最低年限:房屋、建筑物 20 年;火车、轮船、机器、机械和其他生产设备 10 年;电子设备和火车、轮船以外的运输工具以及与生产经营有关的器具、工具、家具等为 5 年。固定资产的净残值率统一为 5％。

7. 所得税税前扣除标准:(1) 营业收入 1 500 万以下企业的业务招待费税前列支限 5‰;(2) 企业的开办费用一次计入损益,计税时按 5 年分摊;(3) 企业广告费支出(经专门机构制作,通过媒体传播)税前列支限 2%;(4)企业业务宣传费(未通过媒体)税前列支限 5%;(5)企业支付的销售佣金税前列支限 5%;(6)所提工会经费专用收据抵扣。

二、票据管理

各营业部对领用的收据、发票、合同书等应安排专人管理,缴旧领新,管理人对票据的开具、保管、缴销负责,要求不得多开,不得单联填写,开发票时要收回已开收据,对账时必须将所有已开票据的记账联交财务部,因开具、管理不规范产生的损失由管理人员承担。

(一)原始票据

1. 经营中发生的成本费用支出,必须从收款方索取正规票据(税务发票或行政事业性收据),临时往来业务可暂开临时收据,小额个人劳务费可凭其收条支付,但必须说明事由并签字或盖章,对不符合要求的原始票据,出纳人员有权拒收。导游出团,因不能在消费时取得发票而在出纳处留有借条的,回来后,要及时向对方索取,一个月之后仍没有收到发票的,必须向财务说明原因,并经负责人同意延期,否则从当月工资中扣除相应金额。

2. 出团取得的原始票据,应审查有无出具票据单位的发票专用章或财务章,如无上述印章,出纳有权拒收,因此造成的损失由带团人员承担;票据的内容必须具备凭证的名称,填制凭证的日期(要求尽量是业务发生的当月),填制凭证单位名称或者填制人姓名,经办人员的签名或者盖章,接受凭证单位名称,经济业务内容、数量、单价和金额。收款收据要有交款人和收款人的签名。从个人处取得的原始凭据须有填制人员(收款人)的签名或盖章。

3. 凡填有大写和小写金额的原始凭证,大写与小写金额必须相符。购买实物的原始凭证,必须有验收证明。支付款项的原始凭证,必须有收款单位和收款人的收款证明。

4. 一式几联的原始凭证(发票或收据),应当注明各联的用途,必须用双面复写纸套写,并连续编号,只能以一联作为报销凭证。作废时应当加盖"作废"戳记,连同存根一起保存,不得撕毁。

5. 职工的借款,必须经单位负责人审批同意,并在借据上注明借款事由,出纳必须将借据及时入账。月底不能归还借款的,借条入账,下月收回借款时,应当另开收据,不得退还原借款凭据。员工因出团借支,应由计调人员审核后报批,并在返团后 5 日内及时报账,还清借款,个人因私借支,应注明还款期限,出纳人员必须及时清收,如无正当理由未及时还款,应从下月工资中扣除。单位负责人或部分业务岗位需要常年周转金的,可纳入备用金管理,负责人借支款应由总旅行社负责人审批,备用金实行年度清算。

6. 除一式几联的原始凭据可凭复写外,所取得的其他原始凭据、个人条据等,以及经办、证明、审核、审批签字,必须用蓝色或黑色水笔填写,不得用圆珠笔或铅笔填写,传真凭据应经过复印后凭复印件作为有效凭据入账。

7. 对于同类原始凭据可以用单据报销封面(除报销差旅费)汇总报销,但不得将不同类别的原始凭据汇总报销。原始单据要整理并适当修剪,所有单据整齐地粘贴在报销单背面右上角,每张原始单据必须有经办人签名(取得的较模糊的电脑票据必须在票据上打印金额旁边注明实报金额),报销单必须如实填写报销人部门、姓名、报销事由、金额和所附单据张数。

8. 对于业务人员所报团队支出,地接费必须附盖有接团社公章的确认件(不得以个人签字确认),其他支出必须分项注明交通费、食宿费、门票、服务费及其他项目的成本核算表。

票据由计调人员初审,分费用项目(如餐费、油费等)核查金额,并与出团前的预算相比,以判断是超支还是节约,并查明原因;计调审核完毕,需在报销封面上以大写和小写方式注明实报金额,出纳再次复核票据的合法性及金额的正确性,然后报负责人审批,方可报销入账。

9. 营业部与旅行社办公地分开的,领用票据必须由专人保管、专人填开(一般由门市负责人或指定专人)。报账时须携带如下资料:(1)所领用发票、收据的记账联和存根联;(2)地接社、租车、意外保险等的回传确认件;(3)与游客签订的合同;(4)出团成本支出的发票或行政事业性收据;(5)银行缴款回单。

10. 对于自用的有价票据,如支票、发票、收款收据等,在填开时要及时在有价票据使用登记簿进行登记和销号,登记簿须认真保管以备查。其他人员借用票据外出填开后,在将所收款交财务时,要在票据使用登记簿上签字。票据保管人对票据的规范开具、及时全面登记、按时缴销和安全性方面负全部责任。

11. 出纳人员对符合要求的原始凭据经审核、审批后,必须认真核对票据的金额、张数、签批手续,准确无误后方可报销,同时在原始凭据上加盖"现金收讫"、"现金付讫"、"银行收讫"、"银行转讫"、"附件"等相关印章,并及时填制记账凭证。

12. 对于预付团款,应参照以下格式,凭收款单位确认传真件或收据,经审批后支付,要求收款单位在确认件上注明汇入持卡人姓名、卡号,加盖单位公章。在团队结束后,应及时索取正规票据。

表6-1-1 付款申请单

付 款 申 请 单

兹因＿＿＿＿需要,须汇付团款人民币＿＿＿＿元(小写＿＿＿＿元)到＿＿＿＿。账号为＿＿＿＿,持卡人＿＿＿＿。

经办人: 审核人: 审批人:

二○一○年 月 日

(二)发票管理

1. 开发票应注意的问题

发票由部门负责人和指定部门财务人员填开发票,其他人不得开具,开票员对自己开具的发票负有直接责任,必须严格遵循以下各项要求填开:字迹清楚;不得涂改,如果填写有误,应另行开具发票,并在误填的发票上注明"误填作废"四字;项目填写齐全,开票日期要按顺序填开;票面金额与实际收取的金额相符;项目内容正确无误;全部联次一次开具,上、下联的内容、金额要一致;严禁开具大头小尾发票;发票联加盖财务专用章或发票专用章;不得开具伪造的发票;不得拆本使用发票,原则上不允许把发票带出去填开;项目只能开"旅游费"或"综费",不得超经营范围开具发票;因违规开具发票而造成的损失由开票人和管理人员承担。

2. 发票的保管

发票由部门财务人员专人保管,设立发票使用登记簿;用票户在领购或启用整本发票前,要检查有无缺号、串号、缺联。发现被盗、丢失发票必须按规定程序向主管税务机关、公安机关报失,旅行社将根据遗失原因追究当事人责任。

(三)支票管理

1. 支票由出纳员或总经理指定专人保管

支票使用时须有"支票领用单",经总经理批准签字,然后将支票按批准金额封头,加盖印章,填写日期、用途、登记号码,领用人在支票领用簿上签字备查。

2. 支票付款后,凭支票存根,发票由经手人签字、会计核对(购置物品由保管员签字)、总经理审批。填写金额要无误,完成后交出纳人员。出纳员统一编制凭证号,按规定登记银行账号,原支票领用人在"支票领用单"及登记簿上注销。

3. 财务人员月底清账时凭"支票领用单"转应收款,发工资时从领用工资内扣还,当月工资扣还不足,逐月延扣以后的工资,领用人完善报账手续后再作补发工资处理。

4. 对于报销时短缺的金额,财务人员要及时催办,到月底按第三条规定处理。凡一周内收入款项累计超过10 000元或现金收入超过5 000元时,会计或出纳人员应文字性报告总经理。凡与公司业务无关款项,不分金额大小由承办人书面报告总经理。

5. 凡1000元以上的款项进入银行账户两日内,会计或出纳人员应文字性报告总经理。

6. 公司财务人员支付(包括公私借用)每一笔款项,不论金额大小均须总经理签字。总经理外出应由财务人员设法通知,同意后可先付款后补签。

三、应收账款综合管理

(一)应收款项结算金额的规定

1. 同业或团队业务在发团前须将应收款金额与对方确认,并于发团前至少结算80%的团款,余款于回团后一周内结算(在确认件中需注明),散客业务团款必须在出团前结清。

2. 如发团前有未结算团款,由经办人填写欠款申请单,注明欠款缘由及约定结算期限,经部门负责人审核后上报,欠款总额在20%以下的,由财务部审核,超过20%的须报总经理签字后,方可发团。

3. 所有的对应收款项的确认和结算等一律体现在团队通知单上,以便旅行社事先了解团队总收入的收取情况。

(二)应收款台账和客户资信管理

1. 各业务部门在签订合同时要明确结算时间,重视本部门每一笔应收款的欠款时间、理由、催收日期、方式及还款结果,以便分析应收款风险,要将财务经营状况恶化、偿债能力差的单位,列入"黑名单"。

2. 对于同业旅行社和交团合作单位,各营业部门应建立起客户资信档案库,适时评价其信用品质、付款总额、经销能力的变化,按月编表进行跟踪,适时考核客户的偿债能力,以此作为赊销的重要参考条件,从而防止恶意欠款,降低坏账损失。

3. 结算单据应交财务备案,旅行社财务部建立应收款台账,根据各团队、散客成行传真回传登记其发生和增减、余额变化情况,按月统计编制《应收账款明细月报表》,适时反映应收款项的余额和账龄等信息,配合、督促各业务部门进行催款;各营业部门对旅游合同按编号进行发放和回收,对客户执行合同支付情况进行对比跟踪,保管本部门业务档案。

(三)应收款催收责任管理

1. 为确保今后法律诉讼的有效性,各业务部门与合作伙伴发生业务时,必须签订合同或进行确认,并需对方单位盖有公章或财务专用章,对于书面签字或盖其他章的回传旅行社财务部将一律视为无效。

2. 坚持内部经济责任制,做到谁接团、谁追收、谁清理,及时结算和清理团费,应收款的催收与各人的提成兑付挂钩。

3. 财务部门按月结出各部门业务欠款余额,与销售部门定期召开例会,通报本期应收款项变动情况,分析各应收账款的账龄变化,敦促欠款业务责任人及时采取打电话、面谈和诉诸法律等方式催收欠款,上门面谈催款时须保留有书面磋商记录。

4. 对于应收款项中产生的销售折扣与折让金额,视同为催回账款而出让的利益部分,报请总经理批准后直接计入当期损益。

5. 应收款的回收与旅行社奖金发放和绩效考核结合挂钩,逾期6个月仍未收回应收款项的,扣发该业务部门负责人和经办人年度奖金,严重警告一次,要求其继续催缴,且催缴费用旅行社不予报销;对于逾期一年未能收回的应收款项,且又无书面确认记录的,旅行社经报批列入坏账处理,处理坏账的净损失部分由该业务部门负责人和经办人各自承担50%,对于有书面确认记录的,但在一年内仍不能及时回收的应收款项,旅行社经报批列入坏账处理,由部门负责人和经办人各自赔付25%。

(四)应收款项的年终清查和坏账核销管理

1. 旅行社年底成立清查工作小组,全面对各应收款项进行全面核对,与债务人相互对账,做到账实相符。

2. 旅行社对于诉讼中或超过诉讼时效的应收款项,建立备查账,保留追索权。

3. 在年终清查完成后,旅行社对于账龄超过一年,催要无果或视特殊原因造成确实不能收回的应收款项,严格履行报批和审批手续,报请旅行社审批后进行账务处理,同时报送主管税务机关核销确认,内销外不销,继续保留追索权,建立备查记录,适时组织人员继续催要。

四、现金及预付(借)款管理

(一)现金管理

1. 财务人员支付个人款项,超过使用现金限额的部分,应当以支票支付;确需全额支付现金的,经会计审核,总经理批准后支付现金。

2. 财务人员支付现金,可以从公司库存现金限额中支付或从银行存款中提取,不得从现金收入中直接支付(即坐支)。因特殊情况确需坐支的,应事先报经总经理批准。

3. 财务人员从银行提取现金,应当填写现金领用单,并写明用途和金额,由总经理批准后提取。

4. 公司职员因工作需要借用现金,需填写借款单,经会计审核,交总经理批准签字后方可借用。超过还款期限即转应收款,在其当月工资中扣还。

5. 凭发票、工资单、差旅费单及公司认可的有效报销或领款凭证,经手人签字,会计审核,总经理批准后由出纳支付现金。

6. 发票及报销单经总经理批准后,由会计审核,经手人签字,金额数量无误,填制记账凭证。

7. 差旅费及各种补助单(包括领款单),由部门经理签字,会计审核时间、天数无误并报主管副总经理复核后,送总经理签字,填制凭证,交出纳员付款,办理会计核算手续。

8. 无论何种汇款,财务人员都须审核汇款通知单,分别由经手人、总经理或副总经理签字,会计审核有关凭证。

9. 出纳人员应当建立健全现金账目,逐笔记载现金支付。账目应当日清月结,每日结算,账款相符。

(二)预付(借)款办理

1. 提前支付地接飞机票、火车票款时,由经办人凭票据原件或复印件填单经收客部门负责人确认团款回收、地接成本确认情况后,从旅行社财务部报销。

2. 因团队业务金额较大、须提前预付部分地接款时,汇往异地的,由部门计调填写付款申请单,注明汇往地接社名称,开户行及账户详细资料,经部门负责人确认后汇付;办事处上门预支的,应开具地接社正规收据,经部门负责人审核后支付。

3. 散客和团队地接费尾款根据国内旅游中心与各地接社所签订协议定期结算。

4. 全陪导游预借款,应凭导游发团通知书财务联、借据,经部门负责人审核后到财务部办理。

5. 凡未收款的团队一律不得先付地接费。

任 务 实 施

一、旅行社财务管理流程

为规范业务操作过程,要求各部门严格按照要求发团、借(付)款、报账和对账的相关流程。

(一)发团

1. 出团前,由部门经理填写导游(领队)发团通知书,出境的由计调填制,要求在填写发团通知单时,必须将团队预算收入、分项成本支出、预计毛利、预借款、已收款情况、余款回收期限等填写完整,并经部门负责人审核。

2. 导游(领队)发团时凭借经部门经理签字的导游(领队)发团通知书财务联,填写借条。借款金额顶格大写,借款原因处填写发团日期、线路,借款人处签字盖章。经部门经理担保,由财务经理在导游发团通知书处审核签字,然后借款。

3. 预付(借)款办理:

(1)提前支付地接飞机票、火车票款时,由办事处凭票据原件或复印件填单经收客部门负责人确认团款回收、地接成本确认情况后,从公司财务部报销。

(2)因团队业务金额较大、须提前预付部分地接款时,汇往异地的,由部门计调填写《付款申请单》,注明汇往地接社名称、开户行及账户详细资料,经部门负责人确认后汇付;办事处上门预支的,应开具地接社正规收据,经部门负责人审核后支付。

(3)散客和团队地接费尾款按月定期结算,于次月15—20日结算上月欠款。

(4)全陪导游预借款,应凭导游发团通知书财务联、借据,经部门负责人审核后到财务部办理。

(5)凡未收款的团队一般不得先付地接费,营业部严禁坐支现金,特殊情况必须书面报总经理批准。

4. 旅游意外险:

(1)办理旅游意外险的责任人为该业务的操作人,通过后台操作的,营业部须在内部操作单上注明投保情况;

(2)投保时,必须认真核对游客姓名,完整填写被保险人身份证号,对超过保险公司年

龄限制的客人应提前告之;

(3) 投保单必须在出团前经过保险公司的确认回传,并将确认单整理归档。

(二)报账

1. 导游领队回团后 3 个工作日内携带《导游(领队)发团通知书》报账联、《旅行社服务质量调查表》向部门经理核实,并携带团队合同、地接、用车确认件、保险确认单、《团队费用结算单》或《业务档案封面》以及客户汇款单等到财务部报账。

2. 要求详细填写业务费用结算单,包括保险、业务差旅、包帽等支出均须计入成本。

3. 导游领队报账须规范填写成本支出单据报销封面和差旅费报销单。团队报销封面须详细分项填列路桥费、油费、住宿费、餐费、门票、各项补助及其他,并在报销总额处填写大写合计金额,不得随意涂改。对应发票须按照费用类别顺序粘附于单据报销封面和差旅费报销单后。所有发票须随团带回报帐,对因票据不全影响报账的,按照公司相关规定扣除部分个人带团补助。

4. 成本费用报销单据中各项费用原则上须提供正规票据,不得以收据、收条、无盖具财务专用章的票据报账,不得虚报、多报费用。退客人费用须提供客人签署的收条,并留有客人电话号码,经部门经理核实并签署证明后报账。

5. 所有团队支出必须经部门负责人审核,要求部门负责人在审核时不得敷衍,应对该团队的收支凭据及应收款的清收负责,监督业务人员和计调人员的工作。

6. 如无故推迟报账,按照公司规定扣除部分个人带团补助或追究部门负责人责任。

(三)对账

1. 散客业务。各营业部所收的散客要按照财务部提供的表样进行散客登记,及时填写电子报表,并按期传送到财务部,以便公司随时了解各营业部收客情况,与部门所交营业款核对,并与地接社结算大交通费,月底对账时,须将散客合同、地接确认件、散客保险确认单以及部门已开收据、发票的记账联一并报财务部。要求收款时必须开具公司的专用收据和发票,严禁用其他收条或票据收取业务款。

2. 团队业务。团队业务的发团通知书须注明团款回收情况,根据报账情况对账,在业务结算单上明确下欠团款的催收责任人、回款时间。若与地市同行发生结算差额要及时确认,并报财务部。

3. 要求业务欠款必须在报账七日内催收入账,有特殊原因无法及时回收的,必须报公司负责人同意,未及时催收的将予以通报和罚款处罚。

二、制定北京大海旅行社有限责任公司财务管理制度

(一)对财务人员的要求

1. 所有参与财务管理的人员要有高度责任心,工作认真负责,按章办事。

2. 总经理审批的经费一定要严格控制在年度预算范围内,如果因特殊情况超出范围必须经股东会研究同意方可执行。主管会计要及时做好各项报表和账目,出纳每周六要及时准确地把现金收支情况报给现金会计,并要谨慎审核各项开支,实行钱账分开。

3. 出纳和主管会计把所有账目要每月一结、每月一公布,做到账款相符,不得拖延。

4. 任何人不得擅自挪用公款,不得损公肥私,一经发现处以 1 000 元~10 000 元的罚款。

(二) 办公室开支审批

1. 所有办公室开支要先做出预算,报经总经理签字批复后凭借条从现金会计处借款,凭发票报销。无批条擅自开支的不予报销,由个人自理。如总经理不在,必须经电话同意后方可执行。

2. 办公开支 500 元以上必须经总经理办公会研究决定,若时间紧急且有人外出,必须电话征求同意后方可执行;500 元以下(含 500 元)由总经理签字批准。

3. 各位员工的开支要及时报给总经理签字后到财务处报账。

4. 所有报销单具必须一律粘好,并干净、利落、美观。

(三) 团队账目审批

1. 所有团队、散客一经签订合同,应及时把所收团款交到财务部出纳处,不得个人保留团款,一经发现处以 100 元~1 000 元的罚款。

2. 原则上团款专款专用,导游外出带团需从财务部借款时,出纳必须查看该团团款回收情况,以计调部出具的预算单上所需金额为准借出费用。如需垫款必须经总经理同意,以保持公司正常的现金流量。

3. 所有团队的开支一律由计调部出具团队预算单并签字后报给财务部,财务部要严格审核各项开支是否在预算范围内,各种票据数字是否吻合且有效后,方可予以报账。

4. 所有团队团款出团前应付 80%,余款在团队返回后 3 日之内必须全部结清,出现呆账、坏账将追究当事人责任,谁造成的损失谁负责;散客出团前必须全部交清费用,否则不予发团,特殊情况须经总经理批准后方可。

5. 所有团队在报账时必须有合同、计调部预算单、行程、报销清单、意见反馈表、导游日志,缺一不可,否则不给予报账。

(四) 业务经费开支审批

1. 公司所有因业务需要的开支必须事先征求业务副总同意后方可支付,否则公司不予报销。

2. 业务副总审批经费时必须严格把关,根据团队竞争情况灵活把握,节约经费,去除一切不必要的开支,把业务经费控制在年初预算内,单团经费原则上不超过该团毛利润的 10%,并且单团单列。

3. 业务经费包括请客、送礼、乘车费、团队加酒等其他开支。

4. 总经理对业务经费进行监督。

(五) 门市部财务管理

1. 门市部的所有团队收入一律及时汇到财务账户上,不得擅自保留团款和挪用团款。

2. 门市部的所有开支一律列好所需开支清单并用传真方式传至总公司处,经总经理批准后方,财务把所需费用汇至其门市部账户上,然后凭发票报账。

3. 门市部每月来总公司报 2 次账,并汇报门市部的近期情况。

(六) 工资、奖金、出差补助

1. 员工当月工资于次月 10 日发放。

2. 业务奖金在一旦团款全部收清后,立即发放,门市的业务奖金由财务部直接汇至其账户上。

3. 出差时需通知业务经理和办公室,经同意后方可,出差补助由总经理签字后报给财务。

4. 下乡镇跑业务时,费用一律列入各自团队的经营费用当中。

（七）财务部与计调部的合作

1. 财务部与计调部之间要协作共进,互相帮助,共同把公司的核心工作做好,为公司的其他工作做好后勤工作。

2. 计调部每天下班之前把当天的所出团队情况报给财务部,以便财务及时掌握所出团队的情况,并做好团款的预支。

任务 2　旅行社核算和结算

任 务 引 入

"启天系列旅游结算管理系统"是一套专门为旅行社团队业务结算编制的应用软件,该软件根据旅行社的业务特点,提供了团队结算资料录入、结算单审核、补单、应收应付款核销等操作,并提供了大量的核算相关报表,如收入成本汇总表、团队收入成本明细表、应收应付报表、对账单、账龄分析表、催款单等。

采用本系统,可以将旅行社结算业务统一集中管理起来,对于大量的数据汇总工作交由计算机进行,可以大大提高业务人员的工作效率。系统中提供了详细的团队收入成本核算和应收应付款管理功能,解决了普通财务软件无法对团队进行详细成本核算以及团队的应收应付明细核算的问题,使旅行社及时、详细地掌握每一个团队的收入情况及应收应付情况成为可能。

同时,系统还可以提供财务凭证的自动生成和导出功能(需根据不同旅行社做调整),使得本系统不再是一套独立的软件,而是和财务软件紧密地结合在一起,由本系统处理的团队收入成本及应收应付数据可以自动生成财务记账凭证,并能传递到财务软件中,由财务软件继续凭证的审核,记账操作,从而大大减轻了旅行社财务人员的工作量,使他们从繁杂的手工操作中解放出来,将更多的精力投入到财务管理与财务监控中去。

请从网上下载"启天系列旅游结算管理系统",然后试着进行管理团队收入、成本、毛利及应收应付款核算等业务。

任 务 分 析

利用旅行社结算管理系统软件结算业务,对旅行社来说,是更准确、更快捷,首先,要了解相关的软件知识,其次,丰富的旅行社业务核算和结算知识也是不可或缺的。

相 关 知 识

旅行社会计核算以货币作为计算尺度,利用专门方法全面、系统、连续地反映经营业务过程和经营成果。旅行社的会计核算包括业务核算和业务结算两项内容。

一、旅行社业务核算

旅行社业务核算主要分为组团业务核算和接待业务核算两大类型。

（一）组团业务核算

组团业务核算主要包括审核报价、核算组团收入和核算组团成本等内容。由于组团业务对旅行社的客源起着十分重要的作用，而且组团业务能够为旅行社带来明显的经济效益，所以旅行社应高度重视对其的核算。

1. 审核报价

审核旅行社销售人员的对外报价是组团业务核算的一项重要内容。旅行社的财务部门根据旅游团的旅游活动日程、旅游团队的等级以及旅行的时间，对销售人员填制的报价单进行审核。审核的内容主要是报价的淡季、旺季价格是否正确；报价单上的各项价格是否准确、全面；报价在时间上、空间上是否一致，等等。

2. 组团收入核算

组团社通过招徕旅游团和组织旅游团（者）进行旅游获得的收入称为组团营业收入。这种营业收入主要由综合服务费、房费、城市间交通费和专项附加费构成。

组团社分为旅游客源地组团社和旅游目的地组团社。二者的组团收入来源不同。旅游客源地组团收入主要来自旅游者以及某些部门或企业。旅行社在接受旅游者的旅游要求时，必须坚持"先收费，后接待"的原则，要求旅游者在出发前的规定时间内交付全部旅行费用，否则取消其参加旅游团的资格。这是因为，客源地旅行社是在同旅游者个人打交道，对其无任何约束能力。如果旅行社允许旅游者先参加旅行社所组织的旅游活动，待旅游活动结束后再向旅游者收取旅游费用的话，有时会出现旅游者在参加旅游活动后拒绝付款或只付部分旅游费用的现象。一旦出现这种情况，旅行社向旅游者催讨欠款的成本将会很高，甚至有时会使旅行社无法收回欠款或所收回的欠款不足以抵消催款的费用，给旅行社造成较大的经济损失。而旅游目的地组团旅行社的情况则不同。它是在同客源产生地组团旅行社做生意，是旅行社之间的业务往来。

无论旅游客源地组团旅行社，还是旅游目的地组团旅行社，在核算其组团收入时，都应根据与旅游者或旅游客源地组团旅行社达成的旅游协议，认真审核其所付的旅游费用或付款承诺。如果发现其所付费用少于旅游协议上双方所同意的数目，应立即指出，要求对方将少付的旅游费用补上。

3. 核算组团成本

组团成本核算是考核旅行社在经营中的成本开支，从中发现不合理的支出，并采取切实的措施予以纠正，以达到降低成本和增加企业经济效益的目的。组团成本中，绝大部分为旅行社从各旅游服务供应部门采购旅游服务的费用，亦称为营业成本或直接成本。旅行社在核算其组团成本时，检查重点为所采购的旅游服务是否按照采购合同上双方同意的价格进行结算。在实际工作中，为了便于操作，旅行社往往采用下面的方法来计算其营业成本：

$$营业成本＝营业收入－毛利$$
$$毛利＝旅游团（者）的人数×停留天数×人天计划毛利$$

旅行社在核算其组团成本时，还应该根据接待计划和全程陪同填写的各地支出情况，预先逐团列支，待各地接待社将结算单寄到后，再分别列入各结算单位的结算账户。旅行社的组团成本主要由组团外联成本、小包价成本、劳务成本和其他服务成本构成。营业成本的内容基本是与营业收入的内容相对应发生的。

表 6-2-1 旅游团日程及报价单(其中 2 至 11 岁儿童 10 人)

旅游团代号: 旅游者人数: 价格等级: 报价日期:2010 年 5 月 10 日

天数	日 期	离开城市	抵达城市	综合服务费	城市	交通费	各地房费	各地餐费	各地餐费	各地超公里费	各地特殊门票	游江游船费	合计
1	6 月 10 日												
2	6 月 11 日												
3	6 月 12 日												
4	6 月 13 日												
5	6 月 14 日												
6	6 月 15 日												
7	6 月 16 日												
8	6 月 17 日												
9	6 月 18 日												
10	6 月 19 日												
11	6 月 20 日												
12	6 月 21 日												
每人总包价 元 折合美元 含全免 人 其他													
备注													

部门: 负责人: 财务核算: 填表人:

(二)接待收入核算

1. 审核结算通知单

结算通知单是接待旅行社向组团旅行社收取接待费用的凭证,由旅游团的陪同人员填写并由接待社的导游签字。如果旅游者没有配备全程陪同人员,则由接待该旅游团的地方陪同人员负责填写结算通知单。结算通知单转交给财务部门后,由财务部门根据接待计划、变更通知等有关文件对结算通知单的内容进行逐项审核。审核的重点是组团社名称,计划号码,旅游者人数,等级,抵离时间,活动项目,计价标准等与接待计划和变更通知是否一致;各项费用计算是否正确;填写项目是否齐全;有无陪同人员的签字确认。

2. 核算接待收入

核算接待收入是接待旅行社业务审核的一个重要内容。接待业务收入主要由综合服务费、房费、餐费、城市间交通费和专项附加费构成。接待旅行社再计算接待收入时应根据同组团旅行社确定的结算方法,计算出其应得的综合服务费收入和其他收入。

3. 核算成本费用

接待旅行社再审核其营业成本时应按照收入/支出配比原则进行成本核算,严格审核应付给饭店、汽车公司、景区等款项,做到"分团结算,一团一清"。接待旅旅行社可根据自身业务的特点,采用单团成本核算、批量成本核算等方法。

二、旅行社结算业务

在旅行社行业中,除少数新建旅行社和部分信誉较差的旅行社在向其他旅行社及各种旅游服务供应部门或企业采购旅游服务时,必须采取现金支付的方式外,多数旅行社都利用商业信用进行结算。因此,在旅行社之间和旅行社与其他旅游服务供应部门或企业之间,产生了大量因赊购而造成的应收账款和应付账款。旅行社结算业务就是指对应收账款和应付账款的结算。

根据旅游季节及旅游过程中发生的不同情况,旅行社的结算业务,分为正常情况的结算业务和特殊情况的结算业务。

(一) 旅行社正常情况的结算业务

旅行社之间的正常情况结算业务,分为综合服务费的结算和其他旅游费用的结算两大部分。

1. 综合服务费的结算

综合服务费的结算业务,包括审核结算内容和确定结算方式两方面的内容。

(1) 审核结算内容。

旅行社财务人员在审核综合服务费结算内容时,应对照旅游计划和陪同该旅游团(者)的导游员所填写的结算通知单,对所需结算的各项费用进行认真审查。旅行社之间结算所涉及的综合服务费一般包括市内交通费、杂费、领队减免费、地方导游费、接待手续费和接待宣传费。当旅游团内成年旅游者的人数达到 16 人时,应免收 1 人的综合服务费;旅游者所携带的 1～12 周岁(不含 12 周岁)的儿童,应按照成年旅游者标准的 50% 收取综合服务费;12 周岁以上(含 12 周岁)的儿童、少年,应按照成年旅游者标准收取综合服务费;2 周岁以下的儿童在未发生费用的情况下,不收取综合服务费,如果发生费用,由携带儿童的旅游者现付。

(2) 确定结算方式。

旅游者在一地停留时间满 24 小时的,按 1 天的综合服务费结算;停留时间超过 24 小时、未满 48 小时的部分和停留时间未满 24 小时的,按照有关标准结算。目前,我国旅行社主要采用的结算方式有中国国际旅行社的结算标准(简称国旅标准)、中国旅行社的结算标准(简称中旅标准)和中国青年旅行社的结算标准(简称青旅标准)三种。其具体结算标准如下:

① 国旅标准:国旅系统采用的结算方式是按旅游者用餐地点划分综合服务费结算比例。

表 6-2-2　国旅标准综合服务费计算

地　　　点	综合服务费
用早餐(7 时)地点	33%
用午餐(12 时)地点	34%
用晚餐(18 时)地点	33%

② 中旅标准:中旅系统采用的结算方式是按抵离时间分段划分综合服务费结算比例。

表6-2-3 中旅标准综合服务费

抵达当地时间	百分数	离开当地时间	百分数
0:01—9:00	100%	0:01—9:00	20%
9:01—11:00	85%	9:01—11:00	30%
11:01—13:30	70%	11:01—13:30	60%
13:31—17:00	45%	13:31—17:00	80%
17:01—19:30	35%	17:00—24:00	100%
19:31—24:00	15%		

③ 青旅标准:青旅系统采用的结算方式是按照旅游者停留小时划分综合服务费结算比例。

表6-2-4 青旅标准综合服务费计算

停留小时数	综合服务费(扣除餐费)
4 小时以内	按 10 小时结算
4—10 小时	按 15 小时结算
11—18 小时	按 18 小时结算
18 小时以上	按实际停留小时结算
去外地一日游当天返回驻地的外地接待旅行社	按 16 小时结算

(二)其他旅游费用的结算

这里所说的其他旅游费用,包括旅游者的房费、餐费、城市间交通费、门票费和专项附加费,其中后三项费用统称为其他费用。

1. **房费的结算**

房费分自订房和代订房两种。自订房房费由订房单位或旅游者本人直接向饭店结算。代订房房费由接待旅行社结算。其结算公式为:

$$房费 = 实用房间数 \times 实际过夜数 \times 房价$$

在实际经营中,旅行社一般为旅游团队安排双人房间。有时,旅游团队因人数或性别原因可能出现自然单间,由此而产生的房费差额可根据事先达成的协议由组团旅行社或接待旅行社承担。旅行社应按照饭店的规定在旅游团队(者)离开本地当天 12 时以前办理退房手续。凡因接待旅行社退房延误造成的损失由接待旅行社承担;如果旅游者要求延迟退房,则由旅游者直接向饭店现付房差费用。

2. **餐费的结算**

餐费的结算有两种形式:一种是将餐费(午、晚餐)纳入综合服务费一起结算;另一种是将餐费单列,根据用餐人数、次数和用餐标准结算。餐费的计算公式为:

$$餐费 = 用餐人数 \times 用餐次数 \times 用餐标准$$

3. 其他费用的结算

如前所述,其他费用,是指城市间交通费、门票费和专项附加费的统称。在结算这些费用时,旅行社应按照双方事先达成的协议及有关的旅游服务供应企业和单位的收费标准处理。

(三) 付款方式

旅行社之间结算业务多采用汇付方式进行。汇付方式为电汇、信汇和票汇三种类型。

1. 电汇

电汇,是指组团旅行社要求其开户银行拍发加押电报或电传给接待旅行社所在地的开户银行,指示解付一定金额给接待旅行社的付款方式,是我国旅行社目前使用最多的一种汇款方式。

2. 信汇

信汇,是指组团旅行社要求其开户银行将信汇委托书寄入接待旅行社的开户银行,授权解付一定金额给接待旅行社的汇款方式。我国旅行社已很少使用这种汇款方式。

3. 票汇

票汇,是指组团旅行社要求其开户银行代其开立以接待旅行社所在地开户银行为解付行的银行即期汇票,支付一定金额给接待旅行社的汇款方式。

三、旅行社特殊情况的结算业务

旅行社在组团或接团过程中往往会遇到一些特殊的情况,并相应地反映到会计核算中。旅行社应根据不同的情况分别加以妥善处理。

(一) 跨季节的结算

我国的旅行社多以每年的 12 月初至转年的 3 月底作为旅游淡季,其余的月份作为旅游旺季或平季。旅游者在一地停留的时间恰逢旅游淡季与旺季交替时,旅行社应按照旅游者在该地停留日期的季节价格标准分段结算。

(二) 等级变化的结算

1. 因分团活动导致等级变化

旅游团在成行后因某种特殊原因要求分团活动,并因此导致旅游团等级发生变化时,应按分团后的等级收费或结算。结算的方式有两种:一种是由旅游者现付分团后新等级费用标准和原等级费用标准之间的差额;另一种是接待旅行社在征得组团旅行社同意后按新等级标准向组团旅行社结算。

2. 因部分旅游者中途退团造成等级变化

参加团体包价旅游团的旅游者,在旅行途中因特殊原因退团,造成旅游团队因退团后人数不足 10 人而发生等级变化时,原则上仍按旅游团的人数和等级标准收费和结算。退团的旅游者离团后的费用由旅游者自理。

3. 晚间抵达或清晨离开的旅游团队结算

包价旅游团队在晚餐后抵达或早餐后离开某地时,接待旅行社按照人数和等级标准向组团旅行社结算接送费用。其计算公式为:

$$接送费用=人数×计价标准$$

例如:B市的一家旅行社接待一个马来西亚旅游团,全团共有成年旅游者14人,于2007年6月21日晚21:30抵达B市机场。该团在B市游览1天后于6月23日清晨5:25未用早餐即乘飞机离开B市前往S市。该旅行社到飞机场的接送费为每人次5元,该旅游团的综合服务费为每人每天105元。那么,这家旅行社应得的综合服务费和接送费收入是:

$$105 元 \times 14(人) + 5 元 \times 2(次) \times 14(人) = 1\,610\,元。$$

四、旅行社收款实践操作

不管是组团还是接团,都不应该欠款。不恶意欠别人的款,这是企业重信誉的表现。

而事实上,在国民素质有待提高、法制环境有待完善的社会大背景之下,许多人不按商业规则办事,大部分企业都不同程度地被对方以各种各样的理由拖欠账款。

企业要发展,需要业绩,需要客户,一方面要尽量避免陷入拖欠的"沼泽地",另一方面又要坚守商誉。

(一)培训

在着手催收账款之前,旅行社企业管理人员可以先组织相关人员进行培训,培训的主要内容应包括:

1. 催欠要有正确的心态,既怀着志在必得的心态上阵,又要在催欠中学习掌握种种技巧。

2. 聘请律师,为旅行社从业人员讲解相应的民法以及关于债权合同的知识,使员工懂得法律的基本常识,避免犯错误,避免本来很主动的事情,最后反而被别人抓住了把柄。

3. 在催欠中的准备阶段,对重点欠款户,要想方设法摸清欠款人的历史、信誉、目前企业运转状况,补好以前证据不足等对公司不利的"漏子"。

4. 外联人员、总经理订出催欠计划,再订出还款计划。对债务进行管理,分清重点、难点,对每笔债务进行事前规划。每个催款人员与公司上下配合,保持协调,对可能出现的意外问题及时处理。

5. 识别欠款信号,这些信号包括:"我公司没有足够的流动资金","我公司客户没有付款","我们老板住院了","你们的服务有质量问题,现在有客户投诉","支票已经寄出了,你们的账号不对",突然变更银行、账号,下期交易额突然增大,在同行内听到有不利的消息,等等。

(二)计划实施

1. 制定目标和期限。制定目标时,不应是公司定目标、大家去执行,而应是大家一起商议制定。

2. 制定催欠制度。制定出员工催欠成效与收入基本工资挂钩的分配奖励制度,对于有特殊贡献的员工要实行个人奖励。

3. 制定催欠纪律,不该对外说的绝对不说。不允许对客户乱表态,对外的承诺,一律以总经理文字为依据,其他形式无效。现金只能打入指定银行卡,不准随身携带或私存,等等。

4. 商议对"特殊"户采取"特殊"处理的方案。用合理的方法对一些"特殊"的欠款户进行"特殊"调理。

可把收欠分为准备阶段、催收阶段、强攻阶段、软磨阶段。准备阶段的工作大多带有一定的保密性,如调查、摸底、取证、对账等,千万不能打草惊蛇。在准备过程中,首先要进行对账,让对方对款项进行确认。

五、旅行社企业催收欠款的要点

（一）调整优势心态，坚定催欠信心

催欠难，这是公认的事实。外联人员必须摆正自己的架势，所以见到欠款户第一句话就得确立优势心态，通常应当强调：是"我"支持了你，而且"我"付出了一定的代价。如："你老兄这倒做成无本生意了，我费了多少口舌才说服财务部哟！""哎呀，为你赊这次货，我找头儿批准，真没少费口舌！"尤其是对于付款情况不佳的客户，一碰面不必跟他寒暄太久，应赶在他向你表功或诉苦之前，直截了当地告诉他，你来的目的不是求他发团，而是他应该付自己一笔团款，自己专程前来催款，让欠款户打消掉任何拖、赖、推、躲的思想。不能给对方任何机会处于主动地位，在时间上做好如何对付你的思想准备。

有的收款人员认为催收太紧会使对方不愉快，影响以后的关系。其实客户所欠团款越多，支付越困难，反而越容易转向和别的单位合作，自己就越不能稳住这一客户，所以还是加紧催收才是上策。

（二）做好欠款的风险等级评估

按照欠款预定的回收时间及回收的可能性，将团款分为未收款、催收款、准呆账、呆账、死账、有争议款几类。对不同类型的货款，采取不同的催收方法，施以不同的催收力度。

（三）做好催收欠款的全面策划

依据合同期限的长短、团款金额的大小及类型，客户的信誉度，为人情况，资金实力，离公司的远近等因素，做出一个分轻重缓急的回收计划。定好是"武"收还是"文"收，"武"收如打官司，"文"收就是做工作。确定是"武"收还是"文"收的标准主要看他是否与公司友好配合。对那些居心不良、成心赖账的经销户只能是"武"收。

（四）根据欠款户还欠的积极性高低，在催款时间上需要很好把握

在约定的时间必须上门，且尽量将上门的时间提早。什么时候给客户打催欠电话也是有学问的。在欠债人情绪最佳的时间打电话，他们更容易同你合作。

（五）时刻关注一切异常情况

例如，欠款人打算不干了，欲把企业转让给他人了，或是合伙人散伙转为某人单干了，是单位的，千万要让即将离去的法人代表给你办了还款，只要你态度坚决，一般他会做个顺水推舟的人情。

（六）辨明客户各种"借口"的真相和异常情况

有时客户会以各种原因为借口，不予付款，如管钱的不在、账上无钱、未到付款时间、有投诉等等。这就要求我们及时地掌握与结款相关的一切信息。只有这样，才能辨明客户各种"借口"的真相，并采取有效的针对措施。如果确实有投诉，则应立即通知公司，加以改进，因为接待的质量才是结款时最具说服力的依据。

还要关注客户的异常情况，如法人代表易人、经营转向、场地迁拆搬家或是企业破产等等。一有风吹草动，得马上采取措施，防患于未然，杜绝呆账、死账。

（七）在收欠款的过程中还需归纳整理账目，做到胸有成竹

如果营销人员自己心中对应收账款的明细都没有数的话，收款效果肯定不佳。自己心中有数后，还得与客户对清账，留下其签字依据。

（八）在收到欠款后，要做到有礼有节

在填单、签字、销账、登记、领款等每一个结款的细节上，都要向其具体的经办人真诚地表示谢意，以免给下一次合作留下隐患。如客户的确发生了天灾人祸，在理解客户难处的同时，让客户也理解自己的难处。

任 务 实 施

利用旅行社结算系统进行结算管理

旅行社每天发生的团队结算业务都在此录入，并进行收入成本核算操作。团队资料主要包括每一个团队的团号、组团社、团队标准、接待类型、开始结束日期、参团人数（系统能够根据团队的开始结算日期自动计算人天数和结算天数）等信息，这些资料是进行团队收入成本核算的基础。有了详细的团队资料之后，就可以开始录入结算单了。在团队结算单中，包括团队旅游收入和成本的所有明细数据，根据这些明细数据能够打印团队收入结算单、团队成本结算单及团队收入成本结算单。结算单审核通过以后，还能对团队收入成本结算单执行冲红补单及漏报补单操作，也可以根据补单的具体时间范围打印冲红补单和漏报补单。

对于收到应收团费和支付应付成本，可以进入到应收应付核销模块中进行核销操作。系统提供了自动核销功能，输入付款单或收款单号以及总金额后，只需鼠标轻轻一点，就能够自动进行金额分配，不仅大大减轻了旅行社财务人员的工作量，而且使结算更为快速准确。

团队收支结算单编辑窗口中，系统提供每一个团队的详细审核情况和应收应付核销情况，旅行社财务人员据此可及时掌握团队动态，了解一定时期内的旅游团队的收入支付情况。

一、团队资料录入

单击【结算管理】，【团队资料】菜单，可以进入"团队信息"窗口，在此窗口中可以看到系统中现有团队的详细资料：

鼠标单击【新增】按钮，进入团队资料录入界面：

在此窗口中,根据团队的实际资料逐一录入。录入时,可以直接在编辑框中输入数据。编辑框的后面,如果有■图标,则表示用鼠标单击可以从基础资料库中选择相关数据。凡带有■图标的编辑框,在输入数据时,还可以输入所需名称的汉语拼音首字母,完成后按【回车】键,这时,系统能够自动根据所录入的汉语拼音首字母进行数据检索,快速找到您所需的正确资料。

例如:在"组团社"编辑框中,可以直接录入"shdllxs",然后按下【回车】键,该窗口中自动填入了"上海东联旅行社"的组团社名称。在该例中,您也可以录入"shdl",但如果资料库中存在如下几个组团社名称:上海大路旅行社、上海东林旅行社、上海东联旅行社,则系统根据组团社名称首字母排序后,选择第一条记录。所以,首字母录入越详细,系统越能快速找出准确信息。

注意:基础资料库中没有的数据,在团队资料录入窗口中无法输入,必须先由基础资料库中添加了相应的数据以后,才能在上述窗口中选择调用。

凡是编辑框后带有■图标的,均不能够直接录入基础资料库中没有的数据。

鼠标单击"开始日期"和"结算日期"编辑框后的■图标后,系统弹出如下窗口,在此窗口中,您可以自由选择年、月、日等日期数据:

鼠标单击◀及▶按钮可以切换月份,将鼠标箭头停留在 2003年6月 年份和月份上单击左键,则可以快速选择年份以及月份。日的选择直接在画面中单击。

录入"开始日期"、"结束日期"及其人数信息后,系统自动计算出"核算人数"与"实际人天数"。自动计算出的数据如果不符合您的需要,请到【基础数据设置】、【折扣标准】中自行调整计算比率。

确认所录入的数据都正确以后,单击【确认】按钮,在"团队信息"窗口中您就可以看到刚刚录入的团队资料了(注:test004 为本例中录入的团队资料记录):

如果需要查询团队信息,您可以单击窗口页面标签切换到"查询"窗口:

在查询窗口中,您可以根据团队的团号、组团社、部门、业务员、开始结束日期、团队标准、接待类型、陪同资料、服务标志、客人标志、国家、语种、有无未审核项目和有无未核销项目等条件进行查询。

查询条件录入完成后,单击【搜索】按钮,系统将在"浏览"窗口中列表显示满足查询条件的所有记录。

注意:如果不输入任何查询条件,系统将列表显示所有团队记录。

二、结算单编辑

在"团队信息窗口"中,单击选择需要录入收入成本结算数据的团队资料,此时,所选资料将用淡红色反相显示:

| test003 | 2003-06-15 | 2003-06-19 | 37.36 | 上海国旅X |
| test004 | 2003-06-20 | 2003-06-23 | 36.70 | 上海东联旅 |

| 新增 | 编辑 | 删除 | 编辑结算单 |

单击【编辑结算单】按钮,进入收入成本结算数据录入窗口:

结算项目 [团号:test004 组团社:上海东联旅行社 开始日期:2003-06-20 结束日期:2003-06-23]

收入项目 | 成本项目

结算项目	往来单位	价格	计量单位	数量	天数	应收/应付	已收/已付	付费方式	发生日期	审核?	核销
房费	上海东联旅行社 …	10.00	间	5.00	3.00	150.00	0.00	挂帐	2003-06-21	☐	☐
餐费	上海东联旅行社 …	20.00	顿	6.00	0.00	120.00	0.00	现付	2003-06-21	☐	☑
门票费	上海东联旅行社 …	100.00		10.00	0.00	1,000.00	0.00	现付	2003-06-21	☐	☑
…	…	0.00		0.00	0.00	0.00	0.00	挂帐	2003-06-21	☐	☐
…	…	0.00		0.00	0.00	0.00	0.00	挂帐	2003-06-21	☐	☐
…	…	0.00		0.00	0.00	0.00	0.00	挂帐	2003-06-21	☐	☐
					合计	1,270.00	0.00				

| 新增 | 删除 | 刷新 | 保存 | | 结算项目 | 往来单位 | 关闭 |

在收入成本结算数据录入窗口中,收入项目和成本项目需分别录入。当前所在为"收入项目"窗口。单击【新增】按钮,可以在上图窗口中增加一条空白记录行,您可以在"结算项目"、"往来单位"编辑框中直接录入拼音首字母,也可以点击编辑框后的 图标,系统弹出相应的结算项目及往来单位基础数据窗口供选择。

在录入收入成本结算单资料时,如果基础资料库中没有您正准备录入的结算项目及往来单位数据,您可单击窗口下的【结算项目】、【往来单位】按钮,进入基础数据设置界面,新增您的结算项目和往来单位资料。

收入成本结算数据录入窗口中,"应收/应付"栏目的数据计算公式为:

$$应收/应付 = 价格 \times 数量 \times 天数$$

您可以根据您的实际需要情况,录入每一笔收入成本项目的总金额或单价、数量、天数。"价格"、"数量"、"天数"、"应收/应付"四个栏目均可以为空。

例:假设您有一笔房费收入为 1 000 元,您可以录入该房费的实际单价、房间数和入住天数,让系统自动计算出应收房费总额,也可以直接在"应收/应付"栏目中录入房费总额"1 000"元。

"付款方式"栏目中,您可以选择"挂账"或"现付"。选择"挂账"方式,你录入的该笔收入或成本数据将在结算单审核后,作为应收/应付款处理。选择"现付"方式,您的该笔收入或成本数据既不作为应收/应付款也不进行核销处理。

注意:如果某一笔收入或成本业务已经用现金支付了部分款项,则您在录入时可以采用以下两种方式：

1. 新增一条空白记录，在"应收/应付"处录入该笔业务的总金额，在"已收/已付"处录入已经支付的金额，"付款方式"处选择"挂账"方式。

2. 新增两条空白记录，其中一条在"应收/应付"处录入该笔业务的未付金额，"付款方式"处选择"挂账"方式。另一条在"应收/应付"处录入该笔业务的已支付金额，"付款方式"处选择"现付"方式。

"审核?"、"核销?"栏目表示当前结算数据记录的审核和核销状态。

☐表示未经审核或核销，☑表示已经审核或已经核销。

团队成本项目的录入，可通过单击窗口页面标签切换到"成本项目"窗口：

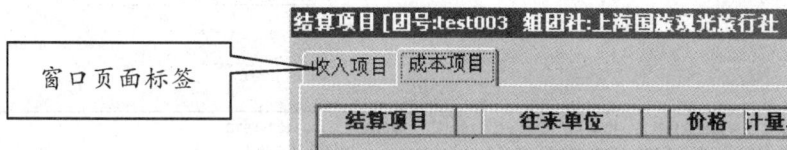

成本项目的录入方式与收入项目相似，所有数据录入完成后，一定要记住单击【保存】按钮。

三、团队收入成本结算单打印

单击【结算管理】、【团队资料】或【结算单编辑】菜单，可以进入"团队信息"窗口，旅游团队的收入成本结算单在该窗口中执行打印：

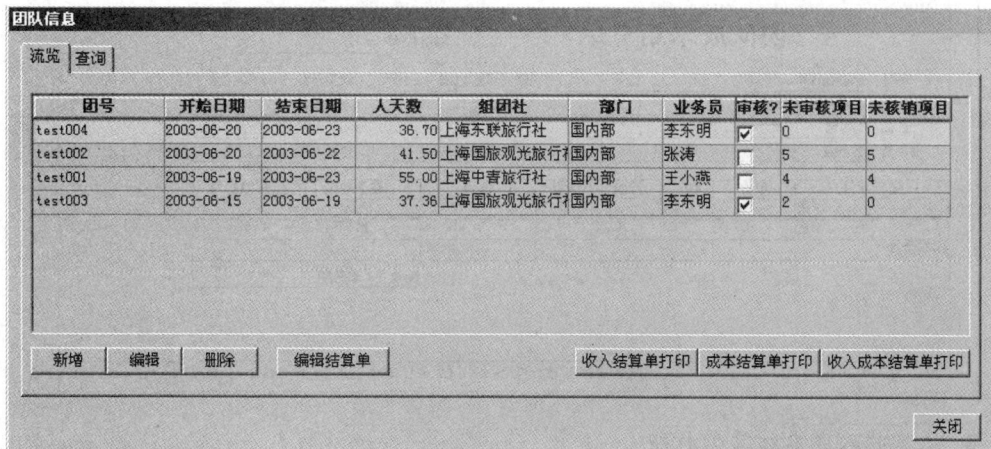

1. 团队收入结算单打印

请用鼠标单击选择需要打印的团队记录行，单击【收入结算单打印】按钮，系统将进入收入结算单打印预览窗口：

2. 团队成本结算单打印

请用鼠标单击选择需要打印的团队记录行,单击【成本结算单打印】按钮,系统将进入成本结算单打印预览窗口:

3. 团队收入成本结算单打印

请用鼠标单击选择需要打印的团队记录行,单击【收入成本结算单打印】按钮,系统将进入收入成本结算单打印预览窗口:

四、结算单审核

单击【结算管理】,【结算单审核】,可以进入"团队信息"窗口,在此窗口中可以看到系统中现有团队的详细资料:

此窗口中,您可以查看团队的详细信息及结算单详细信息。在与原始单据核对无误后,您就可以进入审核操作程序了。

首先,在团队信息列表窗口中单击您要进行审核的团队,当所选团队淡红色反相显示以后,鼠标单击【审核通过】按钮,系统弹出提示窗口,单击【确认】,您所选择的团队就审核完成了。您可以看到:"审核?"栏目打上钩,"未审核项目"栏目中显示为"0":

注意:团队一旦审核通过,就不能删除、修改及执行取消审核操作。如果已经审核通过的团队收入成本数据有错误需要修改,您请到"冲红补单"和"漏报补单"中执行修改操作。

五、漏报补单

1. 漏报补单操作

单击【结算管理】、【漏报补单】,可以进入"团队信息"窗口,在此窗口中可以对已经审核通过的团队执行"漏报补单"操作:

团队信息

流览 查询

团号	开始日期	结束日期	人天数	组团社	部门	业务员	审核?	未审核项目	未核销项目
test004	2003-08-20	2003-06-23	36.70	上海东联旅行社	国内部	李东明	☑	0	0
text002	2003-06-20	2003-06-22	41.50	上海国旅观光旅行社	国内部	张涛	☐	5	5
test001	2003-06-19	2003-06-23	55.00	上海中青旅行社	国内部	王小燕	☐	4	4
test003	2003-06-15	2003-06-19	37.36	上海国旅观光旅行社	国内部	李东明	☑	2	0

漏报补单　　请选择补单打印日期范围: 2003- 6-21 ▼ --- 2003- 6-21 ▼ 收入结算补单打印 成本结算补单打印

关闭

首先,在团队信息列表窗口中单击您要进行漏报补单的团队,当所选团队淡红色反相显示以后,鼠标单击【漏报补单】按钮,系统进入"漏报补单"编辑窗口:

结算项目---漏报补单[团号:test003 组团社:上海国旅观光旅行社 开始日期:2003-06-15 结束日期:2003-06-19]

收入项目 成本项目

结算项目	往来单位	价格	计量单位	数量	天数	应收/应付	已收/已付	付费方式	发生日期	审核?	核销
房费	旅行社	0.00	间	0.00		100,100.00	0.00	现付	2003-08-20	☑	☑
房费	旅行社	2,000.00	间	1.00	0.00	2,000.00	2,000.00	挂帐	2003-06-20	☑	☑
		0.00		0.00	0.00	0.00	0.00	挂帐	2003-06-21	☐	☐
					合计:	102,100.00	2,000.00				

新增 刷新 保存　　　　　　　　　　　　　　　　　　　　　关闭

单击【新增】按钮,系统将在结算项目中新增一条空白记录,您可以录入团队的结算补单数据,录入完成后单击【保存】按钮。

注意:漏报补单数据将以蓝色字体表示。

收入项目和成本项目的补单数据,可通过窗口页面标签切换进行录入。

2. 漏报补单打印

请选择补单打印日期范围: 2003- 6-21 ▼ --- 2003- 6-21 ▼ 收入结算补单打印 成本结算补单打印

首先,在团队信息列表窗口中单击您要打印漏报补单的团队,当所选团队淡红色反相显示以后,输入该团队补单的日期范围,鼠标单击【收入结算补单打印】和【成本结算补单打印】按钮,系统进入"漏报补单"打印预览窗口:

收入成本漏报补单打印及页面布局设置请参照"团队收入成本结算单打印"介绍的内容。

六、冲红补单

1. 冲红补单操作

单击【结算管理】、【冲红补单】,可以进入"团队信息"窗口,在此窗口中可以对已经审核通过的团队执行"冲红补单"操作:

首先,在团队信息列表窗口中单击您要进行冲红补单的团队,当所选团队淡红色反相显示以后,鼠标单击【冲红补单】按钮,系统进入"冲红补单"编辑窗口:

在"冲红补单"编辑窗口中,请选择需要冲红的结算数据,当所选择的记录行淡红色反相显示以后,单击【当前行项目冲红补单】按钮,可以看到编辑窗口中新增了两条记录,一条为红色显示,为所选择结算数据的负值,另一条为蓝色显示,您可以在蓝色显示的记录行中录入正确的结算数据。

2. 冲红补单打印

首先,在团队信息列表窗口中单击您要打印冲红补单的团队,当所选团队淡红色反相显示以后,输入该团队补单的日期范围,鼠标单击【收入结算补单打印】和【成本结算补单打印】按钮,系统进入"冲红补单"打印预览窗口:

七、应收应付核销

1. 系统自动核销

收到应收团款或支付应付团费的同时,需要进行应收应付款核销。系统提供了自动核销功能,输入付款单或收款单号以及总金额后,只需鼠标轻轻一点,就能够自动进行金额分配。

单击【结算管理】、【应收应付核销】,系统弹出"往来单位"选择窗口,在此窗口中可以选择需要进行应收应付核销的往来单位:

选择好需要进行应收应付核销的往来单位后,单击【确定】,进入应收应付核销窗口:

应收应付核销窗口首先显示的是"收入项目"核销页面,"成本项目"核销页面请通过鼠标单击窗口页面标签切换。

在该窗口中,列表显示了所选往来单位的所有应收收入项目。首先,请录入收款单的凭单号码和总金额,与原始单据核对无误后,单击【自动分配】按钮,系统弹出窗口,提示分配金额情况:

单击【确定】后,我们可以看到编辑窗口中的"本次金额"栏目已经进行了自动金额分配。同时,在"应收/应付"栏目中与"本次金额"栏目金额相等的记录行,"核销?"栏目自动打钩。

自动分配完成后,单击"生成凭证"按钮,系统弹出如下窗口,表示本次核销操作完成。

本页核销窗口图片与上页核销窗口图片相对比,可以发现已经核销完成的记录行从窗

口中消失了：

结算项目	应收/应付	已收/已付	本次金额	付费方式	发生日期	审核?	核销?
客费	1,500.00	0.00	0.00	挂帐	2003-06-21	☑	☐
综费	500.00	0.00	0.00	挂帐	2003-06-21	☑	☐
附加费	200.00	0.00	0.00	挂帐	2003-06-21	☑	☐
餐费	1,925.00	0.00	0.00	挂帐	2003-06-21	☑	☐
合计:	4,125.00	0.00	0.00				

结算项目[往来单位:上海中吉旅行社]
收入项目 成本项目

凭单号:31321234　总金额:20,000.00　[自动分配]　[生成凭证]　[刷新]　[关闭]

2. 手工核销

如需手工核销,请首先录入凭单号,然后在列表窗口中的"核销?"栏目内用鼠标单击打勾,确认与原始单据无误后,单击【生成凭证】按钮。

注意:如果某一笔业务只收了部分账款,则在"本次金额"中录入收款金额,"核销?"栏目保持为空,然后单击【生成凭证】按钮。

案例分析

【案例】

怎样避免和减"拖欠"?

旅行社之间相互欠款已经成为中国旅行社行业的老大难问题。在目前的买方市场条件下,目的地的旅行社既无法采用"先付款,后接待"的经营方式,也不能一概拒绝旅游中间商的延期付款要求。然而,信用条件过宽虽然能使旅行社获得较多的客源,但是却会导致更大的坏账风险。一旦对方赖账或破产,则会使被拖欠的旅行社蒙受重大的经济损失。

中国康辉旅行社股份有限公司采取了下列措施,以加强对拖欠款的回收和尽量减少拖欠款:

(1) 总经理亲自过问客户的挂账和催讨事宜,要求各营业部门每月向总经理报告一次,检察他们催讨欠款的工作效果。

(2) 将催讨欠款同各营业部门的经济利益挂钩,凡在经营中获得利润但是未能将欠款收回的部门,根据欠款金额的比例缓发该部门应获得的奖金,以后视其收回欠款的数额按比例补发。

（3）制定切实可行的信用制度和标准。对于那些信誉好、付款及时、经济实力雄厚、送客量大且与本旅行社长期保持合作的旅游中间商，最多允许其在旅游者旅行结束后3个月内付款；对于那些信誉较差、送客量少、付款不及时或初次合作的旅游中间商，则不允许挂账，必须支付现金。

由于将拖欠款的回收效果同相关部门的经济利益直接挂钩，各部门开始重视对拖欠款的催讨和回收，并取得了显著的成效。目前，该旅行社的不良债权已经大幅度下降，旅行社的合法经济利益得到了有力的维护。

案例讨论：

1. 旅行社怎样才能增加客源而又不会增加坏账的风险？
2. 你认为对应收账款该如何管理？

项 目 实 训

1. 找一家旅行社分析其成本费用的构成。
2. 找一家旅行社分析其利润的分配情况。
3. 运用所学知识模拟分析一家旅行社的应收账款账龄。
4. 分析一家旅行社交通工具的折旧计提情况。
5. 导游报账流程是怎样的？

复习思考题

1. 什么是组团业务核算？它包括哪些内容？
2. 旅行社票据管理的主要内容有哪些？
3. 旅行社的主要债权资产是什么，如何进行管理？
4. 旅行社常用的财务分析方法有哪些？
5. 如何使旅行社应收账款得到有效控制？

项目七
旅行社人力资源管理

项 目 摘 要

人是旅行社最大的资本,决定着旅行社市场竞争力的强弱。通过本项目的教学,使学生了解旅行社人力资源管理的基础知识,掌握旅行人力资源管理的基本内容和方法,明确企业文化的重要作用。

任务 1 旅行社人力资源管理运作

任 务 引 入

旅行社是一个人才密集型的企业,人力资源不仅在其全部资源中所占比重较大,而且在其经营中所创造的效益也超过其他资源所创造的效益。与其他旅游企业相比,旅行社的人力资源在推动企业发展和实现企业预期经营目标方面所发挥的作用更为突出。

任 务 分 析

旅行社的人力资源管理,是指旅行社以本行业对人力资源的特殊要求为依据,运用科学的管理方法,对其人力资源进行最优化的组合和利用,以获得最佳的经营效果。具体内容和工作任务主要是人力资源规划,员工招聘和录用,培训,绩效管理,薪酬管理,职业生涯规划等内容。

相 关 知 识

一、旅行社人力资源的特点

1. 创造性

旅行社的业务以旅游者为服务对象,必须针对旅游者追求新、特、异的消费特点,提供具有新颖奇特创意和功能的产品,才能够满足旅游者不断变化着的消费需求,在竞争激烈的市场环境中得以生存和发展。

2. 主动性

多数国家或地区的旅行社行业属于零散型行业,企业的规模较小,企业的经营实力仍相对较弱,导致旅行社的抗风险能力普遍较差。因此,旅行社必须比其他行业的企业更加积极主动抢抓市场机遇,在激烈的竞争中发展壮大,从而增强其抗风险的能力和提高企业的经营效果。

3. 独立性

旅行社业务的一个突出特点是分散性,即由某一位员工单独实施和完成某一项产品销售、旅游服务采购或旅游接待任务。尽管旅行社制定了各种请示汇报的制度,但是,由于旅行社的许多业务活动必须现场完成(如旅行社产品信息的咨询),或者员工需要远离旅行社所在地实施(如导游员带领旅游团在外地进行游览观光),所以必须授予从事这些工作的员工一定的现场处置权力,允许他们先斩后奏,当场做出决定,事后再向有关领导汇报。旅行社的这种工作性质导致其员工比其他旅游企业员工(如饭店的服务员)具有更大的独立性。

4. 流动性

旅行社的行业进入壁垒较低,造成行业内的企业数量众多,并产生了对旅行社专业人员的大量需求。相形之下,旅行社人才市场的供给则相对不足,导致旅行社人力资源的较大流动性。旅行社人力资源流动性大的特点既给旅行社及时招聘所需人才提供了良好机遇,也向旅行社提出了如何保留和吸引优秀人才的严峻挑战。

5. 知识性

旅行社是知识密集型企业,不仅导游人员需要掌握较多的知识和接受较高层次的教育,具有较高的文化修养,而且其他的工作人员如产品开发人员、销售人员、财务人员等都必须具备较高层次的知识水平,接受过专业教育。

二、旅行社人力资源管理的内容与任务

1. 制定科学合理的人力资源计划

人力资源开发部门应该以企业的经营管理目标为指导,研究旅行社经营管理和企业发展对人力资源的需求量和需求标准,做好对旅行社人力资源数量和质量的预测,并制订人力资源开发计划。

2. 招聘、录用、培训员工

人力资源开发部门应按照旅行社人力资源开发计划和相关部门或岗位对不同员工的基本素质、专业知识、专业技能和操作能力的标准,在旅行社内部或外部招聘和录用员工,达到人与岗位的最佳组合,建立一套科学的培训制度和方法,有效地提高旅行社员工的素质和能力。

3. 建立完整的考核体系和奖惩制度

人力资源部门应按照旅行社的业务性质和岗位要求,制定出相应的考核制度和奖惩制度,来科学地考核和评估员工的工作成绩,作为对员工提升、调职、培训和奖励的依据。通过科学的管理和有效的激励方式,激发旅行社员工的主动性和创造性,使员工热爱旅行社,热爱本职工作,各尽所能地发挥出最大的效用,最终形成一支高素质的优秀的员工队伍。

4. 建立科学的薪酬福利制度

人力资源部门应根据国家和地方的相应劳动法律法规及旅行社的具体情况,建立科学的薪酬福利制度,以有效地激励员工的工作积极性。

三、旅行社人力资源培训

1. 旅行社开展人力资源培训的意义

(1) 提高旅行社的经营管理水平。

旅行社的员工包括全体管理人员和各种业务人员,是旅行社经营管理活动和业务活动

的主导力量。他们的知识水平、业务能力和经营管理水平,直接决定着旅行社经营管理活动的成败。因此,旅行社加强对员工的培训,必然会促进旅行社整体经营管理水平的提高,为旅行社的生存和发展奠定坚实的人力资源基础。

(2) 培养员工的适应能力。

旅行社作为一个以人力资源为主要资源的服务性企业,其员工必须具有较强的适应能力。由于业务的发展和工作的需要,旅行社有时必须将员工从一个岗位转换到另一个岗位,或者将一些从事具体业务工作的员工提升到管理岗位上来。旅行社通过对他们的培训,培养他们的适应能力,使他们能够及时适应新的岗位,顺利地在新岗位上工作。

(3) 挖掘员工的潜在能力。

潜在能力是指蕴藏在员工身上,但尚未被管理者及员工本人所觉察到的能力。旅行社通过培训,不仅能够提高员工的经营管理水平、业务能力、知识水平和适应能力,还能够有效地挖掘员工的潜在能力。一旦员工的潜在能力被挖掘,将会有效地提高员工的工作效率,为旅行社经营和员工的自身发展都带来较大的益处。

(4) 增强旅行社的核心竞争力。

进入知识经济时代,劳动者的个人智慧和知识终于从企业发展的资本意义上获得承认,个人开始意识到智慧和知识可以作为资本参与到企业创业和发展之中,而企业也认识到人力资源是形成企业竞争力的要素。旅行社作为劳动密集型企业,人力资源的质量是旅行社的重要核心竞争力。因此,旅行社加强人力资源培训,将使旅行社增强其核心竞争力,在激烈的市场竞争中脱颖而出,获得生存与发展的机会。

2. 培训内容

(1) 职业道德培训。

职业道德培训,是旅行社人力资源培训的一项重要内容,包括:

① 使员工了解国家发展旅游业的意义和旅行社在旅游业中的作用,帮助员工树立主人翁意识、职业自豪感和荣誉感;

② 使员工了解本旅行社的经营目标、经营理念,自觉维护企业形象;

③ 培养员工正确的劳动态度和敬业精神,使他们树立良好的服务意识,增强职业责任感,自觉养成良好的职业道德;

④ 增强员工的团队意识与合作精神,使他们养成精益求精的工作作风;

⑤ 提高员工的遵纪守法意识和道德水准,自觉地遵守国家的法律法规,遵守旅行社行业的规章和本旅行社的各种规章制度,坚持诚信原则,树立正确的价值观,培养高尚的道德情操。

(2) 知识培训。

旅行社应顺应时代,适应宏观和微观经营环境的变化,通过培训使员工掌握工作所必需的大量知识,实现旅行社人力资源的现代化和知识化。知识培训的主要内容包括:

① 专业知识。专业知识包括旅行社产品知识、旅行社市场知识、旅行社资本运营知识和旅游接待知识。

② 旅游理论知识。旅游理论知识包括旅游学知识、旅游经济学知识、旅游心理学知识、管理理论和消费者心理学知识。

③ 相关学科知识。相关学科知识包括地理、文化、自然、科技、历史、民俗、政治、经济、社会等相关学科的知识。

④ 旅游法规知识。旅游法规知识包括旅游法规、经济法律法规、消费者权益法律法规等法律法规知识。

⑤ 其他相关知识。其他相关知识包括礼仪知识、外语知识、旅游电子商务等方面知识。

（3）能力培训。

旅行社通过能力培训，使员工掌握完成本职工作所必须具备的各种能力。这些能力包括：

① 业务能力。业务能力是指旅行社员工为开展相关的业务工作所必须具备的能力，包括旅行社产品设计与开发能力、旅游服务采购能力、导游接待能力、公共关系能力、谈判沟通能力、销售能力和应付突发事件的能力。

② 管理能力。管理能力是指旅行社管理人员为保障企业的正常经营活动所实施有效管理活动的能力，包括决策能力、计划能力、组织能力、协调能力、信息汇集处理能力和财务管理能力。

③ 经营能力。经营能力是指旅行社为实施经营活动所应具备的能力，包括市场开拓能力、创新能力、实践能力、资本运营能力、语言运用能力和创新能力。

④ 学习能力。学习能力是指旅行社的员工为胜任工作岗位的要求和实现个人发展所具备的学习各种知识和技能的能力。学习能力包括严肃的治学态度、严谨的学风和理论联系实际的学习方法。

四、绩效管理

工作绩效管理，通常是对照工作岗位职责说明书和工作任务，对员工的业务能力、工作表现及工作态度等进行评价，并给予量化处理的过程，也称绩效考评。这种评价可以是自我总结式，也可以是他评式的，或者是综合评价。考核结果是决定员工的晋升、奖惩、报酬、培训等的有效依据，它有利于调动员工的积极性和创造性，检查和改进人力资源管理工作。绩效考评并非是一次性的考核行为，而是一个全面、连续的循环过程。它并非只强调事后评价，而是更注重事前计划、事中指导和事后管理。

1. 绩效考评的意义

（1）绩效考评是维持和提高工作效率的手段。

通过对员工的绩效考评，取得良好绩效的员工获得更高的评价，并影响其报酬、晋升和形象，从而受到激励；绩效不理想的员工得到较低层次的评价，也能起到鞭策作用。绩效考评直接影响到员工工作的积极性和工作潜能的发挥，客观、公正和全面的绩效考评，对于员工个体工作效率和旅行社整体效率的提高都有积极的作用。

（2）绩效考评是贯彻按劳分配，建立合理报酬制度的基础。

按劳分配体现在企业人力资源管理中，就是要按照员工的劳动贡献确定其报酬。员工绩效好坏意味着员工工作能力的强弱和对企业贡献的大小，是企业分配制度的基础。工作绩效与报酬制度挂钩，能对员工产生良好的激励作用。

（3）绩效考评是进行人事决策的重要依据。

通过绩效考评，可以了解员工对现任工作的胜任程度，也加深了对员工素质、能力、特点和态度的认识，这就为员工的调动、轮岗、晋升、降职、淘汰等人事决策工作提供了客观、公正的依据，使人事决策科学化，更易为员工所理解和接受。

（4）绩效考评有利于促进员工的事业发展。

绩效考评能使员工强化对工作要求的认识,增强其责任心;能使员工认识到其工作中的成绩和不足,促进今后的工作;能使企业发现和挖掘员工的工作潜力,实现人尽其才;能使企业认识到员工队伍中普遍存在的不足,调整和加强培训工作。这些都能在一定程度上促进员工自身的发展。

2.绩效考评的内容

绩效考评包括员工素质评价和业绩评价两个方面。素质评价涉及评价对象的性格、知识、技术、能力、适应性等方面的情况。而业绩评定一般又包括工作态度评定和工作完成情况的评定。工作态度评定是对员工进行工作时的态度所作的评定,它与工作完成情况的评定相互关联,但二者的评定结果也可能不一致。工作完成情况评定是业绩考评最基本的核心内容,主要涉及以下六个方面的评价:

（1）工作质量。工作质量即工作完成的完美程度,包括是否采用了理想的工作方法和程序,是否达到了预期的工作目标等。

（2）工作数量。工作数量即在特定时间内完成的工作量,可以用货币价值量来表示,也可以用其他单位来表示。

（3）工作效率。工作效率即是否在最短时间内完成要求的任务,实现预定目标;是否达到工作标准中所规定的时限要求,并因此与其他合作者的工作速度相协调。

（4）成本有效性。成本有效性即有效利用人力、资金、技术、材料等组织资源以实现收益最大化的程度,或在使用资源的过程中减少浪费的程度。

（5）监督管理需要。监督管理需要即执行者在任务完成过程中是否需要上级提供帮助,是否要在上级的监督下才能避免产生不期望的工作结果。

（6）对他人的影响。对他人的影响即执行者是否能促使同事产生友善、协作精神、工作满意等正面情绪。

五、旅行社员工的报酬

报酬是激励员工卓有成效地工作、达到企业目标的主要手段。同时,报酬又是企业运作的主要成本之一,因此,旅行社员工的报酬管理是旅行社人力资源管理中最受关注的内容之一。

（一）旅行社确定员工报酬的依据和原则

报酬的实质是企业对员工为企业所做的贡献,包括他们实现的绩效、付出的努力、时间、技能、经验和创造,所付给的相应的回报与答谢。具体包括金钱报酬(工资、奖金和福利)与非金钱奖励(晋升、表扬等)两大部分。

1.旅行社确定报酬制度的依据

（1）绩效考评的结果。

绩效考评是旅行社评价员工工作成绩、奖优罚劣的基本依据。员工的报酬必须与绩效考评的结果挂钩,这是旅行社制定报酬制度的基础。

（2）职位的相对价值。

旅行社应当系统地评定各个职位的相对价值,依照每一职位的工作对旅行社的相对重要性、工作性质、工作经验、特殊技能、旅行职责的风险等,来评定各个职位的排列顺序,并以此作为员工获取报酬的依据。

（3）劳动力市场的供求状况。

在市场经济条件下，劳动力市场的供求状况直接影响着人们对其报酬水平的期望。劳动力市场的供求状况是调节劳动力流向进而调节报酬水平的重要杠杆。

（4）居民生活水平。

旅行社在制定报酬制度的时候，必须考虑居民的生活水平。旅行社把自己的报酬水平确定在什么标准上，与社会居民的收入水平、生活水平之间是什么样的比较关系，这是旅行社管理者在制定报酬制度时应考虑的因素。

（5）旅行社的财务状况。

旅行社的财务状况，直接影响旅行社的报酬水平，特别是影响那些非固定收入的水平，如奖金、福利等。

2. 旅行社制定报酬制度的原则

（1）公平性原则。

公平性是制定报酬制度的首要原则。员工对报酬分配的公平感是影响极大而又十分敏感的因素。强烈的不平感会使员工士气低落、工作消极，使工作突出者的积极性受到打击，造成人际关系紧张、人才外流，妨碍旅行社的稳定与发展。

（2）竞争性原则。

这是指旅行社的报酬标准在社会上和人才市场中要有吸引力，能够吸引和招聘到旅行社所需要的人才。

（3）激励性原则。

报酬制度要贯彻按劳分配、多劳多得的原则，破除平均主义。否则，便只能保护落后、奖懒罚勤，使报酬失去激励作用。报酬制度是由管理层制定的，但应该使大多数员工认可，这样会起到更好的激励作用。

（4）经济性原则。

提高旅行社的报酬水平，固然可以提高其竞争性和激励性，但同时也会导致人力成本的上升。所以，旅行社在制定报酬制度时要充分考虑成本控制因素，在成本许可的范围内制定报酬制度。

（5）合法性原则。

旅行社的报酬制度一定要符合国家的法律、法规和政策，特别要遵守《公司法》、《劳动法》和《妇女权益保护法》。

（6）平衡性原则。

报酬制度的各个方面要平衡，不能只注重直接报酬而忽视非直接报酬，也不能只注重金钱报酬而忽视非金钱奖励。

任务实施

一、旅行社员工招聘

1. 制定招聘计划

（1）职务分析。职务分析是指旅行社人力资源开发部门依据旅行社的总体发展目标和经营管理活动的需要，对旅行社各个岗位的任务、责任、性质及任职人员应具备的条件进行认真的分析研究,并做出明确的规定。

(2)岗位要求。旅行社人力资源开发部门应在职务分析的基础上,用书面形式详细规定每个岗位的工作内容、职责、要求及其特性,并且明确规定各个岗位的操作规程、标准和具体要求。

(3)申请审核。各部门根据本部门业务活动或管理工作的实际需要,依据旅行社的用人计划,向人力资源开发部门提出书面用工申请。审核完毕,决定是否同意进行招聘。

2. 确定招聘方式

招聘方式分为内部招聘和内部招聘两种。

(1)内部招聘。内部招聘指旅行社向企业内部员工通报相关岗位用人信息,接受其他部门或岗位的员工应聘。内部招聘具有员工信息真实、有利于激励员工士气和招聘费用低廉的优点。但是,内部招聘有可能造成旅行社管理队伍"近亲繁殖"的现象。

(2)内部招聘。外部招聘指旅行社向外界发布用工信息,吸引外界人员前来应聘。外部招聘具有选择范围较广,有利于吐故纳新,调整旅行社现有员工结构和提高员工整体素质等优点。但是,外部招聘存在着招聘成本较高、旅行社与应聘对象之间的信息不对称及可能伤害现有员工利益的缺点。

3. 进行招聘活动

(1)挑选员工。

旅行社在挑选员工时可采用履历表挑选和直接挑选两种方式。

① 履历表挑选。旅行社根据需要,要求应聘者提交自己的履历表以及工作意向、个人特长、学历、学位、工作经验和个人照片,并根据其履历表所提供的信息,决定是否录用。为了保证应聘者提供信息的可靠性,旅行社还可以要求应聘者提供以前工作过的单位或就学的学校等单位出具的介绍信和推荐信。

② 直接挑选。旅行社通过笔试、面试以及医学、心理学等综合检查方式,直接对应聘者进行较为深入的考察了解,并以此作为录用的依据。

(2)签订合同。

旅行社在经过挑选并决定录用后,应以书面形式正式通知被聘者。在经过被聘者的认可和接受后,双方依法签订录用合同。

二、旅行社人力资源培训

1. 制订培训计划

旅行社必须对岗位进行检查,以确定完整的、有针对性的培训和发展需求;进行工作分析,确定某一岗位所包含的任务以及完成这些任务所需要的知识、技能;对员工进行初步的考评,以确定员工的不足并明确培训重点。

2. 确定培训目标

培训目标就是培训所要达到的效果。一般来说,培训目标主要是根据任务、要求、技能、知识和态度来确定的。

3. 选择培训种类

一般来说,培训种类有以下几种:

(1)岗前培训。

岗前培训,是提高旅行社员工素质的重要措施。根据国家旅游局提出的在旅游行业中实行先培训后上岗的制度,新员工在进入旅行社之后,应接受岗前培训。岗前培训的课程有旅行社介绍、敬业精神、服务观念、服务意识、操作规范、业务知识、导游知识、外事纪律、旅行社规范、规章制度等。

（2）在职培训。

在职培训,又称岗位培训,是指对具有一定业务知识和操作实践经验的职工进行有组织的集中教育、不脱产或短期脱产的培训。培训的内容基本上贯穿于整个旅行社工作的过程。开展岗位培训能提高现有员工的业务素质,不断提高现有水平。

（3）脱产培训。

脱产培训是指旅行社的员工离开工作岗位到有关院校或培训机构接受比较系统的专业教育。学习的内容包括语言、政策法规、旅行社业务知识、导游知识、管理知识、旅游经济学、旅游心理学、旅游市场学等知识。其特点是学习的知识比较系统、全面,对于文化层次比较低或希望提高自己学历的员工较为适合。

（4）适应性培训。

适应性培训,又称应用性培训或转岗培训,是指旅行社针对一些员工因工作需要,从一个岗位转向另一个岗位,工作内容完全变了,因此对转岗人员进行的培训,要求转岗的员工在短时间内掌握新的工作知识和技能。培训的方法可采用请专家上门讲课,现场观摩等。

（5）专题性培训。

专题性培训指旅行社针对员工在某些知识领域的需求,聘请有关专家或社内工作经验丰富的人员就某一个专题进行培训。培训的内容包括外国语知识、客源国（地区）的相关知识、旅游目的地国家（地区）的相关知识、旅游法律法规知识等。

4. 制定培训流程,进行培训预算

确定培训方式、时间、场地、设备等,并对培训可能发生的费用进行预算。

5. 培训监督与控制

实施培训计划时还应做好培训的监督与控制,确保培训活动顺利进行。

6. 培训效果评估和总结

培训效果评估和总结是培训流程中的最后一个环节。评估结果将直接作用于培训课程的改进和讲师调整等方面。评估从四个方面考察。

（1）反应层。这类评估主要是考核学员对培训讲师的看法,培训内容是否合适等。这是一种浅层评估,通常是通过设计问卷调查表的形式进行。

（2）学习层。这类评估主要是检查学员通过培训,掌握了多少知识和技能,可以通过书面考试或撰写学习心得报告的形式进行检查。

（3）行为层。该层关心的是学员通过培训是否将掌握的知识和技能应用到实际工作中,提高工作绩效。此类评估可以通过绩效考核方式进行。

（4）结果层。这类评估的核心问题是通过培训是否对企业的经营结果产生影响。结果层的评估内容是一个企业组织培训的最终目的,也是培训评估最大的难点。因为对企业经营结果产生影响的不仅仅是培训活动,还有许多其他因素都会影响企业的经营结果。

培训结束应写出培训总结,为制订培训计划提供依据。

三、旅行社员工的绩效管理

旅行社绩效管理基本程序是:

（1）设立绩效目标。

旅行社在设立绩效目标时，应坚持下面的三个原则：

① 导向原则。依据旅行社的总体目标设立部门或个人目标。

② SMART 原则。绩效目标应符合具体性（Specific）、可衡量性（Measurable）、可达到性（Attainable）、相关性（Relevant）、时间性（Time-based）等五项标准。

③ 承诺原则。上下级共同制定目标，并形成承诺。

（2）记录绩效表现。

旅行社应记录工作表现，并尽量做到图表化、例行化和信息化。一方面，记录工作表现可以为绩效管理中的辅导和评估环节提供依据，促进辅导及反馈的例行化，避免主观性和偏见性的绩效评估；另一方面，绩效表现记录本身对旅行社的管理是一种有力的推动。

（3）辅导及反馈。

管理者应通过观察下属的行为，并对其结果进行反馈（表扬和批评），来帮助员工改善业绩。旅行社的管理者需要事先与下属就行为的评判标准进行沟通，并且只是在下属需要的时候，才密切地监督他们。一旦他们能自己履行职责，就应该放手让他们自己管理。

（4）绩效评估与管理。

在绩效管理过程中，评价是一个连续的过程，而绩效评估是过程中依据设定的评估方法和标准进行的正式评价。鉴于绩效结果一般需要较长时间才能体现出来，以及绩效评估等级的敏感性问题，所以，旅行社进行绩效评估的时间间隔应为半年至一年。

小资料

绩效评估的方法

1. 相对标准法

相对标准法是对各项考评项目，在员工中进行相互比较和研究分析而确定的一个相对的评价标准，以此作为员工绩效考评的依据。主要有以下几种方法：

（1）直接排序法。直接排序法即考评人员按绩效表现从好到坏的顺序依次给员工排序，这种绩效表现既可以是整体绩效，也可以是某项特定工作的绩效。这种方法适合于规模较小、人员较少的旅游企业。

（2）交替排序法。交替排序法是指从最好和从最差两个方向不断进行排列，直到所有员工都被列入。

（3）两两比较法。两两比较法是指在某一业绩标准，如在在考察全面表现、工作质量或接受新事物的能力等的基础上，把每一员工都与其他员工相比较来判断谁更好；并记录每一个员工和任何其他员工比较时被认为最好的次数，根据次数的高低给员工排序。

（4）强制分配法。考评人员可以把员工划分为几个等级，每一个等级规定一定人数。例如，把 10% 的员工列为"优秀"，另外 10% 列为"差"，然后再按一定比例把员工分为"较好"、"一般"和"较差"。

2. 绝对标准法

按照绝对标准法，考评人员可以对每位员工做出考评，而不用与其他员工的工作比较。一般说来，我们常用三种方法把绝对标准结合到考评过程中去：

（1）关键事件法。按照这种方法，主管或负责考评的其他管理人员把员工工作中发生的好的及不好的事情记录下来。这些事情经过汇总后就能反映员工的全面表现，根据这些可以对员工进行考评。

（2）打分检查法。由主管和其他熟悉员工工作的人，制定员工各项工作检查表，并根据员工实际工作情况对员工的每项工作进行打分，从分数的高低可以看出该项工作的完成状况。

（3）硬性选择法。员工工作的好坏可以通过许多方面、许多因素反映出来。硬性选择法首先要求考评人员对反映员工工作状况的因素选择一个合理的评价标准。根据这些标准对照员工实际状况，可以对员工的工作做出一个评价。许多旅游企业在考评时就采用这种方法。

3. 目标管理法

考评人员与员工共同讨论并制定出员工在一定考评期内所需要达到的绩效目标，如营业额、利润、竞争地位或企业内人际关系等，同时还要确定实现这些目标的方法及步骤。目标经过贯彻执行后，到规定的考评期末，双方共同对照原定目标来测算实际绩效，找出成绩和不足，然后再制定下一个考评期的绩效目标。作为管理层人员，要为员工制定工作目标，这是关键的环节，但更重要的是要帮助员工找出、制定实现目标的具体措施。

4. 直接指标法

直接指标法是把员工的各项工作和工作表现用数量直接表示出来，如出勤率、顾客投诉次数、接待人数、接待收入等。当员工的工作成果完全量化为指数时，评价孰优孰劣也就有了依据。

（5）反馈面谈。

反馈面谈包括两方面的内容：

① 评估者与被评估者对绩效评估结果进行沟通并达成共识；

② 评估者与被评估者共同分析绩效目标未达成的原因，从而找到改进绩效的方向和措施。

在反馈面谈时，管理者应做好充分的准备，并掌握必要的面谈沟通技能，消除员工在反馈面谈时的心理压力和畏难情绪，避免造成反馈面谈失效甚至产生负面作用的结果。

（6）制订行动计划。

旅行社的管理者应根据反馈面谈达成的改进方向，帮助员工制定绩效改进目标、个人发展目标和相应的行动计划，并落实在下一阶段的绩效目标中。

五、旅行社员工报酬的构成

1. 工资

工资是企业支付给员工的较为稳定的金钱，是报酬系统的一个主要组成部分。目前比较广泛实行的是结构工资制和岗位技能工资制两种工资分配制度。

（1）结构工资制。结构工资制是由若干具有不同功能的工资组合而成的分配制度，主要包括基础工资、职务工资、工龄工资、技术津贴等。

（2）岗位技能工资。岗位技能工资制是以按劳分配为原则、以工资与经济效益挂钩、以岗位工作评估为基础、以岗位技能工资为主体的工资制度。岗位技能工资制由基本工资和辅助工资两部分构成：基本工资包括岗位工资和技能工资；辅助工资则由奖金、津贴和各种补贴构成。

2. 奖金

奖金是对员工超额劳动或表现卓越的报酬。与工资不同,奖金的形式是多种多样的。按照奖励内容可分为单项奖、综合奖;按奖励对象可分为个人奖、集体奖;按奖励时间可分为月度奖、季度奖、年终奖等。不管是什么形式的奖金,都必须以员工所付出的超额劳动为基础,以绩效考评为依据,使之具有明显的针对性、差异性和激励性。

3. 福利

福利是报酬的一种补充形式,它往往不是直接以金钱的形式支付的,也称之为非直接报酬。福利的形式是多种多样的,常见的福利项目有各种保险、带薪假期、职工或子女教育补贴、节日赠品、各种后勤服务。福利通常不以按劳付酬的原则为依据,而是以平均或需要为原则。福利的作用主要是满足员工的安全需要,让员工体验到企业作为一个"大家庭"的温暖,培养员工对企业认同与忠诚。

4. 非金钱奖励

非金钱奖励是一种精神奖励,它可以满足员工自我实现的高层次的需要,也是激励员工努力工作的重要因素之一。非金钱奖励可以分为职业性奖励和社会性奖励两个部分。职业性奖励包括给员工职业安全感、自我发展机会、晋升机会以及改善工作条件等;社会性奖励包括授予员工的荣誉称号、表扬、肯定等。

任务 2　旅行社企业文化构建

任 务 引 入

企业文化是企业在长期生产经营活动中确立的,被企业全体员工普遍认可和共同遵循的价值观念和行为规范的总称。企业文化是企业的灵魂,是保证企业制度与企业经营战略实现的重要思想保障,是企业制度创新与经营战略创新的理念基础,是企业活力的内在源泉,是企业行为规范的内在约束。

任 务 分 析

企业文化是企业的灵魂,是推动企业发展的不竭动力。它这里的价值观不是泛指企业管理中的各种文化现象,而是企业或企业中的员工在从事商品生产与经营中所持有的价值观念。

旅游企业竞争的核心是旅游企业的文化竞争,从外部环境看,先进的旅游企业文化建设需要一个健康、稳定、有序的环境;从旅游企业内部看,先进的旅游企业文化建设主要是实现思想观念和思维方式上的更新,包含着非常丰富的内容,其核心是企业的精神和价值观。

相 关 知 识

一、企业文化的构成要素

(一)旅行社的物质文化

1. 企业环境

企业环境是指旅行社企业文化的外在象征,体现了旅行社企业文化的个性特点。旅行社的企业环境包括：

（1）工作环境。旅行社的工作环境是指为员工提供的工作氛围,体现了旅行社对员工情绪、需求、激励的重视程度;

（2）生活环境。旅行社的生活环境包括旅行社为员工提供的居住、休息、娱乐等生活服务设施和为员工及其子女提供的学习条件。

2. 企业标识

企业标识是旅行社企业文化的可视象征之一,主要包括旅行社的名称、标志等方面的内容,是旅行社企业文化个性化的标识。

（二）企业行为文化

1. 企业目标

企业目标是旅行社以经营目标形式表达的一种企业观念形态的文化。旅行社将企业目标作为一种意念和信号传达给员工,引导他们的行为。

2. 企业制度

企业制度是指旅行社的行为规范,是旅行社正常运转所必不可少的重要因素。旅行社的企业制度的基本功能包括:① 企业价值观的导向;② 实现企业目标的保障;③ 调节企业内人际关系的基本准则;④ 组织企业生产经营、规范企业行为的基本程序和方法;⑤ 企业的基本存在和功能发挥的实际根据。

3. 企业民主

旅行社的企业民主,是旅行社企业文化的一个重要方面,包括员工的民主意识、民主权利、民主义务等一系列参与企业经营管理的措施和活动,其核心是一种"以人为本"的价值观和行为规范。企业民主有利于确定员工的主人翁地位,改善管理者与被管理者之间的关系,提高旅行社在市场竞争中的应变能力。

4. 企业文化活动。

旅行社的企业文化活动包括以下四种类型:(1)文体娱乐性活动;(2)福利性活动;(3)技术性活动;(4)思想性活动。旅行社的企业文化活动具有功能性、开发性和社会性的特点。

5. 企业人际关系

人际关系,是指人们在社会生活中发生的交往关系,体现了双方的互动行为。旅行社的企业人际关系具有两种基本形式:① 纵向关系,即旅行社的管理者与被管理者之间的上下级关系;② 横向关系,即旅行社员工之间的相互关系。

（三）企业精神文化

1. 企业哲学

旅行社的企业哲学,是指旅行社的经营哲学,是对旅行社全部行为的一种根本指导。旅行社企业哲学的根本问题是旅行社的人与物、人与经济规律的关系问题。

2. 企业价值观

旅行社的企业价值观,是指旅行社的管理者及其员工据以判断是非的一种标准,它指导旅行社的管理者及其员工有意识、有目的地选择某种行为去实现物质产品和精神产品的满足。旅行社的企业价值观,是旅行社企业文化的核心,为旅行社的生存与发展提供了基本方向和行动指南。

3. 企业精神

企业精神,是指现代意识与企业个性结合的一种群体意识。现代意识是现代社会意识、市场意识、质量意识、信念意识、效益意识、文明意识、道德意识等汇集而成的一种综合意识。企业个性,则包括了企业的价值观念、发展目标、服务方针和经营特色等基本性质。旅行社的企业精神,是旅行社全体员工长期培育产生并且为他们所认同的一系列群体意识的信念和座右铭,也是旅行社在为谋求生存与发展、实现自身的价值体系和社会责任而从事经营的过程中,所形成的一种人格化的群体心理状态的外化。

4. 企业道德

企业道德,是指旅行社调整内外关系的职业行为规范的总和。它是一种内在的价值观念和企业意识。旅行社的企业道德,是旅行社经营管理理论与实践的一种必然产物,也是旅行社在实践中求生存、求发展的主体性的强烈表现。

二、企业文化的建设

(一)旅行社企业文化的特点

1. 服务性

服务性是旅行社企业文化的一个显著特点。旅行社是以向旅游者提供旅游服务为主要经营业务的服务性企业,其产品是无形的旅游服务。对于旅行社来说,旅游者对其产品的满意程度是评价其产品质量的最终标准,也是旅行社能否在激烈的市场竞争中生存和发展的关键。尽管旅游者的满意度可能受到很多因素的影响,但是,对旅游者满意度影响最大的是旅行社员工的服务意识、服务态度和努力程度。因此,旅行社必须把培养员工的服务意识作为其企业文化建设的中心任务。

2. 文化性

旅行社向旅游者提供具有浓厚的文化气息的特种服务产品,使旅游者获得文化性的享受。许多旅游者的旅游动机带有强烈的文化色彩,希望了解和欣赏旅游目的地的传统文化。旅行社应该加强对员工的培养,使其对本国文化有深入的了解,以满足旅游者的文化需求。另外,旅行社的员工还应努力学习和熟悉有关客源国或地区的文化背景和价值观,以便提供具有针对性的服务。因此,旅行社应该将提高员工的文化素养和培养员工的文化意识作为企业文化建设的一项重要内容。

3. 协调性

旅行社的产品具有高度的综合性,涉及旅游者旅游过程中行、住、食、游、购、娱等方面。其中许多服务是旅行社自身所不能提供的,需要通过旅游服务的采购来满足其产品组合的需要。其中任何一个环节的服务质量,都会直接影响旅行社最终产品的质量和旅行社的形象。这就要求旅行社的各级管理人员和全体员工具有强烈的协作意识,以确保各个环节的服务质量和整个服务过程的顺利完成。

4. 经营性

经营意识是每个企业都需要培养和树立的基本意识,对旅行社这样的企业尤其重要。旅行社业务的特点决定了旅行社经常面临市场供求关系不断波动和激烈市场竞争的强大压力,经营难度很大。为了保证生存与发展,旅行社需要在全体员工中树立明确的市场导向观念、市场竞争观念和经济核算意识,即要求全体员工具有强烈的经营意识。

（二）旅行社企业文化建设的作用

1. 观念转变

旅行社进行企业文化建设，有利于帮助旅行社员工转变价值观念。一方面，旅行社应鼓励员工继承和弘扬优秀文化传统，积极主动地为旅游者提供优质服务。另一方面，旅行社应引导员工摒弃错误或落后的价值观念，努力学习国外先进的管理思想和经营方法，自觉地按经济规律办事为实现企业的目标而努力。

2. 完善制度

旅行社通过企业文化建设，鼓励员工参与制定和修订企业的各项制度，从而实现企业制度的完善与落实，并保证企业的正常运转。

3. 群体识别

企业文化建设有助于旅行社的群体识别，使其与竞争对手之间出现明显的区别。这种群体识别能够帮助旅游者比较容易地在众多的旅行社中间进行选择，并成为本旅行社的忠诚顾客。

4. 激励员工

旅行社实行企业文化建设，能够充分调动旅行社员工的积极性与创造性，以激励他们为企业的生存与发展做出自己最大的努力，创造出更多更好的企业成果。旅行社企业文化建设不仅要用先进的观念去鼓励员工，而且还应用生动活泼、丰富多彩的企业文化对他们加以熏陶，激励员工为企业的生存与发展做出自己最大的努力。

5. 增强凝聚力

旅行社通过企业文化建设，可以使员工产生对本职工作的自豪感和使命感，对本企业的认同感和归属感，因而将自己的思想、目标、行为融合到企业中，从而产生强大的凝聚力。

6. 增加辐射力

旅行社企业文化作为一个系统，不仅在企业内部产生影响，而且还要与外部环境进行交流，要受到外部环境的影响，并相应对外部环境产生反作用。旅行社员工在与社会各方面交往中，会反映出自身的价值观念和文化特点，旅行社产品的销售、服务也会反映出该旅行社的文化内涵。旅行社企业文化的这种社会影响，能够加深社会对旅行社的精神、理念和作用的理解。

7. 加强约束力

旅行社的企业文化是一种软约束，能够对全体成员的行为形成一种无形的群体压力。这种压力包括舆论的压力、理智的压力和情感的压力。企业文化带来的这种无形的、非正式的和不成文的行为准则，使员工们能够按照价值观的指导进行自我管理和控制，从而弥补了规章制度产生的硬约束所造成的不足和偏颇。

任 务 实 施

建立旅行社企业文化有以下的途径：

（一）选择价值标准

由于企业价值观是整个组织文化的核心和灵魂，因此，选择正确的企业价值观是塑造企业文化的首要战略问题。选择企业价值观有两个前提：

一是立足于本企业的具体特点，选择适合自身发展的企业文化模式，否则就不会得到广大员工和社会公众的认同和理解。

二是把握住企业价值观与企业文化要素之间的相互协调,因为各要素只有经过科学的组合与匹配才能实现系统整体优化。

(二) 强化员工认同

选择和确立企业价值观和企业文化模式以后,就应把基本认可的方案通过一定的强化灌输方法使其深入人心,具体包括以下做法:

1. 宣传与推广

充分利用一切宣传工具和手段,大力宣传企业文化的内容和要求,使之深入人心,以创造浓厚的环境氛围。

2. 树立典型榜样

典型榜样是企业精神和企业文化的人格化身与形象缩影,能够以其特有的感染力、影响力和号召力为企业成员提供可以仿效的具体榜样,而企业成员也正是从典型榜样的精神风貌、价值追求、工作态度和言行表现之中深刻理解到企业文化的实质和意义。

3. 培训和教育

有目的的培训和教育,能够使企业成员系统地接受和强化认同企业所倡导的企业精神和企业文化。

(三) 提炼定格

1. 精心分析

在经过群众性的初步认同实践之后,应将反馈回来的意见加以剖析和评价,详细分析和比较实践结果与规划方案的差距,必要时可吸收有关专家和员工的合理化意见。

2. 全面归纳

在系统分析的基础上,进行综合的整理、归纳、总结和反思,采取去粗取精、由此及彼、由表及里的方式,删除那些落后的、不被员工所认可的内容和形式,保留那些进步的、卓有成效的、为广大员工所接受的形式与内容。

3. 精练定格

把经过科学论证和实践检验的企业精神、企业价值观、企业文化予以条理化、完善化、格式化,并加以必要的理论加工和文字处理,用精练的语言表达出来。

(四) 巩固落实

1. 必要的制度保障

在企业文化演变为全体员工的习惯行为之前,要使每一位成员都能自觉主动地按照企业文化和企业精神的标准去行事是几乎不可能的。即使在企业文化已成熟的企业中,个别成员背离企业宗旨的行为也是经常发生的。因此,建立某种奖优罚劣的规章制度还是有一定的必要的。

2. 领导的表率作用

领导的表率作用在塑造企业文化的过程中起着决定性的作用,领导者本人的模范行为就是一种无声的号召和导向,对广大员工会产生强大的示范效应。所以任何一个企业如果没有企业领导者的以身作则,要想培育和巩固优秀的企业文化都是非常困难的。

(五) 不断发展

任何一种企业文化都是特定历史的产物,当企业的内外条件发生变化时,不失时机地调整、更新、丰富和发展企业文化的内容和形式总会经常被摆上议事日程。这既是一个不断淘汰旧文化特质和不断生成新文化特质的过程,也是一个认识与实践不断深化的过程,企业文化由此经过不断更新而更具有生命力。

案例分析

【案例1】

人才流动与旅行社经营绩效

1995年7~8月期间,中国青年旅行社总社欧美部的10余名业务骨干,未经批准及办理相关手续,便集体跳槽加入中国旅行社总社,并将其在工作中使用、保管的大部分"青旅"客户档案带走。与此同时,"中旅"用这些人组建了"中旅"欧美二部,致使"青旅"的国外客户在一周的时间内纷纷以种种理由取消了原订8月至12月的旅游团队151个,占原订团队总数的三分之二。此举使"青旅"减少计划收入2 000多万元,并损失经营利润300多万元。1996年,继青旅和中旅产生纠纷以后,又相继发生了中国远洋国际旅行社人员跳到中国民间国际旅行社、中国国旅人员跳到中青旅的事件。

案例讨论:

1. 你认为导致旅行社员工集体跳槽的原因可能有哪些?
2. 你认为旅行社今后应如何避免类似事件的发生?

【案例2】

罗森柏斯旅行社的企业文化

美国罗森柏斯旅行管理公司的企业文化由表层、里层、深层三部分组成。

1. 大马哈鱼——罗森企业文化的表层部分

大马哈鱼的特点是逆流而上,不跟随潮流,不跟在别人后面亦步亦趋。罗森以吉祥物鼓励员工在创新中不要怕犯错误,而要善于从错误中学习,不犯同样的错误;鼓励员工不能仅停留在为顾客服务的层次,要事事为客人提前设想,主动去了解每位客人的需要。

2. 顾客第二——罗森公司的制度文化

企业文化的里层是制度文化,即企业文化的领导体制、组织结构、规章制度等反映出来的指导思想。罗森的制度文化其基本思想是:仅仅强调为顾客服务是不够的,因为没有幸福的员工,就很难有快乐的顾客;只有当公司将员工置于首位,员工才会将顾客置于首位。

罗森的制度文化包括以下政策:

(1)严厉的爱。

罗森一旦发现所雇佣的员工不称职,就尽快解雇,认为不解雇是对顾客以及其他员工的不负责任。罗森认为,我们不可能培训人们怎样心地善良,但我们可以选择心地善良的人。罗森把人品放在一个很重要的位置上。

(2)门户开放政策。

当员工与上级主管再三商量主管听不进时,员工可直接找主管的上一级,并且每一名员工都可以直接开门找总经理。

(3)注重团队精神、团队荣誉。

"罗森分布在世界各地的员工们都有集体主义精神,彼此配合默契,工作协调,像在一个大家庭里工作,环境充满乐趣……"罗森强调每一位员工都重视团体荣誉,敬业、爱业,绝不可以以一己不当行为而使集体受损。

"我们对员工今天的投资就是对企业未来的投资。"罗森十分注重对员工的培训、对员工素质的提高。比如,每一位新员工都要到费城总部接受为期3天的培训,接受企业的哲学、价值观以及服务思想。3天中有一项安排,老板亲自为新员工倒下午茶,使员工感到自己是主人翁且首先从老板那里学到了敬业、服务的精神。罗森对员工的重视使得罗森在旅游业员工流动率平均高达50%的情况下,除第一年外,其他年份都只有6%。"正因为我们强调要使员工生活在一个满意的、促人积极上进的环境里;反过来,他们也同样时时为客户着想。"

3. 领先群体,不断超越自我——罗森文化的深层部分

企业文化的核心是深层文化。深层是指沉淀于心灵的意识形态,即精神文化,它包括理想信念、价值取向、经营哲学、行为准则等,是企业的灵魂,支配着企业及其员工的行为取向。

罗森的精神文化是求新、求变、求精,创造需求,永远保持领先。

罗森创造需求的含义是一直走在市场前列的。罗森认为,麦当劳进入中国之前,吃汉堡包的人寥寥无几;而麦当劳进入中国后,有很多人在吃汉堡包。所以需求有时候也是可以创造出来的。麦当劳的成功经验是引入当地缺乏的制度、管理、品质控制,再掺入当地特色。罗森也本着这种精神,在罗森成立的100多年里,依靠员工的创造力,把变化看作机遇,先后开发出几十种产品和服务项目,使罗森一直是旅游界有创建的带头人。而每一种创新,都代表着旅游产业的新思路,都使客户从这些成果中受益并改写着"旅游管理"这个名词的涵义。罗森管理的独到之处是"优秀服务,公司素质,技术水平,客户至上,全球实力"。

案例讨论:

1. 请概述罗森企业文化的要点。

2. 罗森企业文化对我国旅行社企业文化建设有什么启示?

【案例3】

如何制定培训规划?

A公司一些新来的会计遇到了一些技术问题,于是公司请某校财务系张教授开发了一门培训课程。该课程设计良好,而且完全适合该公司近三分之一需要在这方面提高技能的财务人员,公司总经理决定,让财务部所有人参加这次培训,但是培训主管却反对这一决定,他说:"即使是简单的培训也需要详尽的规划。"

在听完培训主管的详细陈述后,总经理邀请培训主管尽快制定公司的培训规划。

请问:如果你是A公司的培训主管,如何制定培训规划?

小贴士

国外管理方法举荐

"抽屉式"管理

在现代管理中,它也叫做"职务分析",是一种通俗形象的管理术语。它形容在每个管理人员办公桌的抽屉里,都有一个明确的职务工作规范,在管理工作中,既不能有职无权,也不能有责无权,更不能有权无责,必须职、责、权、利相互结合。

企业进行"抽屉式"管理有如下五个步骤：

第一步,建立一个由企业各个部门组成的职务分析小组;

第二步,正确处理企业内部集权与分权关系;

第三步,围绕企业的总体目标,层层分解、逐级落实职责权限范围;

第四步,编写"职务说明"、"职务规格",制定出对每个职务工作的要求准则;

第五步,必须考虑到考核制度与奖惩制度相结合。

"危机式"管理

"危机式"管理是要全体员工有危机感,如果企业不把产品质量、生产成本及用户时刻放在突出位置,企业的末日就会来临。在世界著名大企业中如柯达、可口可乐、杜邦、福特等美国企业较为重视推行"危机式"生产管理,掀起了一股"末日管理"的浪潮。

美国企业界认为,如果一位经营者不能很好地与员工沟通,不能向他的员工们表明危机确实存在,那么他很快就会失去信誉,因而也会失去效率和效益。

"一分钟"管理

"一分钟"管理主要包括一分钟目标、一分钟赞美、一分钟惩罚。

一分钟目标,就是企业中的每个人都将自己的主要目标和职责明确地记在一张纸上。每一个目标及其检验标准,应该在 250 个字内表达清楚,一个人在一分钟内能读完。这样便于每个人明确认识自己为何而干、如何去干,并且据此定期检查自己的工作。

一分钟赞美,就是人力资源激励。具体做法是企业的经理经常花费不长的时间,在职员所做的事情中,挑出正确的部分加以赞美。这样可以促使每位职员明确自己所做的事情,更加努力地工作,使自己的行为不断向完美的方向发展。

一分钟惩罚,是指某件事应该做好,但却没有做好,对有关的人员首先进行及时批评,指出其错误,然后提醒他,你是如何器重他,不满的是他此时此地的工作。这样,可使做错事的人乐于接受批评,感到愧疚,并注意避免同样错误的发生。

"一分钟"管理法则妙就妙在它大大缩短了管理过程,有立竿见影之效果。一分钟目标,便于每个员工明确自己的工作职责,努力实现自己的工作目标;一分钟赞美可使每个职员更加努力地工作,使自己的行为趋向完善;一分钟惩罚可使做错事的人乐意接受批评,促使他今后工作更加认真。

"破格式"管理

在企业诸多管理中,最终都通过对人事的管理达到变革创新的目的。因此,世界发达企业都根据企业内部竞争形势的变化,积极实行人事管理制度变革,以激发员工的创造性。

在日本和韩国企业里,过去一直采用以工作年限作为晋升职员级别和提高工资标准的"年功制度"。90 年代初起,日本、韩国发达企业着手改革人事制度,大力推行根据工作能力和成果决定升降员工职务的"破格式"的新人事制度,收到了明显成效。世界大企业人事制度的变革,集中反映出对人的潜力的充分挖掘,以搞活人事制度来搞活企业组织结构,注意培养和形成企业内部的"强人"机制,形成竞争、奋发、进取、开拓的新气象。

"和拢式"管理

"和拢"表示管理必须强调个人和整体的配合,创造整体和个体的高度和谐。在管理中,欧美企业主要强调个人奋斗,促使不同的管理相互融洽借鉴。

它的具体特点是：

（1）既有整体性，又有个体性。企业每个成员对公司产生使命感，"我就是公司"是"和拢式"管理中的一句响亮口号。

（2）自我组织性。放手让下属做决策，自己管理自己。

（3）波动性。现代管理必须实行灵活经营战略，在波动中产生进步和革新。

（4）相辅相成。要促使不同的看法、做法相互补充交流，使一种情况下的缺点变成另一种情况下的优点。

（5）个体分散与整体协调性。一个组织中单位、小组、个人都是整体中的个体，个体都有分散性、独创性，通过协调形成整体的形象。

（6）韵律性。企业与个人之间达成一种融洽和谐充满活力的气氛，激发人们的内驱力和自豪感。

"走动式"管理

"走动式"管理是世界上流行的一种创新管理方式，它主要是指企业主管体察民意，了解实情，与部属打成一片，共创业绩。这种管理风格，已显示出其优越性，如：

（1）主管动部属也跟着动。日本经济团体联合会名誉会长土光敏夫采用"身先士卒"的做法，一举成为日本享有盛名的企业家，在他接管日本东芝电器公司前，东芝已不再享有"电器业摇篮"的美称，生产每况愈下。土光敏夫上任后，每天巡视工厂，遍访了东芝设在日本的工厂和企业，与员工一起吃饭，闲话家常。清晨，他总比别人早到半个钟头，站在厂门口，向工人问好，率先示范。员工受此气氛的感染，促进了相互间的沟通，士气大振。不久，东芝的生产恢复正常，并有很大发展。

（2）投资小，收益大。走动管理并不需要太多的资金和技术，就可能提高企业的生产力。

（3）看得见的管理。就是说最高主管能够到达生产第一线，与工人见面、交谈，希望员工能够对他提意见，能够认识他，甚至与他争辩是非。

（4）现场管理。日本为何有世界上第一流的生产力呢？有人认为是建立在追根究底的现场管理上。主管每天马不停蹄地到现场走动，部属也只好舍命陪君子了！

（5）"得人心者昌"。优秀的企业领导要常到职位比他低几层的员工中去体察民意，了解实情，多听一些"不对"，而不是只听"好"的。不仅要关心员工的工作，叫得出他们的名字，而且关心他们的衣食住行。这样，员工觉得主管重视他们，工作自然十分卖力。一个企业有了员工的支持和努力，自然就会昌盛。

项目实训

1. 走访、调查本地至少两家旅行社的奖惩制度，写出分析报告。
2. 为旅行社作一份主题培训的培训计划。
3. 调查本地旅行社的员工收入状况，并写出分析报告。
4. 调查本地旅行社的文化建设状况，并写出案例分析。

复习思考题

1. 旅行社人力资源管理的内容与任务是什么?
2. 绩效考评的内容主要有哪些?
3. 旅行社企业文化的构成要素有哪些?
4. 你认为应当采取怎样的措施,才能招聘来并留住那些高级的专业技术人员和管理人员?

项目八
旅行社网络运营

项目摘要

本项目旨在使学生以积极的心态正确认知旅行社电子商务,掌握旅行社电子商务系统中的技术应用常识,重点掌握旅行社网络运营实务的各项技能,从而让学生能够在以同程网为代表的旅游电子商务网站注册、营销、运营。

任务1 认知旅行社电子商务

任务引入

目前许多网站的在线咨询表明,中国的旅行社正以越来越大的兴趣关注和进入电子商务领域。全国百强国际旅行社中的中国旅行社总社有限公司、中国国际旅行社总社有限公司、中国康辉旅行社集团有限责任公司、中青旅控股股份有限公司、上海锦江国际旅游股份有限公司、港中旅国际旅行社有限公司、重庆海外旅业(旅行社)集团有限公司、北京神舟国际旅行社集团有限公司、广东省中国旅行社股份有限公司、广州广之旅国际旅行社股份有限公司,分别登录这些旅行社的官方网站,查询他们是如何进行各种模式的电子商务的。

任务分析

许多旅行社已经登上中国旅游电子商务舞台,并扮演越来越重要的角色。不少旅行社已经充分认识到电子商务带来的机遇与挑战,准备为之一搏。近年来我们已经发现,旅行社正在或已经成为中国旅游电子商务应用与发展的主角。要想清晰地解构知名旅行社的电子商务发展之路,学习下面知识大有裨益。

相关知识

一、旅行社电子商务的含义

"旅行社电子商务"含义主要包括以下几个方面:
——旅行社内部电子商务;
——旅行社对旅游企业电子商务,或旅行社间电子商务,即 B2B 模式的电子商务;
——以旅行社为主面向旅游消费者的电子商务,即 B2C 模式的电子商务;

——在特定条件下,也包括网络服务商、提供电子商务技术支持的 IT 厂商、提供支付支持的金融机构、电子商务顾问咨询机构以及相关政府部门为旅行社提供的电子商务服务。

二、发展旅行社电子商务的指导原则

与美国等发达国家相比,中国旅游电子商务有其特殊的国情与商情,在体制、法律、支付、信息化基础、收入水平和文化等方面均存在着相当的差异和不足。这已经为近年来中国旅游电子商务应用与发展的实践所证实。中国的旅游电子商务业者所面对的是一个与美国等发达国家相当不同的应用与发展环境,必须认真分析、重新思考,处理好各种关系,确立适合中国国情、商情的发展旅行社电子商务的指导原则,不能照抄照搬美国等发达国家的做法了事。

鉴于目前中国国情与商情,现阶段旅行社电子商务的应用与发展主要应当遵循以下指导性原则:

(一)确立"商务为本"思想

中国旅行社电子商务界要确立"商务为本"的思想,以商务为主,以技术为辅,将电子商务技术作为实现业务目标的手段。网络服务商和提供电子商务技术支持的 IT 厂商在努力推广电子商务技术的同时,要尊重旅行社的商务选择和利益判断,避免过度技术化的倾向,避免因追求表面的商务"电子化"而忽略了商务活动本身的需求;要认真研究旅行社的商务需求,以此确立技术方案和服务方式。

(二)加速企业信息化建设

旅行社电子商务建设和功能的充分实现,离不开旅行社内部的信息化建设。目前中国旅行社普遍存在着信息化基础落后的现状,与网络和电子商务技术的现代化形成了巨大反差,已经不适应甚至阻碍了中国旅行社电子商务的应用与发展。应当从人员(特别是中高层管理人员)培训、技术建设、管理配套等多个方面加速企业信息化基础建设进程。

(三)适应与创新相结合

首先是"适应",即电子商务技术方案要充分适应我国旅行社目前水平下的商务需求。为此,必须结合旅行社商务需求和技术手段两个方面,做好旅行社电子商务总体规划,确定切实可行的商务模式,设计和开发实用、有效的技术解决方案,在现有条件下最大限度地推动旅行社管理水平和经营效益显著提高。

然后是"创新",即在旅行社经营管理和信息化水平显著提高的情况下,着眼于未来发展的需求,进一步提高旅行社的市场竞争力,充分发挥电子商务特点和优势,推出创新的旅行社电子商务体系。

(四)建立以大型旅行社为核心的电子商务体系

大型旅行社具有对上下游供应商和经销商等中小旅行社的巨大吸引力。国内不少著名大型旅行社拥有上百家旅游供应商和旅游经销商,彼此之间以该大型旅行社为核心组成了庞大的供应链体系。因此,以大型旅行社为核心,按照供应链关系建立旅行社电子商务体系,并带动中小旅行社电子商务应用与发展,是中国旅行社电子商务应用与发展的重要途径。

(五)提倡"大电子商务"观

电子商务不仅是"电子"技术,也不仅是"商务"活动,电子商务更是:

1. 包括 IT、商务、金融、物流、法律、信用等多个领域的大系统；

2. 包括政府、旅行社、旅游消费者、网络服务商等多个参与者的社会工程；

3. 包括旅行社内部电子商务、旅行社间电子商务(B2B)、旅行社对旅游消费者电子商务(B2C)、旅游消费者对旅行社电子商务(C2B)、旅游消费者对旅游消费者电子商务(C2C)、政府对旅行社电子商务(G2B)等多种模式的复合体系。

因此，无论在旅游电子商务界扮演什么角色，不论身处何种领域，都应眼界广阔、系统思维，共同发展与合作，以开放性的网络精神进入网络和旅游电子商务时代。

三、中国旅行社行业电子商务系统建设步骤

旅行社电子商务系统是旅游商务与技术结合的产物，所以在旅行社电子商务应用的全过程中，都必须充分兼顾旅游商务和技术这两个方面的因素，以科学、合理的程序展开系统设计、建设和应用工作。如果按阶段划分，要实现旅行社电子商务应用，旅行社电子商务系统建设大致需要经过旅游商务分析、规划设计、建设变革和整合运行四个阶段。

（一）商务分析阶段

这是实现旅行社电子商务应用计划的第一步。这一阶段的工作主要是进行充分的旅游商务分析，主要包括：

1. 需求分析，包括对旅行社自身需求、旅游市场需求以及客户需求等方面的分析。

2. 市场分析，包括旅游市场环境、客户分析、供求分析和竞争分析等。

3. 此外，对于旅行社电子商务系统，还要对旅行社自身状况进行分析，包括对旅行社组织机构、管理、业务流程、资源、未来发展等的分析。

（二）规划设计阶段

在完成上述旅游商务分析的基础上，在掌握电子商务最新技术进展的情况下，充分结合旅游商务和技术两方面因素，提出旅行社电子商务系统的总体规划，明确旅行社电子商务系统的系统角色，构建旅行社电子商务系统的总体格局，确定旅行社电子商务系统的商务模式，以及与旅游商务模式密切相关的网上品牌、网上商品、服务支持和营销策略四个要素。

旅行社电子商务系统设计工作可以由此展开，从子系统、前台、后台、技术支持、系统流程、人员设置等各个方面全面构架旅行社电子商务系统。此阶段工作完成的好坏，将直接关系到后续旅行社电子商务系统建设和将来旅行社电子商务系统运行和应用的成功与否。

（三）建设变革阶段

这个阶段工作分为两条线：

一条线是按照旅行社电子商务系统设计，全面调整、变革传统的组织、管理和业务流程，以适应旅行社电子商务运作方式的要求。

另一条线是按照旅行社电子商务系统设计，全面进行计算机软、硬件配置、网络平台建设和电子商务系统集成，完成旅行社电子商务系统技术支持体系的建设，从技术上保障旅行社电子商务系统的正常运作。

（四）整合运行阶段

上述建设变革阶段完成后，就可以将经过变革的组织、管理和业务流程，与已经建好的电子商务技术平台整合起来，进行旅行社电子商务系统的试运行。再经过必要的调整、改进以后，就可以开始实现旅行社电子商务的应用。

当然,旅行社电子商务系统的建设不是件一旦建成就可以一劳永逸的事情,它需要在系统应用的过程中,根据旅游商务和技术两个方面的变化,不断创新、改进、完善,确保和提高旅行社电子商务系统的竞争力。

四、旅行社行电子商务系统中的技术应用

在旅行社电子商务系统的建设中,计算机与网络技术的正确应用是一个非常重要的环节。因此,在软硬件和网络方案的选择上要多加注意,选择适合本旅行社的技术产品。

(一)选择服务器与客户机

1. 服务器

服务器是在网络环境下提供网上客户机共享资源(包括查询、存储、计算等)的设备,具有较高的性能、可靠性高、吞吐能力强、内存容量大、联网功能强、人机界面友好等特点,是网络系统的主设备。选择服务器应着重在安全性、开放性、性价比、可扩展性等几个方面考虑。目前比较流行的服务器品牌有 IBM、DELL、COMPAQ、HP 等。

2. 客户机

在计算机系统中,客户机的重要功能是向使用者提供界面,从而能与服务器建立连接,从服务器提取所需的信息。历史上采用过多种客户机,现在多数是选择 PC 机,也有使用 Mac 机的。

(二)选择数据备份方案

网络不仅简化和加快了信息的大规模传递,同时也简化和加快了信息的大规模毁灭。电子商务系统更是如此。因此,在电子商务系统中要有很好的数据备份技术和设备。

(三)选择操作系统

电子商务是在网络中得以实现的,故而要选择适合网络运行的操作系统。目前,能够胜任电子商务服务器要求的网络操作系统主要有 Unix 操作系统及类 Unix 操作系统(比较传统、功能不够强大)、Microsoft 公司的 Windows NT 和 Windows 2000 操作系统(功能全面、技术支持好,但价格昂贵)、Novell 公司的 Netware 操作系统(性价比相对适中)和近来兴起的 Linux 操作系统(价格很低,但技术还不成熟)。

(四)选择数据库系统

对于具有大量信息的网站来说,数据库是存储信息的仓库,数据库的组织结构直接关系到数据操作的速度。数据库的选择在电子商务系统建设中是一件非常重要的工作。选择数据库系统时应考虑易用性、分布性、并发性、数据完整性、可移植性、安全性和容错性等原则。

关系数据库是一种功能完善、运行可靠的数据库系统,大多数商业应用都依赖于这些系统。目前最常用的几种关系数据库是 IBM 公司的 DB2 Universal Database 5.0 版本、Sybase 公司的 Adaptive Server Enterprise 11.5 版本、Microsoft 公司的 SQL Server Enterprise 6.5 版本以及 Oracle 公司的 Oracle7 Server Database 7.3 版等。

(五)架构网络平台

网络是电子商务的基础,网络平台建设是旅行社电子商务系统建设的重要任务。任何旅行社要想进入电子商务领域,都必须建设其从事电子商务的工作平台——网络化它的内部和外部工作平台。内部网络平台即旅行社内部网(Intranet),外部网络平台主要是指怎样连接因特网(Internet),这两个方面的建设将直接决定旅行社电子商务系统的成功

与否。

电子商务系统的网络平台建设的重要工作是确定网络结构,主要考虑确定网络结构和选择网络设备(含连接设备)等问题。

(六)选择接入服务商

选择因特网服务提供商(ISP)时,主要应考虑其出口带宽、接入用户数量、所提供的服务种类、技术支持能力、收费水平等。目前国内较著名的 ISP 有中国网通、中国电信等。

(七)选择网站页面的技术形式

网页是用超文本标记语言(HTML)编写的。HTML 是构成网页的最基本元素,已经成为一种广泛接受的格式,通过使用"标记"在 Internet 上创建和查看信息。"标记"可以使 Internet Explorer 等浏览器显示文本、图片、声音、链接和程序等内容。另外,通过在 HTML 中嵌套一些脚本语言,还可以使简单的 HTML 页面产生交互功能。

在现阶段,较为流行的动态页面有 ASP、JSP 和 CFML 等。

1. ASP 是 Active Server Pages 的简称,它是一种在 Microsoft 公司的 Web 服务器 IIS(Internet Information Server)上开发交互网页的新技术。

2. JSP(Java Server Pages)是由 Sun Microsystems 公司倡导并由许多公司参与建立的一种动态网页技术标准,它在动态网页的建设中有着强大而特别的功能。

3. CFML(ColdFusion Markup Language),ColdFusion 是建立交互式站点的一个快速而强大的开发工具。利用 ColdFusion,可以用最快的速度将服务器、浏览器和数据库技术集成,建立强大的 Web 应用程序,而且,它不需要传统的编程语言,用户只需将标注的 HTML 语言与 CFML 语言结合使用即可。

五、中国旅行社行业电子商务发展策略

现在,我国许多旅行社已初步建立起了自己的电子商务网站。虽然,在内容和功能上还有待提高和改进,但是,这毕竟是迈出了关键的一步。因此,需要及时指定出今后的发展策略,为我国旅行社的电子商务网站向更好的方向发展提供指导。

(一)旅行社是发展的主要力量

在应用电子商务方面,最终受益者是旅行社,所以旅行社应该在电子商务中发挥主要推动作用。我国旅行社行业要充分认识到开展电子商务的优势。对旅行社而言,电子商务的最大魅力所在主要体现于提高效率上,具体地说,主要是在信息资源、市场效果、采购成本三个方面。因此,旅行社行业的经营观念要逐步转变,充分利用电子商务来经营。

(二)利用网络公司扩大知名度、创立全新品牌形象

网络公司大都具有现成的专门服务器,所提供的信息十分丰富,在网络上影响力大,在网上信息浩如烟海的情况下,人们一般都对有影响力的网络公司趋之若鹜,故相对于旅行社自己的网站而言,网络公司的信息更容易被消费者所获取。从这一点看,利用网络公司做宣传和营销渠道,对提高对消费者的影响力、树立旅行社在旅游电子商务领域的品牌形象,都有着重大的现实意义。

(三)设立全面的旅游预订和销售网络

各旅行社要抓住商机,以多种方式建立专门旅游预订和销售网络。在这一方面,国内旅社做得比较突出的有春秋国旅的预订网络,其不但可以实现预订,还能够利用计算机内部网络传输,实现企业的集团化管理。其他如招商国旅、邮电国旅等旅行社的预订系统也相对比较成功。因此,各旅行社要积极学习和借鉴兄弟旅行社的经验,并结合自身特点和周边环境,开发出适合自己的先进、高效的旅游预订和销售系统。

(四)与商业银行积极配合

在发展电子商务的过程中,银行的参与是关键,可以说,银行是实现网上结算的保障。旅行社建立的网上销售系统最终都要与商业银行的网络相连接,将消费者在旅行社网站上即时支付的费用通过银行网络实现转账。旅行社在与各地旅行商或消费者进行网上销售时,银行在整个交易过程中发挥着信用担保和中介结算等重要作用。另外,大型银行一般都具有四通八达的网络,特别是国际上大银行的网络在世界范围内可以说无孔不入,银行参与旅行社电子商务的同时,其网络也成为一种优势,有利于旅行社的网上宣传与销售。

综上所述,旅行社、网络公司、商业银行等几方面的有机结合将构成旅游电子商务市场的运作模式。在这个运作模式中,是以旅行社为基础和主体,以网络公司为条件和架构,以银行为保障和手段。

任 务 实 施

通过登录全国百强国际旅行社中的中国旅行社总社有限公司、中国国际旅行社总社有限公司、中青旅控股股份有限公司,我们会发现三家旅行社在电子商务之路上各有建树。

中青旅控股股份有限公司是我国最早开展在线预订的旅行社之一,电子商务运营模式相对比较成熟:

中国国际旅行社总社有限公司以"国旅在线"为网络平台实施网络营销:

中国旅行社总社有限公司以"e点通"为网络查询口，进行旅行社产品预订和营销业务：

任务 2 旅行社网络运营实务

任务引入

越来越多的旅行社开始利用网络寻找新的合作伙伴，开辟新的市场，进行无纸化的远程数据交换和业务交易，本任务要求利用网上电子商务平台（如同程旅游网 www.17u.net）进行旅行社间的网络营销、信息交流、业务推广、接洽确认、网站优化、单据传递等业务操作。

要实现旅行社间的 B2B 电子商务,必须寻找一个在业内知名度相对较高的网站作为各方交易的中介平台,利用此平台实现旅行社间的网上运营,为此应首先学习以下相关知识。

一、旅行社网络营销策略及旅游网站推广原则

(一)首先企业注册搜索引擎

在搜索引擎站点上进行网站注册一直都是网站推广最重要的活动。它可以提高被访问的机会,网站注册后,旅游者就能知道我们的网站,并有可能访问其站点,网站被访问的机会就会增大;还可以扩大网站的影响力,通过在搜索引擎上注册,让更多的人了解网站,迅速增加网站访问量,扩大网站影响力;还能拓展旅行社的业务覆盖范围。

在注册的时候尤其要注意:

1. 不要过早地进行站点注册;
2. 要主动在搜索引擎进行注册;
3. 确定需要注册的搜索引擎站点;
4. 通过调整关键词使页面的级别最小化;
5. 建议使用商业化的网站注册服务;
6. 重视在专业化搜索引擎站点进行注册;
7. 将"冲浪者"的利益作为站点注册考虑的首要因素。

(二)充分利用网络营销方式

建立相关网站如酒店方面的网站、交通服务方面的网站等到旅行社主页的链接,是站点推广的一个重要部分,是建立品牌合作的主要方式。网站链接能够有更稳定、更长久的影响力。同时,传统媒体的宣传能够扩大旅行社网站的知名度,增加网站的曝光率。网站推广使用促销工具一般以在线的方式进行,促销具有信息沟通、刺激和诱导的作用。

(三)在线公关的合理运用

公共关系的特点是:具有高可信度;可以让对推广促销存有戒心者放弃抵触情绪;可以让信息沟通具有戏剧性,成为公司或网站戏剧化的潜在力量。旅行社可以采用网上新闻发布会的形式,或者举办形式多样的活动,赞助和慈善捐赠以及网上活动测试等方式。这样既打响了旅行社的知名度,又使旅行社的形象得到很大的提高。

(四)推广策略

多样化的传播方式,可以形成一个综合性计划,使得旅行社的推广计划通过天衣无缝的整合提供清晰、一致的信息,并发挥最大的传播效果。

(五)提高用户忠诚度

为了抓住用户的注意力,吸引回头客,旅行社必须考虑如何留住顾客。因此必须首先重视顾客,在网站上提供足够吸引用户的内容,提供尽可能方便的环境,充分利用网络的互动性和即时性,向客户提供个性化服务,加强对顾客的售后服务,建立专项社区和尊重用户的

个人隐私。

二、旅行社网站营运中存在的问题与建议

(一) 网络在旅游行业的应用有许多明显的特征与规律

1. 旅行社企业电子商务是相对有序和可以预期的,旅行社网站早发展早受益;

2. 旅行社企业电子商务将彻底改变传统旅游企业,旅游电子商务的发展是旅行社企业发展壮大的必由之路,旅行社的网站完全可以成为一地的旅游门户网站;

3. 旅行社企业电子商务是一个长期的过程,旅行社网站的发展受人才的制约;

4. 旅行社企业电子商务是一个复杂的过程,旅行社企业经营模式影响着旅游网站的发展;

5. 旅行社企业电子商务是一个动态的过程,制定电子商务计划和实施电子商务计划并不是一先一后的步骤,而是不断发展的、周期性的行动,每一个后续行动都吸收前一阶段实施的经验。电子商务战略和计划总是存在着一定程度的错误,需要不断根据新获得的信息进行修正和提高;

6. 旅行社企业电子商务是一个可能停滞、中断或重复的过程;

7. 旅行社企业电子商务是一个全球性的过程;

8. 旅行社企业电子商务是一个最终框架结构趋同的过程;

9. 旅行社企业电子商务是一个最终进步的过程;

10. 旅行社企业电子商务是一个充满风险但风险不大的过程;

11. 旅行社企业电子商务不是一个完全自发的过程;

12. 旅行社企业电子商务的效果是可以定量分析的。

(二) 我国旅行社电子商务的发展面临的机遇

以下因素为我国旅行社的发展带来了新的机遇:

1. 经济信息化和全球化带来的新机遇;

2. 体验经济和文化经济带来的新机遇等;

3. 我国综合国力的持续稳定的增长;

4. 我国国际地位的不断提升;

5. 网络技术日新月异的发展,第二代网络技术及第三代手机技术的应用将大大提升网络推进的速度,产业升级引发商机无限,这也给旅行社发展带来了巨大潜力。

(三) 我国旅行社电子商务网站发展进程中存在的现实问题

1. 企业机制影响网站的发展;

2. 人才短缺影响电子商务的应用;

3. 某些网络公司不理解旅游企业的真正意图,盲目建站;

4. 企业领导人口头喊重视的多,真正自己潜下心来研究的不多;

5. 网站建设作为一个新生事物,没有一套行之有效的管理办法、行业标准与规章制度;

6. 多数企业认为电子商务仅仅靠招聘一两个大学生或聘请一家网络公司代劳就能完全解决问题;

7. 网络更新太慢;

8. 半数以上网站设计逻辑混乱,条理不清(网站设计,不仅需要懂得旅游,还需要懂得

编辑、文学、美学、心理学等多门学科）；

9. 目前旅行社的网站虚报浮夸太多，盲目夸大其词、擅自提高自身身价；

10. 网站的升级问题难以解决；

11. 网络推广盲目；

12. 网络成本过高；

13. 建站后，一劳永逸，从此不管；

14. 专门建立一个精英部门来制定电子商务战略，或者把这一任务交给个别人，而高级管理层对此不闻不问；

15. 不让运作层的人考虑战略问题，而让最高层提出整个战略；

16. 不预先进行全面的竞争和市场分析，盲目上马的项目太多；

17. 不知道电子商务战略和实施方案总会有缺陷，需要不断地评估和改进；

18. 管理部门对运作部门拥有太多的控制权，运作实施部门缚住手脚不敢大干；

19. 公司内部出现渠道冲突，虽然处理公司内部渠道冲突的办法之一是团队报酬制度，不过，其主要困难将是如何确定每种销售方式的价值及相应的报酬比例；

20. 很多旅行社有一个误区，就是太看重技术，而忽视了交易、商务流程等方面，对电子商务的先行企业来说，技术确实曾经非常重要，但对大多数现在准备实施电子商务的企业来说，技术已经可行、有效，最需要考虑的是商务本身如何实施；

21. 政府管理职能滞后，主要是行业法规不健全，执法力度不一。一方面许多旅行社发布虚假信息无人管，另一方面许多管理机构专盯那些容易出错的网站，使之防不胜防。

（四）对现阶段我国旅行社电子商务发展的建议

1. 使自己成为一地的旅游信息门户网站，成为中外游客了解当地信息的窗口；

2. 做好旅行社的网站，站在消费者的角度去思考该怎样制作网站（把他们最想最需要知道的东西告诉他们）；

3. 认真对待消费者的每一次咨询（快捷、周详）；

4. 用合理的手段来推广这个网站；

5. 通过内容吸引消费者（全面、实用）；

6. 网站制作设计风格可以反映出公司实力、办事风格，所以应有体现自己企业或部门特色的网站风格；

7. 培养旅游＋网络复合型人才，并用良好的机制来吸引他们在这里长期工作下去；

8. 企业总经理或法人代表一定要亲临网络建设的最前沿，并作出评价与指导；

9. 旅行社网站需要创品牌。

总而言之，我国旅行社网站建设方兴未艾，并且今后发展前景更为广阔。但发展的过程中肯定有挫折，其正如我国旅行社存在的现实情况一样，必须闯过"小散弱差"这一关，在全国出现更多家有品牌、有网络、有实力的旅行社之后，全国旅行社网站格局将会改变，可以预测，未来许多有一定品牌、一定实力的旅游门户网站将由旅行社来投资并控制。

就网络服务商而言，如何实现企业信息化建设的自动化、简约化、科学化是目前互联网络基础服务提供商面对市场及企业需求所应解决的一个新课题。

创新是企业永远前进的动力,网络的发展实际上就是给了旅行社二次创业的机会,尽管网络技术与旅行社这两个行业都在发展与完善,旅行社既需要牢牢把握发展的命脉,在发展的过程中寻找机会,又不能放弃现有的资源而不用,放弃唾手可得的客源于不顾,而应合理利用网络为企业创造效益。

三、小型旅行社网络营销操作实务

网上营销作为一种新生事物,具有经济、快速、互动及广泛等优点。网上营销的宣传面广泛、网页设计图文并茂、表现手法灵活、内容易更新、成本低廉,而且与上网者可进行双向信息交流,引人入胜,说服力强,因而十分适合被小型旅行社采用作为日常的营销手段。中国的电脑和网络已经普及到家庭,中国互联网络信息中心(CNNIC)发布的《第十三次中国互联网发展状况统计报告》显示,截至 2003 年 12 月 31 日,中国网民总数已达到 7 950 万户。正如使用电话、传真、信函一样,有效地实施网上营销策略,是这些小型旅行社经营活动中必不可少的一部分。

很多小型旅行社经营者已经认识到网络对于旅行社发展的作用,但往往盲目听信于网站制作或推广公司的"非专业"建议,建设了不符合自身需要的网站,建立网站后也无法成功推广,往往花钱不讨好,达不到满意的营销效果。小型旅行社资金不充裕、雇员少,决定了它的网络营销的定位应该是:利用网络平台推广自己代理的旅游产品,进行网上广告宣传和同业交流,吸引顾客购买本社产品,维持客户关系。

基于以上定位,小型旅行社可以按以下步骤实施网络营销。

第一步,建立自己的网站并注册一个(或多个)合适的域名和实名。

基于风格清新、内容丰富、维护简单的理念,建立自己专用的旅游网站,让顾客在自己的网站上可以了解旅游产品(主要指旅游线路)的详细内容,并能够从网站上得到出游的相关资料(比如旅游目的地指南、签证手续等)。网站应至少包括一个"留言簿"等与顾客互动的栏目,必要时可以增加"旅游论坛"甚至"聊天室"等板块,以利于与上网者进行互动交流,吸引上网者的再次光临。

域名也就是网称,即网址(包括字母形式和中文形式)。只有有了域名才能让别人访问到自己。建设网站,必须对域名有足够的重视。由于域名具有全球唯一性,是网上的商标,所以必须有自己的独立域名。同时应该注册合适的网络实名。

第二步,在网站建成之后,就必须进行相应推广,让顾客知道。

就目前的网络状况及电子商务环境而言,实现网上营销的有效手段主要有搜索引擎、网上广告、交换链接、群发电子邮件及策划网上活动等形式。

搜索引擎。搜索引擎目前仍是网站浏览者搜索新网站和信息的最主要手段,搜索引擎注册的方法是否科学直接关系到用户群能否方便快捷地找到网站。所以必须结合自身所代理的各类旅游产品、目的地特点、所针对的目标客户群,合理安排注释内容、关键字设置、注册类别,运用合理重复注册等技巧,让网站在搜索引擎中处于明显位置。目前国内大型搜索引擎有新浪(www. sina. com)、百度(www. baidu. com)、网易(www. 163. com)、搜狐(www. sohu. com)等。

网上广告。网上广告具有与传统广告不同的特点,针对面广,浏览人数多,所以必须做到目标准确,在选择投放网站和网站页面上考虑周到,才能达到显著的效果。在广告设计上也要有巧妙的创意,综合运用 Photoshop、Flash 等技术软件制作精美的旅游产品广告页,适时在各大节日或旺季前进行网上宣传;还需要编写精确的统计程序,并选择最超值的广告投放方案。

交换链接。由于自身网站页面的限制,要选择几个访问量大、而且访问者正好属于自己目标客户的网站做交换链接。选择的站点可以是旅游同行的网站,也可以是其他旅游综合信息网站或门户网站。这样可以免费(或低价)得到网上广告的效果。

群发电子邮件。电子邮件营销是目前最高效且廉价的宣传手段之一,首先要搜集(也可以向专门的服务公司购买)相关目标群体的邮件地址,认真设计邮件主题和页面内容,争取得到邮件接收者良好的第一印象和信任,突出宣传主推线路或热销产品。并使用统计程序记录邮件被阅读的情况,随时掌握宣传效果。

策划网上活动。策划网上活动,需要有一位旅游工作经验丰富和熟悉上网操作的员工进行跟踪操作。比如在相关论坛上策划自助旅游活动、专线专项旅游活动等,吸引上网者的亲身参与,也可以增加自身网站的浏览量和知名度。

第三步,加入各类旅游综合信息网或同行网。

目前,已有政府旅游部门、专门的旅游服务公司或个人建立了各类旅游综合信息网。例如各地旅游局建立的网站、旅游同行网、旅游产品信息网等。加入这些网站,发布本社信息,让更多的人(包括同行)了解自己。现在很多这类网站免费提供了在线自助注册、添加线路资料等功能,如果选择付费方式,就能得到更多的服务和信息。如同程网(www.17u.net),即提供全国各地会员旅行社的报价信息等,并通过注册手机发送短信的方式发布信息。加入旅游同行网,能够方便地与本地区甚至全国的旅行社进行在线交流,第一时间获取有价值的信息。

第四步,合理安排网络资源,与传统业务工作相结合。

小型旅行社在完成自身网站的建设,进行了合理的推广,且与其他旅行社建立了网络沟通渠道之后,还必须合理安排自身的人力资源、财力资源来维护网站,并通过网站展开工作,与传统的业务和工作方式相结合,达到最佳的工作效率和营销效果。旅行社员工必须掌握一定的网络知识和应用技能,熟练应用 Office、MSN、Outlook 等办公和网络信息交流软件,将网络化操作和传统的电话、传真操作联系起来,充分利用各自的优势,积极应对顾客在网络上的预订、询问等事宜,与同行在网络上进行联系与沟通,高效率地完成工作,从而达到最佳的网络营销效果。

小型旅行社必须根据本社的实际需要,制作功能合理的网站,严格控制维护成本和推广成本,整合传统业务及工作方式与网络营销的关系,充分发挥网络营销的作用。

任 务 实 施

以同程网为例,登录 B2B 旅游企业间平台(www.17u.net),体验旅行社电子交易流程

一、服务构架

（一）整体运作流程

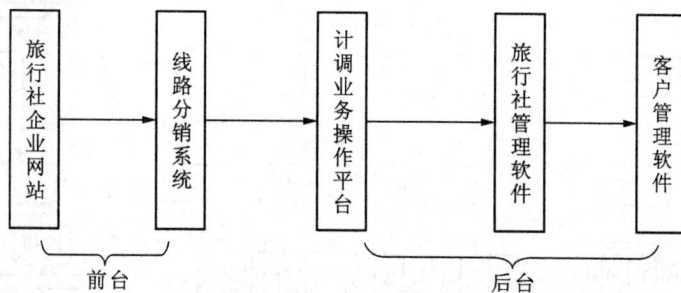

旅行社企业网站 → 线路分销系统 → 计调业务操作平台 → 旅行社管理软件 → 客户管理软件

前台（旅行社企业网站、线路分销系统）　后台（计调业务操作平台、旅行社管理软件、客户管理软件）

（二）整体服务项目

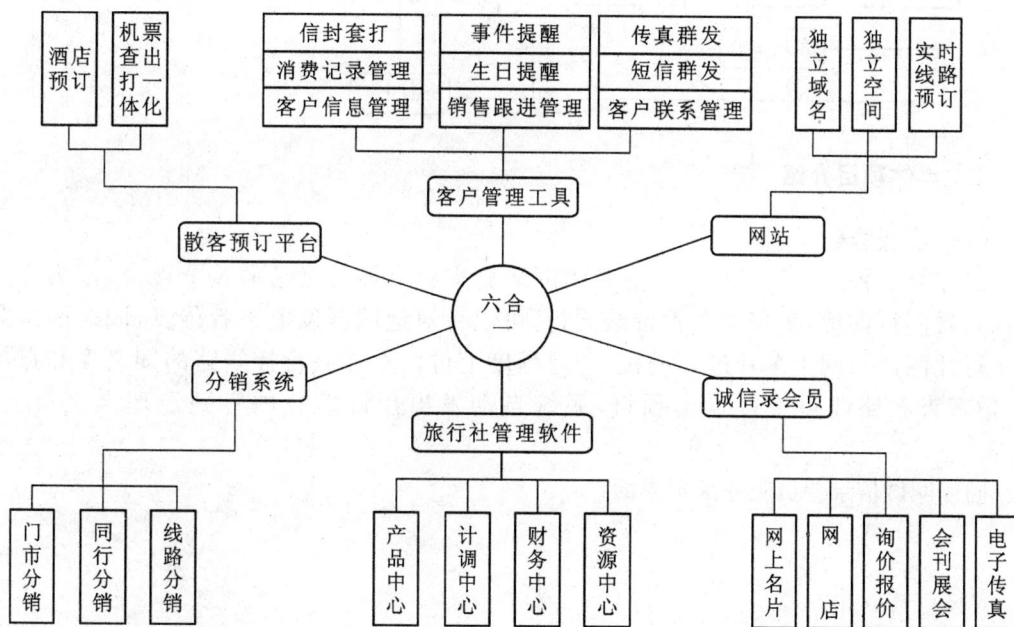

酒店预订　机票查出打一体化

信封套打　消费记录管理　客户信息管理

事件提醒　生日提醒　销售跟进管理

传真群发　短信群发　客户联系管理

独立域名　独立空间　实时路线预订

客户管理工具

散客预订平台　　网站

六合一

分销系统　　旅行社管理软件　　诚信录会员

门市分销　同行分销　线路分销

产品中心　计调中心　财务中心　资源中心

网上名片　网店　询价报价　会刊展会　电子传真

（三）后台内部管理流程：

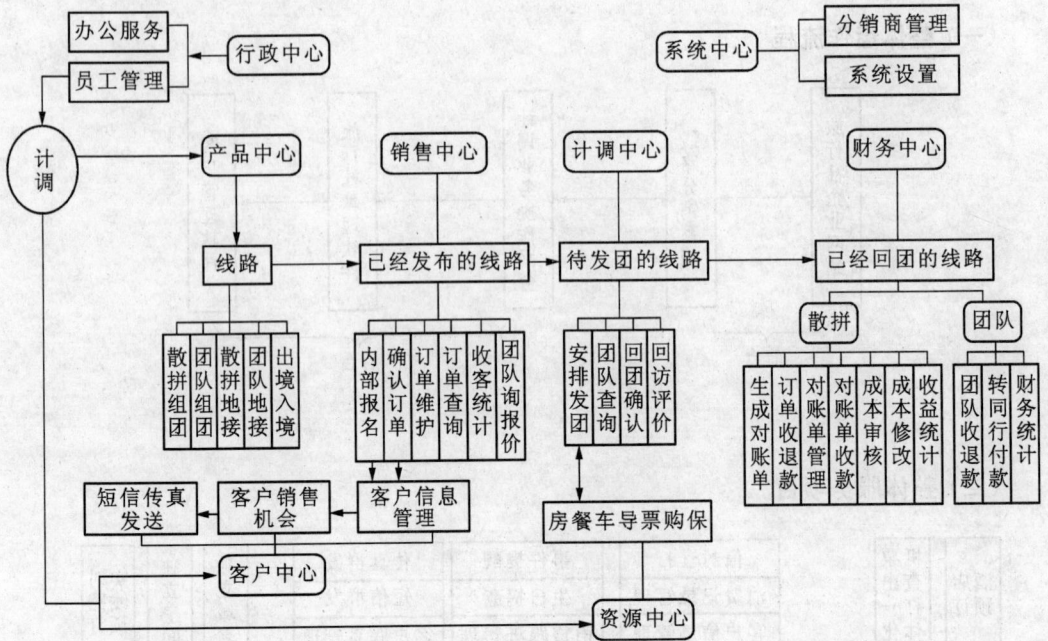

二、具体项目介绍

（一）会员服务

拥有网上名片就如同在永不落幕的网络旅交会上拥有自己的黄金展位，成为会员可以查看同行询价，免费发布报价给同行，可以针对地区群发电子版传真，同时网站会将旅行社网店与网上名片进行链接，一定程度上可以增加旅行社线路的知名度和点击率，散客查看路线可直接点击预订，系统自动发出预订信息内容到经理人手机上，等等。

同程网诚信录会员服务演示界面：

传真	姓名	专网号	性别	笔名	状态	点击	身份	学分	业务优势	公司
📷	李玲	☎ 8633	女	南昌和平	诚信录第6年 ♡891	43486	同程研二	6207	庐山、井冈	南昌和平国际旅行社有限公司
📷	黄湘淇	☎ 8226	女	蓝色的眼泪	诚信录第7年 ♡680	53230	荣誉版主	12437	如：桂林/…	北海青年国际旅行社
📷	宋杰	☎ 5983	女	惠丰宋杰	诚信录第6年 ♡867	34846	同程博一	12252	地接、组团	北京惠丰旅行社
📷	李沐遥	☎ 8866	女	桂之旅	诚信录第6年 ♡744	48754	论坛版主	9795	组团，地接	桂林桂之旅国际旅行社有限公…
📷	张能		男	桂林同程	诚信录第5年 ♡744	26665	同程大四	2312	广西桂林旅	桂林同程国际旅行社有限公司
📷	庄东森		男	庄东森	诚信录第7年 ♡699	41068	同程研一	4748	华东专业地	南京方正旅行社有限公司
📷	何九州	☎ 5688	男	张家界九哥	诚信录第6年 ♡692	47007	同程研三	8977	组团，地接	湘中旅（张家界）国际旅行社
📷	张鹏程		男	神舟京韵	诚信录第5年 ♡683	33155	同程研二	6355	北京地接	北京神舟京韵旅行社
📷	纪文单		女	冰山	诚信录第6年 ♡675	69968	论坛版主	16695	大连+山东	大连领航旅行社有限公司
📷	谢久思		男	山明水秀	诚信录第5年 ♡661	55958	同程博一	19759	地组，地接	南京山明水秀旅行社
📷	冯新胜		男	南国老班长	诚信录第6年 ♡642	75220	同程博二	20636	粤、港、澳	深圳市鹏运国际旅行社有限公…
📷	汪荃	☎ 5868	女	桂林天鹅荃	诚信录第6年 ♡627	70288	论坛版主	26792	团队会议散	桂林天鹅国际旅行社/环球商
📷	包诚		男	忆海泛舟	诚信录第7年 ♡591	38100	论坛版主	9892	青岛、济南	青岛城市之间旅行社有限公司
📷	田天	☎ 8383	女	青岛华艺田	诚信录第7年 ♡591	34975	同程研二	5434	强大的组团	青岛华艺假期国际旅行社
📷	李震宇	☎ 9650	男	广深珠小子	诚信录第7年 ♡581	55094	论坛版主	14523	广深珠港澳	广东省中国青年旅行社
📷	罗拥军	☎ 8719	男	湘南罗雨	诚信录第7年 ♡569	33531	同程研一	3414	国内旅游、	湖南郴州佳程旅行社
📷	侯新永		男	厦门侯哥	诚信录第6年 ♡568	45382	同程博一	13960	厦门旅游|	厦门旺海国际旅行社有限公司
📷	牛金文	☎ 5969	男	东风牛	诚信录第6年 ♡566	53894	同程博二	20559	国内旅游组	十堰东风武当旅行社
📷	孙向东	☎ 5050	男	熙阳	诚信录第5年 ♡564	41914	论坛版主	10646	安徽黄山及	黄山华泰旅行社有限公司
📷	高国英	☎ 5678	男	源源~北京	诚信录第6年 ♡544	42364	同程研三	9017	地接/入境	北京富莱茵国际旅行社有限公…
📷	曲爱娟	☎ 8995	女	洛阳牡丹	诚信录第5年 ♡543	29885	同程研一	4497	组团，河南	洛阳安逸旅行社有限公…

（二）旅行社企业网站

以同程网为例，一个优秀、合格的网站必须具备以下几点：

1. 快速的访问速度，如同程在全国各地有 20 台服务器，并且是电信和网通双线，保证在全国各地都能以很快速度浏览网站。

2. 游客能得到他所需要的信息，网站的信息是最新的且在及时更新中。

3. 游客需要的产品服务能立刻预订到，并且得到旅行社最及时的服务。同程给旅行社的网站配备了最先进的线路预订系统，游客预订后会立刻有短信提醒，旅行社在第一时间可以知道订单并且可以联系游客。

4. 网站后台配备完善的功能强大的旅行社管理系统，便于网站信息的及时更新和客户的维护。

参考演示界面：（首页）

管理入口 | 同行入口 | 游客登录 | 游客注册 | 收藏本站

海西旅游超市
888777111.cn

福建海外　全国百强旅行社　旅行社协会副会长单位
国家特许经营入境及台澎金马地区旅游

L-FJ-GJ00001

福建旅游网

0591-88877711

| 首页 | 特价机票 | 出境游签证 | 线路精选 | 福州国内游 | 福州周边游 | 酒店预订 | 福州旅游网 | 企业简介 | 网站留言 |

热门线路：　福州出发天门山漂流、真人　福州到上海世博园、苏州盘　福州出发到纯上海世博园两　福州到上海世博园、盘山三　福州到上海世博旅游线路报

搜线路/酒店/机票

搜　索

线路快速查询

按天数分：
一日游　　二日游
三日游　　四日游
五日游　　六日游
七日游　　八日游
九日游　　十日及以上

按类别分：
福州到上海世博会苏杭
福州周边漂流旅游
省内旅游线路
福州动车组路线
福州到北京天津旅游
福州到海南三亚桂林旅
福州到台湾旅游
福州出境旅游
福州到香港澳门游
福州湖南张家界三峡旅
福州到新疆西安宁夏旅
福州到四川云南西藏旅
福州到江西庐山黄山旅
福州到山东青岛旅游
亚洲签证
非洲签证
欧洲签证
美洲签证
更多>>

旅游分类

周边旅游：
福州周边漂流旅游
省内旅游线路
更多>>

上海世博游　人类城市生活的盛会
上海、世博园单动单飞畅玩三日游
EXPO 2010 SHANGHAI CHINA
5月2日起 1499元从

上海世博会
台湾旅游
海南三亚旅
福州漂流旅
福州签证代

☆ 周边游热门推荐　　　　　　　　　　　　　更多>>

▶ [福州周边漂流旅游] 福州出发天门山漂流、真人CS野战一日游	258 元起
▶ [福州周边漂流旅游] 福州到闽侯龙台山生态园、水果采摘一日游天天发团	108 元起
▶ [福州周边漂流旅游] 福州出发北斗洋漂寨、攀岩、桃源溪逃鳖漂流一日游	198 元起
▶ [省内旅游线路] 福州出发到泉州开元寺、老君岩、崇武古城（双动车）	288 元起
▶ [福州周边漂流旅游] 龙台山生态园采摘水蜜桃、昙石山文化遗址一日游	108 元起
▶ [福州周边漂流旅游] 福州出发永泰龙门峡谷赏溪一日游	108 元起
▶ [福州周边漂流旅游] 福州出发到清道天生林艺园休闲一日游	138 元起
▶ [福州周边漂流旅游] 福州到永泰天门山赏溪、漂流一日游	208 元起
▶ [福州周边漂流旅游] 福州到永定土楼、厦门鼓浪屿动车二日游	468 元起
▶ [福州周边漂流旅游] 福州到福清东方第一漂一日游	148 元起
▶ [省内旅游线路] 福州到永定土楼、古田会址、冠豸山（双动车）二日游	588 元起

☆ 国内游热门推荐　　　　　　　　　　　　　更多>>

▶ [福州到上海世博会苏杭] 福州到上海世博园、苏州盘门三景、周庄、杭	1770 元起
▶ [福州到上海世博会苏杭] 福州出发到纯上海世博园两天单飞单动三日游	1640 元起
▶ [福州到上海世博会苏杭] 福州到上海世博园、盘山三景、灵山大佛单动	1630 元起
▶ [福州到上海世博会苏杭] 福州到上海世博旅游线路报价	1580 元起
▶ [福州到上海世博会苏杭] 福州到上海世博专题双动四日游	1930 元起
▶ [福州到上海世博会苏杭] 福州到上海、杭州双动三日游	1580 元起
▶ [福州到上海世博会苏杭] 福州出发到杭州湾跨海大桥、上海、世博会双	1560 元起
▶ [福州到上海世博会苏杭] 福州到上海、世博园、杭州+乌镇、苏州双动	1510 元起
▶ [福州到上海世博会苏杭] 福州出发到上海、世博园、杭州+乌镇单飞单	1430 元起
▶ [福州到上海世博会苏杭] 福州到华东四市+世博园+双水乡周庄、乌镇	1880 元起
▶ [福州到上海世博会苏杭] 福州到水乡周庄+乌镇双动车三日游	838 元起
▶ [福州到上海世博会苏杭] 福州到杭州双动二日游	668 元起

☆ 出境游热门推荐　　　　　　　　　　　　　更多>>

企业动态　　　　　　　更多>>

▶ 福州夜泡贵安温泉 畅享清凉一...
▶ 福州端午节旅游端午节旅游线路...
▶ 6月福州到日本旅游线路计划
▶ 福州出发鲢雀山、洛迦山双动车...
▶ 6月25日福州到日本自由行10天...
▶ 6月福州到桂林旅游线路及价格...
▶ 2010年6月福州到张家界旅游报...
▶ 超值特价福州到海南印象林州五...
▶ 福州到台湾旅游直飞小三通线路...
▶ 最新福州到上海世博会旅游线路...

会员登录

用户名：
密码：

登　陆　　注册会员

客户满意度：**99%**

最近回访记录　　　　　更多>>

钟小姐：每周都有发团很好。 😊 100%
李小姐：海宁观潮和乌镇西溪都不错。 😊 100%
陈小姐：这条线路长期都有发团不错，价格 😊 100% 也不贵。
董先生：一日游不错 简单 舒服！ 😊 96%
邱先生：非常好，很棒。 😊 100%

优惠特卖

福州到上海世博会苏杭	▶ [福州到台湾旅游] 福州/马祖/台北8日精华游·海空联运	3850 元起
福州动车组路线	▶ [福州到台湾旅游] 福州出发台湾游台北双飞6日精华游（厦航）空中直航	4180 元起
福州到北京天津旅游	▶ [福州到台湾旅游] 福州到台湾厦门/台北双飞8日环岛游（华航）空中…	4380 元起
福州到海南三亚桂林旅	▶ [福州到香港澳门游] 五一福州到维澳直飞精品游五日游	2250 元起
福州湖南张家界三峡旅	▶ [福州到台湾旅游] 福州/马祖8日环岛游（马祖住一晚）海空联运	4180 元起
福州到新疆西安宁夏旅	▶ [福州到台湾旅游] 福州/台北双飞8日环岛游（厦航）空中直航	4780 元起
福州到四川云南西藏旅	▶ [福州到台湾旅游] 福州/台北双飞8天环岛游（位系空中直航	4580 元起
福州到江西庐山黄山旅	▶ [福州到台湾旅游] 福州到台湾精华7日游台马轮	2780 元起
更多>>	▶ [福州出境旅游] 福州到巴厘岛酒店风云 广州往返GA 5天4晚	5450 元起
出国旅游代办签证	▶ [福州出境旅游] 福州到巴厘岛豪水假期 香港往返CX 5天4晚	4450 元起
福州到台湾旅游	▶ [亚洲签证] 福州代办印尼签证	700 元起
福州出境旅游	▶ [福州到香港澳门游] 福州到香港直飞纯玩5日游	2650 元起
福州到香港澳门游		
亚洲签证		
非洲签证		
欧洲签证		
美洲签证		
大洋洲签证		
更多>>		

福建签证旅游网
www.fjvisa.com
0591-88883362
全球签证专家

酒店 更多>>	**热卖线路推荐** 更多>>		
▶ 福州香格里拉大酒店	▶ [福州周边漂流旅游] 福州出发天门山漂流·真人CS野战一日游	258 元起
▶ 福州美伦华美达大饭店	▶ [福州到上海世博会苏杭] 福州到上海世博园、苏州盘门三景、周庄、	1770 元起
▶ 福州华威大饭店	▶ [福州到上海世博会苏杭] 福州到上海世博园、盘门三景、灵山大佛先飞	1540 元起
▶ 福州聚春园大酒店	▶ [福州到上海世博会苏杭] 福州出发纯上海世博两天双飞三日游	1760 元起
▶ 福州香格里拉大酒店	▶ [福州到上海世博会苏杭] 福州到纯上海世博园两天单飞动三日游	1640 元起
▶ 福州美伦华美达大饭店	▶ [福州到上海世博会苏杭] 福州出发纯上海世博单动飞三日游	1780 元起
▶ 福州华威大饭店	▶ [福州到上海世博会苏杭] 福州到上海世博园、苏州盘门三景、周庄、	1770 元起
▶ 福州聚春园大酒店	▶ [福州到上海世博会苏杭] 福州到上海世博园、盘门三景、灵山大佛先飞	1540 元起
▶ 福州温泉大饭店	▶ [福州到上海世博会苏杭] 福州出发纯上海世博两天双飞三日游	1760 元起
▶ 福州世纪金源大饭店	▶ [福州到上海世博会苏杭] 福州到纯上海世博园两天单飞动三日游	1640 元起
▶ 福州金仕顿大酒店	▶ [福州到上海世博会苏杭] 福州出发到纯上海世博单动飞三日游	1760 元起
	▶ [福州到上海世博会苏杭] 福州到上海世博园专题双动四日游	1630 元起
其它旅游服务指南 更多	▶ [福州到上海世博会苏杭] 福州到上海世博旅游线路报价	1580 元起
▶ 福州旅游线路精选20条	▶ [福州到上海世博会苏杭] 福州到上海世博专题双动四日游	1930 元起
▶ 福州旅游包车网福州	▶ [福州到上海世博会苏杭] 福州出发到上海、世博会、杭州双飞三日游	1280 元起
▶ 福州五一旅游全攻略	▶ [福州到上海世博会苏杭] 福州出发到杭州国际海大桥、上海、世博会双	1560 元起
▶ 福州五一旅游线路集锦	▶ [福州到上海世博会苏杭] 福州到上海、世博园、杭州+乌镇、苏州双动	1510 元起
▶ 福州自助旅游常识		
▶ 福建到台湾旅游办理入	**团队定制线路** 更多>>	
▶ 台湾旅游-大陆居民赴	▶ 【出境】福州出发马祖台湾魅力8日游	咨询
▶ 福州到台湾旅游-大陆	▶ 【出境】厦金台小三通魅力六日游(金门住，初步计量)	咨询
▶ 福建到日本旅游签证须	▶ 【短线】福州到岱江春峡风情漂+激情漂流二日游	咨询
▶ 福建到欧洲申根签证所	▶ 【长线】福州到杭州、乌镇、嘉兴、绍兴双飞四日游	咨询
▶ 福州去台湾申请港澳通	▶ 【出境】福州出发厦门台中直航台湾八日游	咨询
▶ 福建旅游-欧洲申根国	▶ 【出境】福州出发横渡海峡 畅游台湾—台湾本岛、澎湖、马祖	咨询
▶ 福州航空票务中心		

热车来了！一体福州旅游
泰新马经典十月游

小华东出游降价210元

横店影视城新玩法
(卧槽大巴)三日游

千人游台湾

莆田·湄洲妈祖市
成人价:188
出国自助:每周六

最新在线咨询 更多>>
要去上海世博旅游
1 线路一：纯上海世博两天动单飞三日游
A：先动后飞三日游 B：双动三日游 C：先

要去上海世博旅游
1 线路一：纯上海世博两天单动单飞三日游
A：先动后飞三日游 B：双动三日游 C：先

希望与你们合作
好的 有机会合作

有招财么吗
我送这边暂时没招财呀 你可以打83372551
他们有招财人！

哈尔滨东北线什么时候有团
东北线马上就要开始，冬季到了，下雪了。
马上就有团。

想去海南玩
其它海南旅游现在是最近便宜的了，才1300
左右。欢迎来电。88877711

出行小工具
天气预报 | 列车时刻 | 旅游常识
长途区号 | 电子地图 | 外汇汇率

吃 更多>>	住 更多>>	行 更多>>	游 更多>>	购 更多>>	娱 更多>>
▶ 福建美食一线牵	▶ 福州到永定土楼旅游	▶ 福州订机票网站福州	▶ 宁波出发到福州旅游	▶ 福州旅游购物攻略	▶ 福州火车南站公交线
▶ 福建美食一线牵	▶ 住在太姥山	▶ 福州到海南三亚旅游	▶ 台州出发到福州旅游	▶ 福州到出国签证www.8	▶ 福建出国签证www.8
▶ 福州旅游网-福州美	▶ 看世博生别样酒店	▶ 福建海外建议·参团	▶ 绍兴出发到福州旅游	▶ 福州土特产	▶ 福州祈雨办程须知
▶ 海西旅游超市-泉州	▶ 州青山旅游景点	▶ 福州旅行社建议·怎	▶ 温州出发到福州旅游	▶ 机场免税店购物	▶ 福州旅游攻略
▶ 福州美食·葱肉饼	▶ 州旅行社低价揽客	▶ 福州旅行社建议-旅	▶ 上海出发到福州旅游	▶ 福州三宝	▶ 福州到张家界和凤凰
▶ 福州特色小吃制作全	▶ 福建"国际五星钻石	▶ 福州旅游网旅游提示	▶ 杭州出发到福州旅游	▶ 购在太姥山——特产	▶ 福州自助旅游常识

友情链接

▶ 福建旅游网	▶ 福建旅游网	▶ 皇帝洞景区	▶ 海西旅游网	▶ 乐途旅游网
▶ 福州旅行网	▶ 福州同程旅游网	▶ 福州酒店公寓	▶ 福州旅游论坛	▶ 福建签证旅游网
▶ 婚宴	▶ 福州旅游网			

版权所有：福建海外旅游实业总公司 © 2010. All Rights Reserved. 营业执照编号：350000100023550
联系电话：0591-88877711 88807001 地址：福建省福州市五一北路1号力宝天马大厦7层05室
法人代表：林钢明 许可证编号：L-FJ-GJ00001
业务经营范围：出国游,国内游,台湾游,代办签证,机票预订 旅游主管部门投诉电话：0591-88877711
技术支持：苏州同程软件有限公司 备案序号：闽ICP备10000938号

线路展示页面:详细、全面的线路产品介绍,让游客一目了然:

福州到水乡周庄+乌镇双动车三日游 HOT   🖨打印行程   ✉Email行程

参考价格: 网上价**838**元(节省**20**元)   门市价**858**元

出发日期: 06/23、06/25、06/30、07/02、07/07 更多>>

发班计划:

去程交通: 无

返程交通: 无

行程天数: 3天

总 人 数: 不限制

我要预订 [-- 请选择预定日期 -- ▾]

立刻预订   或直接拨打 **13174500307** 咨询或预订

| 所有 | 发班日期 | 行程 | 服务标准 | 温馨提醒 | 线路备注 | 回访记录 |

出团日期及报价 点击可显示当日(成人/儿童)价格明细,集合地点及团位状态

◄ 5月   2010年6月

日	一	二	三	四	五	六
		1	2	3	4	5
6	7	8	9	10	11	12
13	14	15	16	17	18	19
20	21 今天	22	23 预订	24	25 预订	26
27	28	29	30 预订			

2010年7月   **8月 ►**

日	一	二	三	四	五	六
				1	2 预订	3
4	5	6	7 预订	8	9 预订	10
11	12	13	14 预订	15	16 预订	17
18	19	20	21 预订	22	23 预订	24
25	26	27	28 预订	29	30 预订	31

线路1:

行程安排

第1天

行程特色:一体验高速列车带来舒适和畅快;
二跟看课本游绍兴游览鲁迅笔下的"三味书屋"、"百草园"
三充分合理安排游览时间游览充足决不强制自费
四价格实惠平民消费
五含以下酒店双标准间含早餐
六:经典水乡周庄乌镇一网打尽!!
综合报价:838元/人
儿童不占床不含门票不含往返火车票   结算价:260元/人
(65周岁以上游客、12-16周岁游客、小孩占床含门票:888元/人)
D1福州火车南站早乘3102次(07:44)——10:48)或D382(08:08)宁德乘D3102(08:19)霞浦D3102(08:37)或D382赴宁波,经杭州湾跨海大桥(它北起浙江嘉兴海盐郑家埭,南至宁波慈溪水路湾,全长36公里,是,也是世界上第二长的桥梁;),车赴"江南第一水乡"——周庄(约下午3点进景区,游览约2小时,门票自理100元),游沈厅、张厅、迷楼,看标志景观——双桥,品水乡风韵,赏吴地文化。晚上可自费欣赏中国第一部原生态水上盛大实景演出【四季周庄】

含中晚餐　宿周庄
相关景区介绍：

周庄　　三味书屋　　迷楼

住宿：杭州,酒店双标间或同级酒店
用餐：八菜一汤

第 2 天
D2 早餐后车赴苏州,游览苏州著名园林——狮子林,素有"假山王国"之称,内假山以太湖石和竹林叠置而成,乾隆帝在此留下"真有趣"的墨宝,品味江南园林风光。参观淡水珍珠店；后赴著名江南水乡、电影逝水年华拍摄地——乌镇,游乌镇(门票自理100元/人)江南百床馆、钱币馆、江南印染坊、茅盾故居等。赴杭州,途中免费品杭白菊,晚上可自费游览杭州宋城表演（200元/人起,约1.5小时到2小时）。　含中餐　宿杭州
相关景区介绍：

杭州宋城　狮子林

住宿：暂无住宿城市,酒店双标间或同级酒店
用餐：八菜一汤

第 3 天
D3 早餐后漫步西湖（约1小时）,漫步苏堤,游览西湖十景之一花港观鱼。参观丝绸展示中心(约60分钟)观看江南女子丝绸表演,赴绍兴,参观鲁迅故里：鲁迅祖居、鲁迅故居、三味书屋、百草园参观鲁迅纪念馆、鲁迅笔下风情园,D3115（17：29）发车,21：46抵福州,结束愉快旅程！　含中餐
相关景区介绍：

花港观鱼　三味书屋

住宿：暂无住宿城市,酒店双标间或同级酒店
用餐：八菜一汤

服务标准
服务标准：　全程入住以下所列酒店双标间或同级酒店。(均不含单人房差**160元/人**,如单人住三人加床间或另补房差)；　优秀地方导游；华东全程空调旅游车；正餐八菜一汤,十人一桌(含二桌早四正餐)；成人含以上景点首道大门门票；儿童不占床,不含门票,含半餐,车费,导服；不含往返火车票　全程只进三个店

温馨提醒
注意：
1、　因不可抗因素造成无法游览或持有相关优惠证件只负责退还本社的优惠门票,赠送景点不退；(因行程不同,持有证件者请提前申明)
2、如出现单男单女,无法拼房自补差价。
4、在不影响游览景点的情况下我社有可能对进出城市进行调整,游客因个人原因临时自愿放弃游览,用餐、住宿、

门票、车费等一概不退；请提前和客人说明！
5、请通知客人出发前带有效身份证件，如因证件原因造成的损失由客人自负；

线路备注

无

银行账号

银行名称：中国建设银行
银行帐号：6227　0018　2323　0055　144
户名：邱家财

回访记录

暂无评论

线路 2：

相关线路

福州到杭州、乌镇、苏州、上海世博两天双飞四日游　　　1570 元

出发日期：06/22、06/23、06/24、06/25、06/26

发班计划：无

行程天数：4天　总人数：不限制

线路报名界面：

第1步：请选择集合地点、自选标准并填入出行人数、所需房间数和订单备注

线路名称　福州到水乡周庄+乌镇双动车三日游
出发日期　2010-06-23　　　返回日期　2010-06-25　　　行程天数 3天
总人数　不限　　　剩余人数　不限
★集合/上车地点 [火车南站-待定-0元▾]　时间：待定　接送价：0　元

价格类型	门市价	网上预订价	描述	人数	接送加价	占座
成人	¥858	¥838		2	否	是(1座)

单房差：¥0　共 0 个，合计加价0　元 ★房间数：1
[显示游客信息] 总金额：1676

订单备注 [　　　　　　　　　　　　　]

[返回] [下一步]

第2步：请填写联系人信息

★联系人：[许诺]　　　★手机：[13776056783]
传真：[　]　　　MSN：[　]
身份证：[　]　　　电话：[　]
地址：[　]　　　邮编：[　]

[上一步] [下一步]

第3步：登录或者跳过

如已预订购买过（或以前注册过）请在此登录

用户名/会员卡：

密码：

登录　您还没有用户名吗？ 立即注册

如是第一次预订购买，但不想注册，请单击下一步

上一步　下一步

第4步：订单信息预览及提交

线路名称　福州到水乡周庄+乌镇双动车三日游
出发日期　2010-06-23
返回日期　2010-06-25
行程天数　3天
集合地点　火车南站
报名人数及价格　共 2 人：
　　　　　　　成人 2 人。
　　　　　　　接送加价： 0 元
　　　　　　　总计金额： 1676 元
联系人　许诺
手机　13776056783

☑ 我已阅读并同意　查看国内旅游预订须知

上一步　确认报名　重新填写　取消报名

恭喜，您的订单已成功提交，请等待审核！
请您在预订成功24小时内付款，否则订单将会被取消！

您的信息：

这是您第一次在本站提交订单，系统自动创建了账号：
用户名：13776056783
密码：13776056783
您可以用此账号登录网站管理和查看预订单；点此补充我的资料和更改密码。

可选的支付方式：

友情提醒：请您在付款前，与旅行社联系，确认后再付款。
（您可以点击下面订单信息中线路名查看线路联系人信息）
在线支付： 在线支付
银行转帐：**银行名称：中国建设银行**
　　　　　　银行帐号：6227 0018 2323 0055 144
　　　　　　户名：邱家财
您也可以去会员中心支付

订单信息：

您预订的线路：福州到水乡周庄+乌镇双动车三日游
发团日期：2010-06-23
上车地点：火车南站 待定
报名人数：2
金额：1676
祝您旅途愉快！

　　此上界面为游客预订界面，均有短信相互提醒：游客在报名结束后，系统会自动发送短信提醒计调，同时计调的电脑也会出现语音提示；当计调确认定单后系统会自动发短信通知

游客。

游客在报名的同时,资料自动进入客户管理软件。

(三) 线路发布、分销系统

1. 计调线路发布

特点一:多平台显示线路(无须重复劳动)。

特点二:批量建团(支持同一线路多天发送,无须每天发布)。

特点三:参考线路(在系统里发过的线路都会自动存在系统中,以后要用可以直接选出,无须重发)。

特点四:集合地点设置,最多可以设置 9 个上车地点供分销商选择。

集合地点：

共有 4 ∨ 个集合地点

*集合地点1：　　　　　　　　　　　时间：　　　接送价格：0

集合地点2：　　　　　　　　　　　时间：　　　接送价格：0

集合地点3：　　　　　　　　　　　时间：　　　接送价格：0

集合地点4：　　　　　　　　　　　时间：　　　接送价格：0

价格体系：

特点五：价格策略的设置，并且分平台分对象显示。

价格体系：

共有 3 ∨ 种价格体系　单房差：1　元

*类型1：

名　称：成人　　门市价：　　元 同行结算价：　　元 网上优惠价：　　元

占座数：1　　□接送加价 ☑是否占座 ☑分销商可售

类型2：

名　称：儿童　　门市价：　　元 同行结算价：　　元 网上优惠价：　　元

占座数：1　　□接送加价 ☑是否占座 ☑分销商可售

2．计调报名

计调接到电话报名、游客上门报名、QQ/MSN 报名后，都可以进入这个界面操作：

线路报名　散拼组团线路　纯地接线路　散拼地接线路

具体出发日期：　　　　　　线路名：　　　　团号：　　　　　　搜索

天数：全部 / 一日游 / 二日游 / 三日游 / 四日游 / 五日游　线路类型：全部 / 短线 / 长线 / 出境

分组：全部 福州动车旅游线路 福州福清出发至国内10条经典线路 福州福清华东精华游旅游线路 福州福清温泉旅游 福州福清至安徽黄山、江西、湖南张家界经典旅游线路 福州福清至广西、云南经典旅游线路 福州福清至海南三亚经典旅游线路 福州福清周边发团线路（福州、福清发团报价）更多»

发团社	线路组名称	最近发团日期	发团人数详细	门市价/同行结算价	操作
南方国际旅游	长沙+韶山+张家界+凤凰双飞五天团（每周五、六发团）	2009-11-13	总数：20 剩余：20	成人:2400元/2350元 儿童:1500元/1450元 查看详细价格	报名
南方国际旅游	福州动车旅游：横店影视城、华夏文化园、义乌国际商贸城动车三日游	2010-02-19	名额不限	成人:698元/668元 儿童:498元/468元 查看详细价格	报名
南方国际旅游	福州动车旅游：杭州、上海、苏州+乌镇"双动"四日游	2010-02-18	名额不限	成人:850元/820元 儿童:380元/350元 查看详细价格	报名
南方国际旅游	福州到华东：华东五市+周庄+乌镇双飞豪华五日游（品质游）	2010-03-07	总数：30 剩余：30	成人:1580元/1500元 儿童:1000元/1000元 查看详细价格	报名
福清市南方国际旅行社	福州周边旅游：屏南白水洋、宜洋鸳鸯溪二日游	2010-03-06	总数：100 剩余：100	成人（福州发团）:438元/428元 成人（福清发团）:488元/460元 儿童:268元/248元	报名

线路报名

线路基本信息

发团日期: **2010-06-14** 切换其他日期: 2010-06-23 2010-06-24 2010-06-25 2010-06-26 2010-06-27 更多报名>>

线路名:	世博线路:纯上海世博二次门票三日游	团队编号:	NF100614002
总人数:	人数不限(可成团人数:1)	可售人数:	无限制报名人数

报名操作区　　　　　　　　　　　　　　　　　　　　　　　　　　　□ 代分销商报名

价格清单

价格类型	门市价	同行结算价	人数	描述	加价	占座
体验价	¥ 1476	¥ 1399	2		否	是(1座)

✻集合地点: 福州火车站王威服务台-7:00-0元 ▾　时间: 7:00　加价: 0 元　【新增集合地点】

单房差: ¥ 300　共 0 个,合计加价 0 元 ✻房间数: 1

订单收款

应收款: **2952**　实收金额: 0　□ 清款

游客信息 隐藏

注:证件号码出境或飞机团游客必填,需要是护照或身份证等有效证件

☑ 姓名1: ［　　］ 男 ▾ 证件号: ［　　］ 电话: ［　　］ □ 儿童 □ 需要保险
☑ 姓名2: ［　　］ 男 ▾ 证件号: ［　　］ 电话: ［　　］ □ 儿童 □ 需要保险

□ 将选中的客人信息保存至客户列表

游客联系人信息　　　　　　　　　　　　　　　　　　　【从我的客户表中选择】

✻联系人:	［　　　　］ 男 ▾	✻手机:	［　　　　］
证件号:	［　　　　］	电话:	［　　　　］
地址:	［　　　　］	邮编:	［　　］

☑ 添加至客户列表 电话咨询客户 ▾　○ 公开 ⦿ 私有

报名社相关信息　　　　　　　　　　　　　　　　　　　□ 代分销商报名

✻报名社:	南方国旅	✻联系人:	马敬钦
✻电话:	0591-85878880	传真:	0591-86073880
手机:	13705015845	MSN:	maminqin@hotmail.com

订单备注

备注: ［　　　　　　　　　　　　　　　］

【确认报名】 【重新填写】 【取消报名】

报名完成后会弹出以下提示,包含一系列单据,支持直接打印:

恭喜，报名成功
报名成功,您可以在 "销售中心-订单维护" 中对该订单进行处理

您现在可以：

打印出团通知单
您可以直接打印出团通知单给客人

打印行程单
线路行程单，包括线路的详细行程，服务标准等

直接确认订单
直接确认该订单

取消该订单
取消该订单的报名，座位号将会被释放出来

返回报名线路列表
转到报名线路列表页面

打印报名确认单
客户的报名确认单，包括线路的基本情况

继续报名此线路
可以继续对此条线路报名

订单基本信息：

订单编号： SZ1186293-1006220001 修改该订单

客户信息：**联系人**：许诺 **联系电话：** **联系手机：** 13776056786

人数/座位号：**人数**：体验价: 2个; **房间数**: 1.0
座位号: 2,3,

应收款: 2952元

🖶打印 | 🖼导出Word | 🔖盖章 | 📠发传真 | 🖶打印设置 | 🖊字体设置 大 中 小 | ✖关闭 | 🖼请选择要打印的模块

世博线路：纯上海世博二次门票三日游
出团通知单

▲基本信息			🔲隐藏
团 号： NF100614002			
游客姓名： 许诺		游客电话： 13776056786	
游客人数： 体验价: 2个		座位编号： 2,3,	🔲隐藏
出团日期： 2010年06月14日		返回日期： 2010年06月16日	
集合地点： 福州火车站王威服务台		集合时间： 7：00	
旅 行 社： 南方国旅		联 系 人： 签证马先生、旅游薛小姐、机票林小姐	
联系方式： 13705015845		应急电话： 059185878880	

▲行程安排			🔲隐藏
途经城市： 福州			
【第1天】	住宿城市 上海	住宿描述 经济型酒店	用餐描述 无
早福州火车站王威服务台集中，小陈：15960094502举白底蓝字 "征信" 导游旗，乘动车组列车D3102次（07：44—13：55)到上海，车游（约1小时）黄浦江上第一桥——南浦大桥上海CBD——浦东陆家嘴：外观上海标志——金茂大厦（88层）、东方明珠（高468米）、环球国际金融中心(110层)、黄浦江隧道等；南京路观光购物（十里洋场，中华五星商业街）；城隍庙自由购小吃。送回酒店，入住酒店。			
【第2天】	住宿城市 上海	住宿描述 经济型酒店	用餐描述 早
早餐后，专车送世博园一日游（园内中晚餐自理），指定时间再由专车接回酒店。			
【第3天】	住宿城市	住宿描述	用餐描述 早晚
早餐后，专车送世博园一日游（园内中晚餐自理），指定时间再由专车送浦东机场送团乘HO1107（20：00/21：30）/送火车站D3103（16：35/22：50)到福州。结束愉快的旅程！！！			

▲服务标准　　　　　　　　　　　　　　　　　　　　　　　　🅧隐藏

1、此价格已含交通费：单程飞机票，机场建设税、单程动车二等票、世博会专车二接二送及上海当地用车。
2：门票：世博会两次门票。
2、含餐：2早1正，早餐，（正餐八菜二汤，十人一桌，餐标15元/人/餐）
3、专业导游服务，旅行社责任险。
4、儿童不占床，不含门票，不含动车票，（含车，半程，单程飞机票）
（动车1.1米以下是免票，1.1米-1.5米之间是半票153元，1.5米以上是全票290元，如有需要，请提前通知）

▲线路备注　　　　　　　　　　　　　　　　　　　　　　　　🅧隐藏

16岁儿童如无身份证，请携带户籍证明。因证件原因不能登机责任自负。优惠机票不得改签退票，如遇客人在旅程期间自动离团、单独活动，参团费用一律不退！如遇单男单女无法拼房，须另补房差！！世博园门票逢周六、周天加10元/人/天，逢指定日（5.1-5.3）、（10.1-10.7）、（10.25-10.31）加60元/人/天

▲特别提醒　　　　　　　　　　　　　　　　　　　　　　　　🅧隐藏

4月1日起——世博期间，因酒店均严格分为内宾酒店及涉外酒店，以上价格只适合持身份证的游客，持护照等涉外的游客须另行报价，所有游客务必带齐报名时的有效证件，如有不带，所造成的不能入住，不能入园等一切后果由游客自行承担！！！

　　　　　　　　　　　　　　南方国旅（0591-85878880）
客户签字：　　　　　　　　　（公司盖章有效）
　　　　　　　　　　　　　　　　　年　　　月　　　日

🖨打印　📄导出Word　🔖盖章　📠发传真　🖨打印设置　🅰字体设置　大 中 小　❌关闭　　请选择要打印的模块

世博线路：纯上海世博二次门票三日游
旅游行程单

▲联系信息　　　　　　　　　　　　　　　　　　　　　🅧隐藏

联系公司：南方国旅	联系人：马敏钦
联系方式：0591-85878880　13705015845	

▲基本信息　　　　　　　　　　　　　　　　　　　　　🅧隐藏

游客人数：体验价：2个;	游览时间：2010-06-14——2010-06-16
应急电话：059185878880	座位号：2,3,
价格：2952	集合地点时间：福州火车站王威服务台 7：00
交通方式：出发：动车D3102次(07：44—13：55)；返回：动车D3103次（16：35/22：50）	

▲行程安排　　　　　　　　　　　　　　　　　　　　　🅧隐藏

途经城市：福州

【第1天】	住宿城市	上海	住宿描述	经济型酒店	用餐描述	无

早福州火车站王威服务台集中，小陈：15960094502举白底蓝字"征信"导游旗，乘动车组列车D3102次(07：44—13：55)到上海（约1小时）黄浦江上第一桥——南浦大桥上海CBD——浦东陆家嘴：外观上海标志——金茂大厦（88层）、东方明珠（高468米）、环球国际金融中心(110层)、黄浦江隧道等；南京路观光购物（十里洋场，中华五星商业街）；城隍庙自由购小吃。送回酒店。

【第2天】	住宿城市	上海	住宿描述	经济型酒店	用餐描述	早

早餐后，专车送世博园一日游（园内中晚餐自理），指定时间再由专车接回酒店。

【第3天】	住宿城市		住宿描述		用餐描述	早晚

早餐后，专车送世博园一日游（园内中晚餐自理），指定时间再由专车送浦东机场送团乘HO1107（20：00/21：30）/送火车站D3103（16：35/22：50）到福州。结束愉快的旅程！！！

▲服务标准　　　　　　　　　　　　　　　　　　　　　🅧隐藏

1、此价格已含交通费：单程飞机票，机场建设税、单程动车二等票、世博会专车二接二送及上海当地用车。
2：门票：世博会两次门票。
2、含餐：2早1正，早餐，（正餐八菜二汤，十人一桌，餐标15元/人/餐）
3、专业导游服务，旅行社责任险。
4、儿童不占床，不含门票，不含动车票，（含车，半程，单程飞机票）
（动车1.1米以下是免票，1.1米-1.5米之间是半票153元，1.5米以上是全票290元，如有需要，请提前通知）

▲特别提醒　　　　　　　　　　　　　　　　　　　　　🅧隐藏

4月1日起——世博期间，因酒店均严格分为内宾酒店及涉外酒店，以上价格只适合持身份证的游客，持护照等涉外的游客须另行报价，所有游客务必带齐报名时的有效证件，如有不带，所造成的不能入住，不能入园等一切后果由游客自行承担！！！

▲汇款帐号　　　　　　　　　　　　　　　　　　　　　🅧隐藏

1、开户行：兴业银行福清支行加州城分理处
账户名：福建省福清市南方国际旅行社有限公司
账号：1181 6010 0100 0134 61
2、开户行：中国农业银行
账户名：马敏钦
账号：95599 8006 14643 80213
3、开户行：兴业银行
账户名：马敏钦
账号：966666 113982 423210
4、开户行：中国工商银行
账户名：马敏钦
账号：622208 1402000466601
5、开户行：中国建设银行
账户名：马敏钦
账号：6222 8018 2312 1002 372

🖨 打印 ｜ 📄 导出Word ｜ 🔖 盖章 ｜ 📠 发传真 ｜ 🖨 打印设置 ｜ ✎ 字体设置 大 中 小 ｜ ✖ 关闭 ｜ 📋 请选择要打印的模块

世博线路：纯上海世博二次门票三日游

报名确认单

▲基本信息　　　　　　　　　　　　　　　　　　　　　　🔲隐藏

订单编号：	SZ1186293-100622000 1	团号：	NF100614002	线路：	世博线路：纯上海世博二次门票三日游
报名日期：	2010年06月22日	出团日期：	2010年06月14日	人　数：	体验价：2个；
游客联系人：	许诺（13776056786）	集合地点：	福州火车站王威服务台（7：00）	座位编号：	2,3, 🔲隐藏
出发交通：	动车D3102次（07：44—13：55）	返回交通：	动车D3103次（16：35/22：50）		

价格明细：（体验价）1476元/人 * 2 = 2952元；🔲隐藏
单房差：300元/席 * 0 = 0
应收款：2952元 已收款：0.00元 🔲隐藏

▲行程安排　　　　　　　　　　　　　　　　　　　　　　🔲隐藏

途经城市： 福州

【第1天】	住宿城市	上海	住宿描述	经济型酒店	用餐描述	无

早福州火车站王威服务台集中，小陈：15960094502等白辰蓝宇"征信"导游旗，乘动车组列车D3102次（07：44—13；55到上海，车游（约1小时）黄浦江上第一桥——南浦大桥上海CBD——浦东陆家嘴：外观上海标志——金茂大厦（88层）、东方明珠（高468米）、环球国际金融中心（110层）、黄浦江隧道等；南京路观光购物（十里洋场，中华五星商业街）；城隍庙自由购小吃。送回酒店，入住酒店。

【第2天】	住宿城市	上海	住宿描述	经济型酒店	用餐描述	早

早餐后，专车送世博园一日游（园内中晚餐自理），指定时间再由专车接回酒店。

【第3天】	住宿城市		住宿描述		用餐描述	早晚

早餐后，专车送世博园一日游（园内中晚餐自理），指定时间再由专车送浦东机场送回搭乘HO1107（20：00/21：30）赶火车站D3103（16：35/22：50）到福州。结束愉快的旅程！！！

▲服务标准　　　　　　　　　　　　　　　　　　　　　　🔲隐藏

1、此价格已含交通费：单程飞机票，机场建设税、单程动车二等票、世博会专车二接二送及上海当地用车。
2、门票：世博会两次门票。
2、含餐：2早1正，早餐，（正餐八菜二汤，十人一桌，餐标15元/人餐）
3、专业导游服务，旅行社责任险。
4、儿童不占床，不含门票，不含动车票，（含车,半餐,单程飞机票）
（动车1.1米以下是免票，1.1米-1.5米之间是半票153元，1.5米以上是全票290元，如有需要，请提前通知）

▲特别提醒　　　　　　　　　　　　　　　　　　　　　　🔲隐藏

4月1日起—世博期间，因酒店均严格分为内宾酒店及涉外酒店，以上价格只适合持身份证的游客，持护照等涉外的游客须另行报价，所有游客务必带齐报名时的有效证件，如有不带，所造成的不能入住，不能入园等一切后果由游客自行承担！！！

▲线路备注　　　　　　　　　　　　　　　　　　　　　　🔲隐藏

16岁儿童如无身份证，请携带户籍证明。因证件原因不能登机责任自负。优惠机票不得改签退票，如遇客人在旅程期间自动离团、单独活动，参团费用一律不退！如遇单男单女无法拼房，须另补房差！！世博园门票逢周六、周天加10元/人/天，逢指定日（5.1-5.3）、（10.1-10.7）、（10.25-10.31）加80元/人厌

▲汇款帐号　　　　　　　　　　　　　　　　　　　　　　🔲隐藏

1、开户行：兴业银行福清支行加州城分理处
账户名：福建省福清市南方国际旅行社有限公司
账号：1181 6010 0100 0134 61
2、开户行：中国农业银行
账户名：马敏钦
账号：95599 8006 14643 80213
3、开户行：兴业银行
账户名：马敏钦
账号：966666 113982 423210
4、开户行：中国工商银行
账户名：马敏钦
账号：622208 1402000466601
5、开户行：中国建设银行
账户名：马敏钦
账号：6222 8018 2312 1002 372

旅行社： 南方国旅
联系人： 签证马先生、旅游薛小姐、机票林小姐
电　话： 13705015845　　　　　　　　　　　　　　游客签名
经办人：　　　　　（盖章有效）　　　　　　　　　　　　日 期
日　期：　　年　月　日

订单统计：

可以用来统计每个员工或者同行的收客和结款情况，且可以通过查看订单明细看到每一条线路

| 收客统计 | 按收客渠道统计 | 按分销商统计 | 按月统计 | 按员工统计 | 按部门统计 |

年份　<<上一年 2010 下一年>>

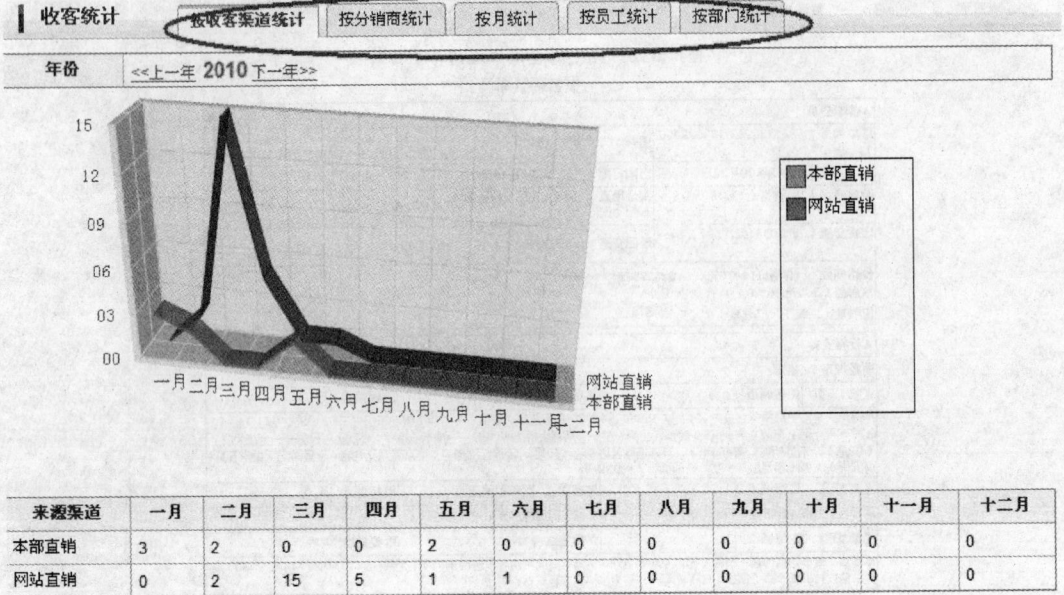

来源渠道	一月	二月	三月	四月	五月	六月	七月	八月	九月	十月	十一月	十二月
本部直销	3	2	0	0	2	0	0	0	0	0	0	0
网站直销	0	2	15	5	1	1	0	0	0	0	0	0

（四）旅行社内部管理软件

1. 计调对已经收满团的线路进行发团安排

| 计调安排/发团 | 散拼组团线路 | 散拼地接线路 | ○无计划 | ■未安排 ■未确认 ■已确认 |

搜索　线路名：　　　团号：　　　类型：全部▼　线路分组：请选择　　　▼
发团日：从　　　　到　　　　状态：可发团线路▼　搜　索

线路/团队编号	天数	人数	计调安排	状态	操作	信息
世博线路：纯上海世博二次门票三日游 (NF100614002)	2010-06-14 3天	剩余：不限 已报：2 总数：不限	■导游 ■交通 ■大交通 ■酒店 ■餐饮 ■景点 ■地接 ■购物 ■其他	销售中	安排 发团 申请导游预支款 申请计调预付款	安排信息 报名订单 单据打印》
福州周边旅游：福州、福清出发武夷山三日游 (NF100614001)	2010-06-14 3天	剩余：28 已报：2 总数：30	■导游 ■交通 ■大交通 ■酒店 ■餐饮 ■景点 ■地接 ■购物 ■其他	销售中	安排 发团 申请导游预支款 申请计调预付款	安排信息 报名订单 单据打印》
厦门双动海景二日游 (NF100508001)	2010-05-08 2天	剩余：11 已报：9 总数：20	■导游 ■交通 ■大交通 ■酒店 ■餐饮 ■景点 ■地接 ■购物 ■其他	销售中	安排 发团 申请导游预支款 申请计调预付款	安排信息 报名订单 单据打印》
福州动车旅游线路：杭州、乌镇、西湖、西溪湿地公园(驾动车)二日游 《2010年五一假期报价... (NF100501001)	2010-05-01 2天	剩余：不限 已报：7 总数：不限	■导游 ■交通 ■大交通 ■酒店 ■餐饮 ■景点 ■地接 ■购物 ■其他	销售中	安排 发团 申请导游预支款 申请计调预付款	安排信息 报名订单 单据打印》
福州中学春季团队半天千部日用	2010-03-05	剩余：不限	■导游 ■交通 ■大交通		安排 发团	安排信息

2. 游客报名清单和游客接送单的打印

报名订单

线路基本信息

线路名称：	福州出发到泰国风光六天新品团	团队编号：	NF100325005
发团日期：	2010-3-25 14:00	结束日期：	2010-3-30 15:00
总人数：	不限	剩余人数：	不限

订单报名人数信息

报名人数：	24	已确认人数：	0

订单房间数信息

已确认：	0间	未确认：	12.0间
总房间数：	12.0间		

订单详细信息

报名社（联系人）	游客联系人信息	集合地点时间	人数	座位号	订单信息	订单状态
福清市南方国际旅行社（mingming）	姓名：mingming 电话：18677777078	地点：厦门高崎机场 时间：14:00	成人：2个； 小计：2个成人。	1,2	价格：4320 游客付款：否 房间数量：1.0	等待批发商确认
福清市南方国际旅行社（mingming）	姓名：mingming 电话：18677777078	地点：厦门高崎机场 时间：14:00	成人：2个； 小计：2个成人。	3,4	价格：4320 游客付款：否 房间数量：1.0	等待批发商确认
福清市南方国际旅行社（mingming）	姓名：mingming 电话：18677777078	地点：厦门高崎机场 时间：14:00	成人：2个； 小计：2个成人。	3,4	价格：4320 游客付款：否 房间数量：1.0	等待批发商确认
福清市南方国际旅行社（mingming）	姓名：mingming 电话：18677777078	地点：厦门高崎机场 时间：14:00	成人：2个； 小计：2个成人。	3,4	价格：4320 游客付款：否 房间数量：1.0	等待批发商确认
福清市南方国际旅行社（mingming）	姓名：mingming 电话：18677777078	地点：厦门高崎机场 时间：14:00	成人：2个； 小计：2个成人。	3,4	价格：4320 游客付款：否 房间数量：1.0	等待批发商确认
福清市南方国际旅行社（mingming）	姓名：mingming 电话：18677777078	地点：厦门高崎机场 时间：14:00	成人：2个； 小计：2个成人。	5,6	价格：4320 游客付款：否 房间数量：1.0	等待批发商确认
福清市南方国际旅行社（mingming）	姓名：mingming 电话：18677777078	地点：厦门高崎机场 时间：14:00	成人：2个； 小计：2个成人。	7,8	价格：4320 游客付款：否 房间数量：1.0	等待批发商确认
福清市南方国际旅行社（mingming）	姓名：mingming 电话：18677777078	地点：厦门高崎机场 时间：14:00	成人：2个； 小计：2个成人。	7,8	价格：4320 游客付款：否 房间数量：1.0	等待批发商确认

🖨 打印　📧 导出Word　🖋 盖章　📠 发传真　🖨 打印设置　📝 字体设置　大　中　小　🗙 关闭 | 请选择要打印的模块

福建省福清市南方国际旅行社有限公司 🗙隐藏
Fu jian Province Fuqing City Southern International Travel Service CO.,LTD.
南方国际旅游网：www.888fquu.com　　经营许可证号：L-FJ-GJ00061

福州出发到泰国风光六天新品团

出团人员名单

团号：NF100325005

座位	姓名	性别	类型	联系电话	证件号码🗙隐藏	需要保险	报名社[联系人]（电话）🗙隐藏	备注
1	韩明明	男	成人	18677777078	35018119900927197X	是	福清市南方国际旅行社 [mingming](18677777078)	
2	林威	男	成人	18677775331	350181199012231936	是	福清市南方国际旅行社 [mingming](18677777078)	
3	韩明明	男	成人	18677777078	35018119900927197X	是	福清市南方国际旅行社 [mingming](18677777078)	
3	韩明明	男	成人	18677777078	35018119900927197X	是	福清市南方国际旅行社 [mingming](18677777078)	

陪同支付单：

🖨打印 📋导出Word ☑盖章 📠发传真 🔧打印设置 🔧字体设置 大 中 小 ✕关闭   📄请选择要打印的模块

世博线路：纯上海世博二次门票三日游
陪同支付单

▲基本信息   ✕隐藏

团 号： NF100614002		人 数： 2	
发团日期：2010-6-14		发团时间：07:44	
我社名称：南方国旅		我社电话：	

▲行程安排   ✕隐藏

途经城市： 福州					
【第1天】	住宿城市	上海	住宿描述	经济型酒店	用餐描述 无

早福州火车站王威服务台集中，小陈：15960094502举白底蓝字"征信"导游旗，乘动车组列车D3102次（07：44—13；55)到上海，车游（约1小时）黄浦江上第一桥——南浦大桥上海CBD——浦东陆家嘴：外观上海标志——金茂大厦（88层）、东方明珠（高468米）、环球国际金融中心(110层)、黄浦江隧道等；南京路观光购物（十里洋场，中华五星商业街）；城隍庙自由购小吃。送回酒店，入住酒店。

【第2天】	住宿城市	上海	住宿描述	经济型酒店	用餐描述 早

早餐后，专车送世博园一日游（园中晚餐自理），指定时间再由专车接回酒店。

【第3天】	住宿城市		住宿描述		用餐描述 早晚

早餐后，专车送世博园一日游（园内中晚餐自理），指定时间再由专车送浦东机场送团乘HO1107（20：00/21：30）/送火车站D3103（16：35/22：50)到福州。结束愉快的旅程！！！

▲服务标准   ✕隐藏

1、此价格已含交通费：单程飞机票，机场建设税、单程动车二等票、世博会专车二接二送及上海当地用车。
2：门票：世博会两次门票。
2、含餐：2早1正，早餐，（正餐八菜二汤，十一人一桌，餐标15元/人餐）
3、专业导游服务，旅行社责任险。
4、儿童不占床,不含门票,不含动车票，（含车,半餐,单程飞机票）
（动车1.1米以下是免票，1.1米-1.5米之间是半票153元，1.5米以上是全票290元，如有需要，请提前通知）

▲线路备注   ✕隐藏

16岁儿童如无身份证,请携带户籍证明。因证件原因不能登机责任自负。优惠机票不得改签退票，如遇客人在放程期间自动离团、单独活动,参团费用一律不退！如遇单男单女无法拼房，须另补房差！！世博园门票逢周六、周大加10元/人/天，逢指定日（5.1-5.3）、（10.1-10.7）、（10.25-10.31)加60元/人/天

▲应付款合计：0 其中现金：0 其中签单：0 (单位：元)   ✕隐藏

审核人：
日 期：

出团任务书：

🖨打印 📋导出Word ☑盖章 📠发传真 🔧打印设置 🔧字体设置 大 中 小 ✕关闭   📄请选择要打印的模块

世博线路：纯上海世博二次门票三日游
出团任务书

▲基本信息   ✕隐藏

团 号： NF100614002		人 数：	
发团日期： 2010-6-14		发团时间： 07:44	

▲行程安排   ✕隐藏

途经城市： 福州					
【第1天】	住宿城市	上海	住宿描述	经济型酒店	用餐描述 无

早福州火车站王威服务台集中，小陈：15960094502举白底蓝字"征信"导游旗，乘动车组列车D3102次（07：44—13；55)到上海，车游（约1小时）黄浦江上第一桥——南浦大桥上海CBD——浦东陆家嘴：外观上海标志——金茂大厦（88层）、东方明珠（高468米）、环球国际金融中心(110层)、黄浦江隧道等；南京路观光购物（十里洋场，中华五星商业街）；城隍庙自由购小吃。送回酒店，入住酒店。

【第2天】	住宿城市	上海	住宿描述	经济型酒店	用餐描述 早

早餐后，专车送世博园一日游（园内中晚餐自理），指定时间再由专车接回酒店。

【第3天】	住宿城市		住宿描述		用餐描述 早晚

早餐后，专车送世博园一日游（园内中晚餐自理），指定时间再由专车送浦东机场送团乘HO1107（20：00/21：30）/送火车站D3103（16：35/22：50)到福州。结束愉快的旅程！！！

▲服务标准   ✕隐藏

1、此价格已含交通费：单程飞机票，机场建设税、单程动车二等票、世博会专车二接二送及上海当地用车。
2：门票：世博会两次门票。
2、含餐：2早1正，早餐，（正餐八菜二汤，十八人一桌，餐标15元/人餐）
3、专业导游服务，旅行社责任险。
4、儿童不占床,不含门票,不含动车票，（含车,半餐,单程飞机票）
（动车1.1米以下是免票，1.1米-1.5米之间是半票153元，1.5米以上是全票290元，如有需要，请提前通

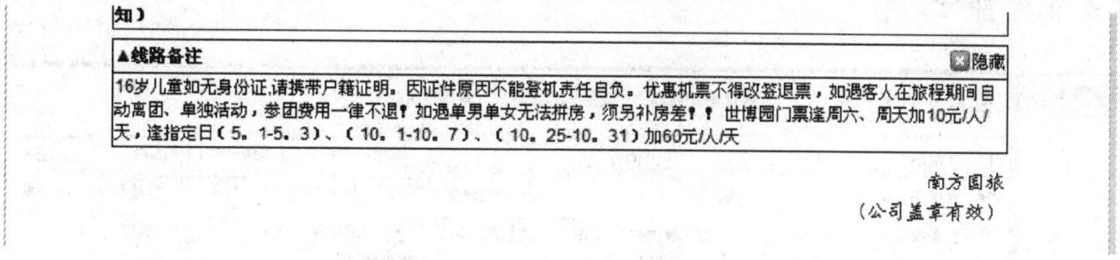

计调对房、餐、车、导、票、地接社的安排：

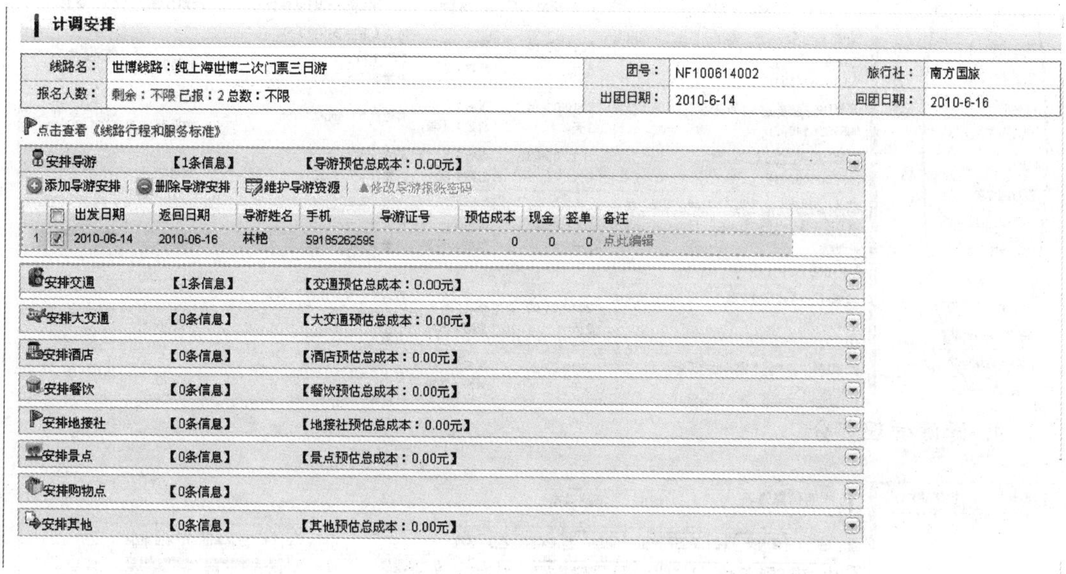

餐、住宿、景点、地接、购物等安排同上。

回访评分：

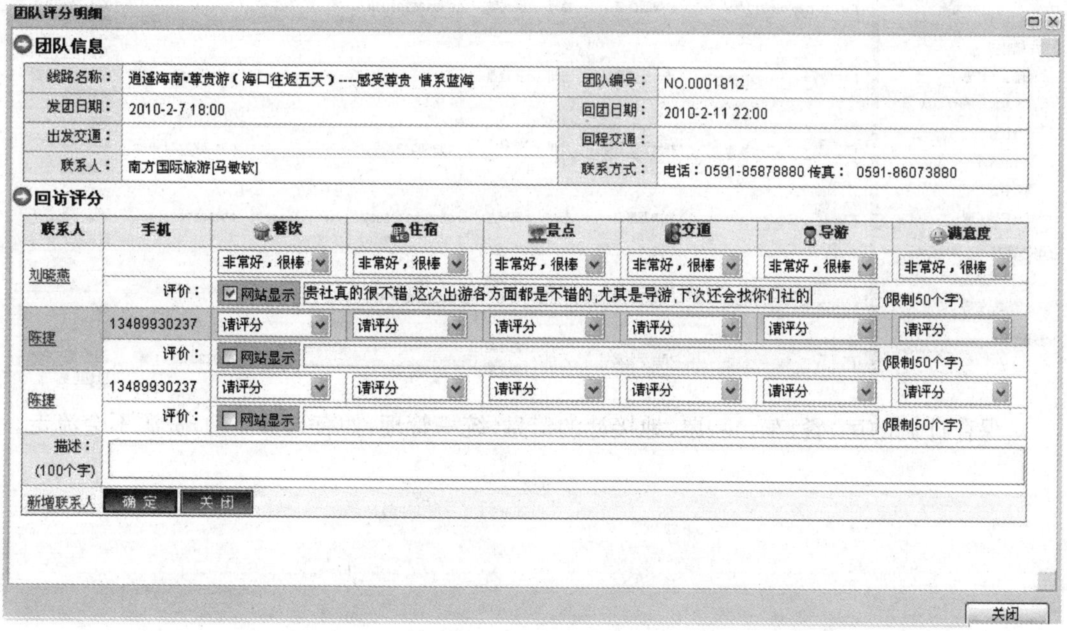

3. 财务管理部分

4. 资源管理部分

保存计调的房、餐、车、导、票、地接社的信息，统一管理，如有人员流动，资源不会流走。

5. 员工管理部分

账号/冷牌码	真实姓名	部门	性别	手机	QQ	登录次数	最后登录时间	有效	操作
1186293-郭玉	郭玉	组团部	女	18950278975		1	2010-6-17 10:00:35	是	修改 删除
1186293-丽丽	丽丽	组团部	女	13859000463	181448768	9	2010-6-21 9:19:46	是	修改 删除
1186293-肖凌	肖凌	组团部	女	13960803609	153863001	13	2010-6-21 10:04:53	是	修改 删除
1186293-bfg521	吴月颖		男	13174520589		46	2010-5-10 9:54:07	是	修改 删除
1186293-陈惠萍	陈惠萍	组团部	女	059186073883	1320068055	63	2010-6-18 17:13:21	是	修改 删除
1186293-林雅明	林雅明	组团部	女	13696823570	570583771	141	2010-6-22 14:52:07	是	修改 删除
1186293-陈佳凤	陈佳凤	组团部	女	13107668656	1125440575	148	2010-6-21 10:34:32	是	修改 删除
1186293-vsoft11	马力杰	票务部	男	13959151243	309066736	413	2010-6-20 8:40:03	是	修改 删除
1186293-xuyunfeng	许云峰		男	13950443659	57502904	21	2010-5-6 17:48:07	是	修改 删除

权限管理：

*帐号：	1186293-郭玉 前缀数字为公司ID，不可修改，但登录系统只要用"帐号"即可
*密码：	●●●●●●　　　注：密码长度不得少于4位，不能使用空格。
*重复密码：	●●●●●●
*真实姓名：	郭玉
所属部门：	组团部　　新增部门　　□部门经理
性别：	○男 ⊙女
*手机号码：	18950278975　　　我们会发短信通知你报名是否成功
固定电话：	85808619
传真号：	
MSN：	
QQ：	
备注：	
有效：	☑
登录信息：	加入时间： 2010-6-11 8:56:01 登录次数： 1 最后登录： 2010-6-17 10:00:35 最后IP： 222.76.105.31

填写基本资料　设置权限

导出资料：	◉不允许 ○允许	资料操作：	☑允许修改资料 ☑允许删除资料
是否允许盖章：	○不允许 ◉允许	同程中房信：	☑允许登录 ☑显示奖金 ☑显示底价
管理所有客户信息：	◉不允许 ○允许	对所有订单收退款：	○不允许 ◉允许

☐ 参考权限，选中后将为该员工自动赋予**组团部**的权限，您可以进行微调后保存

☐产品中心
>>散拼管理
☑维护散拼组团线路
☑发布散拼组团线路
☑维护散拼地接线路
☑发布散拼地接线路
☑删除散拼线路
☑维护散拼线路库
☑查询散拼线路库
>>团队组团
☑发布组团参考线路
☑维护组团线路库
☑查询组团线路库
>>团队地接
☑发布地接参考线路
☑维护地接线路库
☑查询地接线路库

☐销售中心
>>散拼管理
☑内部员工报名
☑代理线路报名
☑订单确认
☑订单维护
☑查询订单
☑订单回收站
☑散拼团收客统计
☑查询联合体订单
☑销售收款/退款
>>团队组团
☑销售报价
☑销售报价单管理（组团）
☑销售成团
☑维护团队信息（组团）
☑销售收款/退款（组团）

☐计调中心
>>散拼管理
☑计调安排/发团
☑回团确认
☑团队查询管理
☑回访评价管理
>>团队组团
☑计调安排/发团
☑安排大交通
☑回团确认
☑回访评价管理
☑团队信息查询
☑收到的询价单
☑计调报价
☑报价单管理
>>团队地接
☑计调安排/发团

（四）客户管理系统

1. 客户信息管理,客户消费记录管理:对所有同行和游客的资料进行管理。

2. 客户销售机会管理,销售跟进:对客户的销售跟进管理,记录每一次销售或者业务洽谈,便于下一次跟进。

3. 客户关怀(短信群发,传真群发):对意向客户的群发,比如线路开班,线路收客,通知群发等。

(五)散客预订平台,机票查出打一体化

同程网六合一的用户可以获得机票的出票资质,旅行社只需要同程签订相应代理协议,然后支付机票票据押金,就可以自己打印机票。除此之外,同程还有一个产品:航信通系统。

案 例 分 析

热议旅行社 e 化瓶颈与突破

文章来源:中国航空旅游网(www.cnair.com)

2010 年 1 月 11 日,北京,在《旅行社》杂志主办的第一届"旅行社零售终端电子商务论坛"上,旅行社、行业搜索网站、呼叫中心建设单位、在线旅游商务网站等近 200 位老总们济济一堂,共商旅行社电子商务发展大计,探寻旅行社电子商务解决方案。51766 网 CEO 倪学军坐客论坛并提出:旅行社 e 化瓶颈的突破从根本上就是要加速 e 化进程的专业性。

在"旅行社批发商与零售终端的信息化对接及交易支付解决方案"的议题环节中,众信国旅、华远国旅、捷达假期国际旅行社和瑞途时代等老总们分享了各自 e 化进程中的收获、体会、焦点问题和对难点解决的期盼。大家一致认为,旅行社电子商务发展到新的阶段,已迫切需要一个统筹度假产品标准化服务及网上信用环境的第三方电子商务平台,来解决旅行社孤军奋战的发展瓶颈。

对于垂直搜索在产品推广中的应用,去哪儿、酷讯、麒迅等网站介绍了各自最新的运营状况,从产品比价与服务比较功能来说,游客利用垂直搜索引擎选购住宿、机票、门票、签证等标准化程度相对较高的旅游产品的份额依然占较大比重,度假产品在垂直搜索中也同样遇到产品标准化程度不高、成交转化率低的情况。此外,网上产品信息过期,落地服务与网上资讯不相符的现象也较普遍。这些问题反映出许多旅行社的企业内部业务管理并没有真正与在线业务相配套。

度假产品服务标准化、网上信用与支付、旅行社网上与网下的管理配套成为本次论坛的三大热议点。在旅行社零售终端 E 化进程暨电子商务未来发展新趋势的研讨环节,易游天下 CEO 甄浩、搜团网运营总监高丽丽、51766 总经理倪学军等在线旅游网站各老总的讨论自然也引起了与会人员的强烈关注。

倪学军介绍说:51766 作为第三方在线旅游平台,累积 4 年的专项数据已表明,网上游客的关注热点,首当其冲的是旅游资源方的目的地,其次是交通、天气、地图等,这表明旅行社在从事电子商务运营时应有两点关注:一是不能将网络营销作为简单的广告来操作,以自己已有的产品服务为中心,不断推销给网上客人的做法不可取。二是在拓展游客渠道的源头上,与景区目的地的网上合作方式至今还没被众多旅行社所关注,实事上这是一块非常重要而实施有效的客源渠道之一。旅游电子商务专家智旅动力创始人鹿晓龙从游客在线信息浏览与服务需求的调查与分析中,也强调了以游客需求为导向开展电子商务的重要性。

倪学军认为,以游客需求为导向的旅行社 e 化进程,必然要求在信息服务上旅游资源方

与服务方(包括旅行社)的双重整合,而在交易服务上也必须做到车、房、票、餐等完整服务链的业务整合。这种环境建设可以满足游客需要,汇聚众多客源,同时能引导旅行社以市场需求设计产品,获得最大转化率,各尽其能,各取所需。更重要的是,在此基础上,第三方电子商务平台及旅行社e化运营才有可能真正解决各类旅游产品尤其是旅游度假休闲类产品的标准化问题。当服务标准一旦成型,网上交易信用与业务环境就会形成一种良性机制,并加速旅行社e化进程的实际回报率。目前51766网已采用按在线电话业务咨询量与在线订单量的计费模式,作为旅行社服务商的考量办法。用真实的在线业务量来统领游客需求与旅行社差异化服务的对接,可以循序渐进地为同步改变产品标准化、交易信用度、企业内部管理配套等问题提供第三方运营环境,让旅行社在e化进程快速取得利润,积极建立企业内部适应于在线业务交易的组织结构与管理体制,及时打造各自的网络营销核心竞争力,以此保障e化之路的长效发展。据搜团网运营总监高丽丽会上发言,搜团网也正采用订单计费的方式吸纳旅行社加盟商。

　　作为直接面对网上直客的51766和搜团网,虽然各自的运营体系并不一样,但不约而同瞄向在线旅游的业务量指数,和旅行社e化进程中普遍存的"在线旅游不在线"的现象逆向而行,是一种机缘,还是一种突围信号?最终结局如何?也许创新和时间才会真正诠释倪学军那句话的具体内容:旅行社e化瓶颈的突破从根本上就是要加速e化进程的专业性。

　　问题:根据以上案例内容,谈谈你对旅行社电子商务的观点和看法。

项 目 实 训

1. 注册同程旅游网,模拟旅行社间的交易过程。
2. 访问携程旅行网,并在网上尝试预订机票、酒店。

复 习 思 考 题

1. 简述旅行社电子商务系统中的技术应用。
2. 简述旅行社网络营销策略及旅游网站推广原则。
3. 为你所了解的一家小型旅行社设计出切实可行的网络营销操作方案。
4. 比较传统旅行社合作与旅行社间网上运营的异同。

附录一
中华人民共和国旅游法

(2013 年 4 月 25 日第十二届全国人民代表大会常务委员会第二次会议通过)

目 录

第一章 总 则

第一条 为保障旅游者和旅游经营者的合法权益,规范旅游市场秩序,保护和合理利用旅游资源,促进旅游业持续健康发展,制定本法。

第二条 在中华人民共和国境内的和在中华人民共和国境内组织到境外的游览、度假、休闲等形式的旅游活动以及为旅游活动提供相关服务的经营活动,适用本法。

第三条 国家发展旅游事业,完善旅游公共服务,依法保护旅游者在旅游活动中的权利。

第四条 旅游业发展应当遵循社会效益、经济效益和生态效益相统一的原则。国家鼓励各类市场主体在有效保护旅游资源的前提下,依法合理利用旅游资源。利用公共资源建设的游览场所应当体现公益性质。

第五条 国家倡导健康、文明、环保的旅游方式,支持和鼓励各类社会机构开展旅游公益宣传,对促进旅游业发展做出突出贡献的单位和个人给予奖励。

第六条 国家建立健全旅游服务标准和市场规则,禁止行业垄断和地区垄断。旅游经营者应当诚信经营,公平竞争,承担社会责任,为旅游者提供安全、健康、卫生、方便的旅游服务。

第七条 国务院建立健全旅游综合协调机制,对旅游业发展进行综合协调。

县级以上地方人民政府应当加强对旅游工作的组织和领导,明确相关部门或者机构,对本行政区域的旅游业发展和监督管理进行统筹协调。

第八条 依法成立的旅游行业组织,实行自律管理。

第二章 旅游者

第九条 旅游者有权自主选择旅游产品和服务,有权拒绝旅游经营者的强制交易行为。

旅游者有权知悉其购买的旅游产品和服务的真实情况。

旅游者有权要求旅游经营者按照约定提供产品和服务。

第十条 旅游者的人格尊严、民族风俗习惯和宗教信仰应当得到尊重。

第十一条 残疾人、老年人、未成年人等旅游者在旅游活动中依照法律、法规和有关规定享受便利和优惠。

第十二条 旅游者在人身、财产安全遇有危险时,有请求救助和保护的权利。

旅游者人身、财产受到侵害的,有依法获得赔偿的权利。

第十三条 旅游者在旅游活动中应当遵守社会公共秩序和社会公德,尊重当地的风俗习惯、文化传统和宗教信仰,爱护旅游资源,保护生态环境,遵守旅游文明行为规范。

第十四条 旅游者在旅游活动中或者在解决纠纷时,不得损害当地居民的合法权益,不得干扰他人的旅游活动,不得损害旅游经营者和旅游从业人员的合法权益。

第十五条 旅游者购买、接受旅游服务时,应当向旅游经营者如实告知与旅游活动相关的个人健康信息,遵守旅游活动中的安全警示规定。

旅游者对国家应对重大突发事件暂时限制旅游活动的措施以及有关部门、机构或者旅游经营者采取的安全防范和应急处置措施,应当予以配合。

旅游者违反安全警示规定,或者对国家应对重大突发事件暂时限制旅游活动的措施、安全防范和应急处置措施不予配合的,依法承担相应责任。

第十六条 出境旅游者不得在境外非法滞留,随团出境的旅游者不得擅自分团、脱团。

入境旅游者不得在境内非法滞留,随团入境的旅游者不得擅自分团、脱团。

第三章 旅游规划和促进

第十七条 国务院和县级以上地方人民政府应当将旅游业发展纳入国民经济和社会发展规划。

国务院和省、自治区、直辖市人民政府以及旅游资源丰富的设区的市和县级人民政府,应当按照国民经济和社会发展规划的要求,组织编制旅游发展规划。对跨行政区域且适宜进行整体利用的旅游资源进行利用时,应当由上级人民政府组织编制或者由相关地方人民政府协商编制统一的旅游发展规划。

第十八条 旅游发展规划应当包括旅游业发展的总体要求和发展目标,旅游资源保护和利用的要求和措施,以及旅游产品开发、旅游服务质量提升、旅游文化建设、旅游形象推广、旅游基础设施和公共服务设施建设的要求和促进措施等内容。

根据旅游发展规划,县级以上地方人民政府可以编制重点旅游资源开发利用的专项规划,对特定区域内的旅游项目、设施和服务功能配套提出专门要求。

第十九条 旅游发展规划应当与土地利用总体规划、城乡规划、环境保护规划以及其他自然资源和文物等人文资源的保护和利用规划相衔接。

第二十条 各级人民政府编制土地利用总体规划、城乡规划,应当充分考虑相关旅游项目、设施的空间布局和建设用地要求。规划和建设交通、通信、供水、供电、环保等基础设施和公共服务设施,应当兼顾旅游业发展的需要。

第二十一条 对自然资源和文物等人文资源进行旅游利用,必须严格遵守有关法律、法规的规定,符合资源、生态保护和文物安全的要求,尊重和维护当地传统文化和习俗,维护资源的区域整体性、文化代表性和地域特殊性,并考虑军事设施保护的需要。有关主管部门应当加强对资源保护和旅游利用状况的监督检查。

第二十二条 各级人民政府应当组织对本级政府编制的旅游发展规划的执行情况进行评估,并向社会公布。

第二十三条 国务院和县级以上地方人民政府应当制定并组织实施有利于旅游业持续健康发展的产业政策,推进旅游休闲体系建设,采取措施推动区域旅游合作,鼓励跨区域旅游线路和产品开发,促进旅游与工业、农业、商业、文化、卫生、体育、科教等领域的融合,扶持少数民族地区、革命老区、边远地区和贫困地区旅游业发展。

第二十四条 国务院和县级以上地方人民政府应当根据实际情况安排资金,加强旅游基础设施建设、旅游公共服务和旅游形象推广。

第二十五条 国家制定并实施旅游形象推广战略。国务院旅游主管部门统筹组织国家旅游形象的境外推广工作,建立旅游形象推广机构和网络,开展旅游国际合作与交流。

县级以上地方人民政府统筹组织本地的旅游形象推广工作。

第二十六条 国务院旅游主管部门和县级以上地方人民政府应当根据需要建立旅游公共信息和咨询平台,无偿向旅游者提供旅游景区、线路、交通、气象、住宿、安全、医疗急救等必要信息和咨询服务。设区的市和县级人民政府有关部门应当根据需要在交通枢纽、商业中心和旅游者集中场所设置旅游咨询中心,在景区和通往主要景区的道路设置旅游指示标识。

旅游资源丰富的设区的市和县级人民政府可以根据本地的实际情况,建立旅游客运专线或者游客中转站,为旅游者在城市及周边旅游提供服务。

第二十七条 国家鼓励和支持发展旅游职业教育和培训,提高旅游从业人员素质。

第四章 旅游经营

第二十八条 设立旅行社,招徕、组织、接待旅游者,为其提供旅游服务,应当具备下列条件,取得旅游主管部门的许可,依法办理工商登记:

(一)有固定的经营场所;

(二)有必要的营业设施;

(三)有符合规定的注册资本;

(四)有必要的经营管理人员和导游;

(五)法律、行政法规规定的其他条件。

第二十九条 旅行社可以经营下列业务:

(一)境内旅游;

(二)出境旅游;

（三）边境旅游；

（四）入境旅游；

（五）其他旅游业务。

旅行社经营前款第二项和第三项业务，应当取得相应的业务经营许可，具体条件由国务院规定。

第三十条　旅行社不得出租、出借旅行社业务经营许可证，或者以其他形式非法转让旅行社业务经营许可。

第三十一条　旅行社应当按照规定交纳旅游服务质量保证金，用于旅游者权益损害赔偿和垫付旅游者人身安全遇有危险时紧急救助的费用。

第三十二条　旅行社为招徕、组织旅游者发布信息，必须真实、准确，不得进行虚假宣传，误导旅游者。

第三十三条　旅行社及其从业人员组织、接待旅游者，不得安排参观或者参与违反我国法律、法规和社会公德的项目或者活动。

第三十四条　旅行社组织旅游活动应当向合格的供应商订购产品和服务。

第三十五条　旅行社不得以不合理的低价组织旅游活动，诱骗旅游者，并通过安排购物或者另行付费旅游项目获取回扣等不正当利益。

旅行社组织、接待旅游者，不得指定具体购物场所，不得安排另行付费旅游项目。但是，经双方协商一致或者旅游者要求，且不影响其他旅游者行程安排的除外。

发生违反前两款规定情形的，旅游者有权在旅游行程结束后三十日内，要求旅行社为其办理退货并先行垫付退货货款，或者退还另行付费旅游项目的费用。

第三十六条　旅行社组织团队出境旅游或者组织、接待团队入境旅游，应当按照规定安排领队或者导游全程陪同。

第三十七条　参加导游资格考试成绩合格，与旅行社订立劳动合同或者在相关旅游行业组织注册的人员，可以申请取得导游证。

第三十八条　旅行社应当与其聘用的导游依法订立劳动合同，支付劳动报酬，缴纳社会保险费用。

旅行社临时聘用导游为旅游者提供服务的，应当全额向导游支付本法第六十条第三款规定的导游服务费用。

旅行社安排导游为团队旅游提供服务的，不得要求导游垫付或者向导游收取任何费用。

第三十九条　取得导游证，具有相应的学历、语言能力和旅游从业经历，并与旅行社订立劳动合同的人员，可以申请取得领队证。

第四十条　导游和领队为旅游者提供服务必须接受旅行社委派，不得私自承揽导游和领队业务。

第四十一条　导游和领队从事业务活动，应当佩戴导游证、领队证，遵守职业道德，尊重旅游者的风俗习惯和宗教信仰，应当向旅游者告知和解释旅游文明行为规范，引导旅游者健康、文明旅游，劝阻旅游者违反社会公德的行为。

导游和领队应当严格执行旅游行程安排，不得擅自变更旅游行程或者中止服务活动，不得向旅游者索取小费，不得诱导、欺骗、强迫或者变相强迫旅游者购物或者参加另行付费旅游项目。

第四十二条　景区开放应当具备下列条件，并听取旅游主管部门的意见：

（一）有必要的旅游配套服务和辅助设施；

（二）有必要的安全设施及制度，经过安全风险评估，满足安全条件；

（三）有必要的环境保护设施和生态保护措施；

（四）法律、行政法规规定的其他条件。

第四十三条　利用公共资源建设的景区的门票以及景区内的游览场所、交通工具等另行收费项目，实行政府定价或者政府指导价，严格控制价格上涨。拟收费或者提高价格的，应当举行听证会，征求旅游者、经营者和有关方面的意见，论证其必要性、可行性。

利用公共资源建设的景区，不得通过增加另行收费项目等方式变相涨价；另行收费项目已收回投资成本的，应当相应降低价格或者取消收费。

公益性的城市公园、博物馆、纪念馆等，除重点文物保护单位和珍贵文物收藏单位外，应当逐步免费开放。

第四十四条　景区应当在醒目位置公示门票价格、另行收费项目的价格及团体收费价格。景区提高门票价格应当提前六个月公布。

将不同景区的门票或者同一景区内不同游览场所的门票合并出售的，合并后的价格不得高于各单项门票的价格之和，且旅游者有权选择购买其中的单项票。

景区内的核心游览项目因故暂停向旅游者开放或者停止提供服务的，应当公示并相应减少收费。

第四十五条　景区接待旅游者不得超过景区主管部门核定的最大承载量。景区应当公布景区主管部门核定的最大承载量，制定和实施旅游者流量控制方案，并可以采取门票预约等方式，对景区接待旅游者的数量进行控制。

旅游者数量可能达到最大承载量时，景区应当提前公告并同时向当地人民政府报告，景区和当地人民政府应当及时采取疏导、分流等措施。

第四十六条　城镇和乡村居民利用自有住宅或者其他条件依法从事旅游经营，其管理办法由省、自治区、直辖市制定。

第四十七条　经营高空、高速、水上、潜水、探险等高风险旅游项目，应当按照国家有关规定取得经营许可。

第四十八条　通过网络经营旅行社业务的，应当依法取得旅行社业务经营许可，并在其网站主页的显著位置标明其业务经营许可证信息。

发布旅游经营信息的网站，应当保证其信息真实、准确。

第四十九条　为旅游者提供交通、住宿、餐饮、娱乐等服务的经营者，应当符合法律、法规规定的要求，按照合同约定履行义务。

第五十条　旅游经营者应当保证其提供的商品和服务符合保障人身、财产安全的要求。

旅游经营者取得相关质量标准等级的，其设施和服务不得低于相应标准；未取得质量标准等级的，不得使用相关质量等级的称谓和标识。

第五十一条　旅游经营者销售、购买商品或者服务，不得给予或者收受贿赂。

第五十二条　旅游经营者对其在经营活动中知悉的旅游者个人信息，应当予以保密。

第五十三条　从事道路旅游客运的经营者应当遵守道路客运安全管理的各项制度，并在车辆显著位置明示道路旅游客运专用标识，在车厢内显著位置公示经营者和驾驶人信息、道路运输管理机构监督电话等事项。

第五十四条 景区、住宿经营者将其部分经营项目或者场地交由他人从事住宿、餐饮、购物、游览、娱乐、旅游交通等经营的,应当对实际经营者的经营行为给旅游者造成的损害承担连带责任。

第五十五条 旅游经营者组织、接待出入境旅游,发现旅游者从事违法活动或者有违反本法第十六条规定情形的,应当及时向公安机关、旅游主管部门或者我国驻外机构报告。

第五十六条 国家根据旅游活动的风险程度,对旅行社、住宿、旅游交通以及本法第四十七条规定的高风险旅游项目等经营者实施责任保险制度。

第五章 旅游服务合同

第五十七条 旅行社组织和安排旅游活动,应当与旅游者订立合同。

第五十八条 包价旅游合同应当采用书面形式,包括下列内容:

(一) 旅行社、旅游者的基本信息;

(二) 旅游行程安排;

(三) 旅游团成团的最低人数;

(四) 交通、住宿、餐饮等旅游服务安排和标准;

(五) 游览、娱乐等项目的具体内容和时间;

(六) 自由活动时间安排;

(七) 旅游费用及其交纳的期限和方式;

(八) 违约责任和解决纠纷的方式;

(九) 法律、法规规定和双方约定的其他事项。

订立包价旅游合同时,旅行社应当向旅游者详细说明前款第二项至第八项所载内容。

第五十九条 旅行社应当在旅游行程开始前向旅游者提供旅游行程单。旅游行程单是包价旅游合同的组成部分。

第六十条 旅行社委托其他旅行社代理销售包价旅游产品并与旅游者订立包价旅游合同的,应当在包价旅游合同中载明委托社和代理社的基本信息。

旅行社依照本法规定将包价旅游合同中的接待业务委托给地接社履行的,应当在包价旅游合同中载明地接社的基本信息。

安排导游为旅游者提供服务的,应当在包价旅游合同中载明导游服务费用。

第六十一条 旅行社应当提示参加团队旅游的旅游者按照规定投保人身意外伤害保险。

第六十二条 订立包价旅游合同时,旅行社应当向旅游者告知下列事项:

(一) 旅游者不适合参加旅游活动的情形;

(二) 旅游活动中的安全注意事项;

(三) 旅行社依法可以减免责任的信息;

(四) 旅游者应当注意的旅游目的地相关法律、法规和风俗习惯、宗教禁忌,依照中国法律不宜参加的活动等;

(五) 法律、法规规定的其他应当告知的事项。

在包价旅游合同履行中,遇有前款规定事项的,旅行社也应当告知旅游者。

第六十三条 旅行社招徕旅游者组团旅游,因未达到约定人数不能出团的,组团社可以解除合同。但是,境内旅游应当至少提前七日通知旅游者,出境旅游应当至少提前三十日通知旅游者。

因未达到约定人数不能出团的,组团社经征得旅游者书面同意,可以委托其他旅行社履行合同。组团社对旅游者承担责任,受委托的旅行社对组团社承担责任。旅游者不同意的,可以解除合同。

因未达到约定的成团人数解除合同的,组团社应当向旅游者退还已收取的全部费用。

第六十四条 旅游行程开始前,旅游者可以将包价旅游合同中自身的权利义务转让给第三人,旅行社没有正当理由的不得拒绝,因此增加的费用由旅游者和第三人承担。

第六十五条 旅游行程结束前,旅游者解除合同的,组团社应当在扣除必要的费用后,将余款退还旅游者。

第六十六条 旅游者有下列情形之一的,旅行社可以解除合同:

(一)患有传染病等疾病,可能危害其他旅游者健康和安全的;

(二)携带危害公共安全的物品且不同意交有关部门处理的;

(三)从事违法或者违反社会公德的活动的;

(四)从事严重影响其他旅游者权益的活动,且不听劝阻、不能制止的;

(五)法律规定的其他情形。

因前款规定情形解除合同的,组团社应当在扣除必要的费用后,将余款退还旅游者;给旅行社造成损失的,旅游者应当依法承担赔偿责任。

第六十七条 因不可抗力或者旅行社、履行辅助人已尽合理注意义务仍不能避免的事件,影响旅游行程的,按照下列情形处理:

(一)合同不能继续履行的,旅行社和旅游者均可以解除合同。合同不能完全履行的,旅行社经向旅游者作出说明,可以在合理范围内变更合同;旅游者不同意变更的,可以解除合同。

(二)合同解除的,组团社应当在扣除已向地接社或者履行辅助人支付且不可退还的费用后,将余款退还旅游者;合同变更的,因此增加的费用由旅游者承担,减少的费用退还旅游者。

(三)危及旅游者人身、财产安全的,旅行社应当采取相应的安全措施,因此支出的费用,由旅行社与旅游者分担。

(四)造成旅游者滞留的,旅行社应当采取相应的安置措施。因此增加的食宿费用,由旅游者承担;增加的返程费用,由旅行社与旅游者分担。

第六十八条 旅游行程中解除合同的,旅行社应当协助旅游者返回出发地或者旅游者指定的合理地点。由于旅行社或者履行辅助人的原因导致合同解除的,返程费用由旅行社承担。

第六十九条 旅行社应当按照包价旅游合同的约定履行义务,不得擅自变更旅游行程安排。

经旅游者同意,旅行社将包价旅游合同中的接待业务委托给其他具有相应资质的地接社履行的,应当与地接社订立书面委托合同,约定双方的权利和义务,向地接社提供与旅游者订立的包价旅游合同的副本,并向地接社支付不低于接待和服务成本的费用。地接社应当按照包价旅游合同和委托合同提供服务。

第七十条　旅行社不履行包价旅游合同义务或者履行合同义务不符合约定的,应当依法承担继续履行、采取补救措施或者赔偿损失等违约责任;造成旅游者人身损害、财产损失的,应当依法承担赔偿责任。旅行社具备履行条件,经旅游者要求仍拒绝履行合同,造成旅游者人身损害、滞留等严重后果的,旅游者还可以要求旅行社支付旅游费用一倍以上三倍以下的赔偿金。

由于旅游者自身原因导致包价旅游合同不能履行或者不能按照约定履行,或者造成旅游者人身损害、财产损失的,旅行社不承担责任。

在旅游者自行安排活动期间,旅行社未尽到安全提示、救助义务的,应当对旅游者的人身损害、财产损失承担相应责任。

第七十一条　由于地接社、履行辅助人的原因导致违约的,由组团社承担责任;组团社承担责任后可以向地接社、履行辅助人追偿。

由于地接社、履行辅助人的原因造成旅游者人身损害、财产损失的,旅游者可以要求地接社、履行辅助人承担赔偿责任,也可以要求组团社承担赔偿责任;组团社承担责任后可以向地接社、履行辅助人追偿。但是,由于公共交通经营者的原因造成旅游者人身损害、财产损失的,由公共交通经营者依法承担赔偿责任,旅行社应当协助旅游者向公共交通经营者索赔。

第七十二条　旅游者在旅游活动中或者在解决纠纷时,损害旅行社、履行辅助人、旅游从业人员或者其他旅游者的合法权益的,依法承担赔偿责任。

第七十三条　旅行社根据旅游者的具体要求安排旅游行程,与旅游者订立包价旅游合同的,旅游者请求变更旅游行程安排,因此增加的费用由旅游者承担,减少的费用退还旅游者。

第七十四条　旅行社接受旅游者的委托,为其代订交通、住宿、餐饮、游览、娱乐等旅游服务,收取代办费用的,应当亲自处理委托事务。因旅行社的过错给旅游者造成损失的,旅行社应当承担赔偿责任。

旅行社接受旅游者的委托,为其提供旅游行程设计、旅游信息咨询等服务的,应当保证设计合理、可行,信息及时、准确。

第七十五条　住宿经营者应当按照旅游服务合同的约定为团队旅游者提供住宿服务。住宿经营者未能按照旅游服务合同提供服务的,应当为旅游者提供不低于原定标准的住宿服务,因此增加的费用由住宿经营者承担;但由于不可抗力、政府因公共利益需要采取措施造成不能提供服务的,住宿经营者应当协助安排旅游者住宿。

第六章　旅游安全

第七十六条　县级以上人民政府统一负责旅游安全工作。县级以上人民政府有关部门依照法律、法规履行旅游安全监管职责。

第七十七条　国家建立旅游目的地安全风险提示制度。旅游目的地安全风险提示的级别划分和实施程序,由国务院旅游主管部门会同有关部门制定。

县级以上人民政府及其有关部门应当将旅游安全作为突发事件监测和评估的重要内容。

　　第七十八条　县级以上人民政府应当依法将旅游应急管理纳入政府应急管理体系,制定应急预案,建立旅游突发事件应对机制。

　　突发事件发生后,当地人民政府及其有关部门和机构应当采取措施开展救援,并协助旅游者返回出发地或者旅游者指定的合理地点。

　　第七十九条　旅游经营者应当严格执行安全生产管理和消防安全管理的法律、法规和国家标准、行业标准,具备相应的安全生产条件,制定旅游者安全保护制度和应急预案。

　　旅游经营者应当对直接为旅游者提供服务的从业人员开展经常性应急救助技能培训,对提供的产品和服务进行安全检验、监测和评估,采取必要措施防止危害发生。

　　旅游经营者组织、接待老年人、未成年人、残疾人等旅游者,应当采取相应的安全保障措施。

　　第八十条　旅游经营者应当就旅游活动中的下列事项,以明示的方式事先向旅游者作出说明或者警示:

　　(一)正确使用相关设施、设备的方法;

　　(二)必要的安全防范和应急措施;

　　(三)未向旅游者开放的经营、服务场所和设施、设备;

　　(四)不适宜参加相关活动的群体;

　　(五)可能危及旅游者人身、财产安全的其他情形。

　　第八十一条　突发事件或者旅游安全事故发生后,旅游经营者应当立即采取必要的救助和处置措施,依法履行报告义务,并对旅游者作出妥善安排。

　　第八十二条　旅游者在人身、财产安全遇有危险时,有权请求旅游经营者、当地政府和相关机构进行及时救助。

　　中国出境旅游者在境外陷于困境时,有权请求我国驻当地机构在其职责范围内给予协助和保护。

　　旅游者接受相关组织或者机构的救助后,应当支付应由个人承担的费用。

第七章　旅游监督管理

　　第八十三条　县级以上人民政府旅游主管部门和有关部门依照本法和有关法律、法规的规定,在各自职责范围内对旅游市场实施监督管理。

　　县级以上人民政府应当组织旅游主管部门、有关主管部门和工商行政管理、产品质量监督、交通等执法部门对相关旅游经营行为实施监督检查。

　　第八十四条　旅游主管部门履行监督管理职责,不得违反法律、行政法规的规定向监督管理对象收取费用。

　　旅游主管部门及其工作人员不得参与任何形式的旅游经营活动。

　　第八十五条　县级以上人民政府旅游主管部门有权对下列事项实施监督检查:

　　(一)经营旅行社业务以及从事导游、领队服务是否取得经营、执业许可;

　　(二)旅行社的经营行为;

　　(三)导游和领队等旅游从业人员的服务行为;

　　(四)法律、法规规定的其他事项。

　　旅游主管部门依照前款规定实施监督检查,可以对涉嫌违法的合同、票据、账簿以及其他资料进行查阅、复制。

第八十六条　旅游主管部门和有关部门依法实施监督检查,其监督检查人员不得少于二人,并应当出示合法证件。监督检查人员少于二人或者未出示合法证件的,被检查单位和个人有权拒绝。

监督检查人员对在监督检查中知悉的被检查单位的商业秘密和个人信息应当依法保密。

第八十七条　对依法实施的监督检查,有关单位和个人应当配合,如实说明情况并提供文件、资料,不得拒绝、阻碍和隐瞒。

第八十八条　县级以上人民政府旅游主管部门和有关部门,在履行监督检查职责中或者在处理举报、投诉时,发现违反本法规定行为的,应当依法及时作出处理;对不属于本部门职责范围的事项,应当及时书面通知并移交有关部门查处。

第八十九条　县级以上地方人民政府建立旅游违法行为查处信息的共享机制,对需要跨部门、跨地区联合查处的违法行为,应当进行督办。

旅游主管部门和有关部门应当按照各自职责,及时向社会公布监督检查的情况。

第九十条　依法成立的旅游行业组织依照法律、行政法规和章程的规定,制定行业经营规范和服务标准,对其会员的经营行为和服务质量进行自律管理,组织开展职业道德教育和业务培训,提高从业人员素质。

第八章　旅游纠纷处理

第九十一条　县级以上人民政府应当指定或者设立统一的旅游投诉受理机构。受理机构接到投诉,应当及时进行处理或者移交有关部门处理,并告知投诉者。

第九十二条　旅游者与旅游经营者发生纠纷,可以通过下列途径解决:

(一) 双方协商;

(二) 向消费者协会、旅游投诉受理机构或者有关调解组织申请调解;

(三) 根据与旅游经营者达成的仲裁协议提请仲裁机构仲裁;

(四) 向人民法院提起诉讼。

第九十三条　消费者协会、旅游投诉受理机构和有关调解组织在双方自愿的基础上,依法对旅游者与旅游经营者之间的纠纷进行调解。

第九十四条　旅游者与旅游经营者发生纠纷,旅游者一方人数众多并有共同请求的,可以推选代表人参加协商、调解、仲裁、诉讼活动。

第九章　法律责任

第九十五条　违反本法规定,未经许可经营旅行社业务的,由旅游主管部门或者工商行政管理部门责令改正,没收违法所得,并处一万元以上十万元以下罚款;违法所得十万元以上的,并处违法所得一倍以上五倍以下罚款;对有关责任人员,处二千元以上二万元以下罚款。

旅行社违反本法规定,未经许可经营本法第二十九条第一款第二项、第三项业务,或者出租、出借旅行社业务经营许可证,或者以其他方式非法转让旅行社业务经营许可的,除依照前款规定处罚外,并责令停业整顿;情节严重的,吊销旅行社业务经营许可证;对直接负责的主管人员,处二千元以上二万元以下罚款。

第九十六条　旅行社违反本法规定,有下列行为之一的,由旅游主管部门责令改正,没收违法所得,并处五千元以上五万元以下罚款;情节严重的,责令停业整顿或者吊销旅行社业务经营许可证;对直接负责的主管人员和其他直接责任人员,处二千元以上二万元以下罚款:

（一）未按照规定为出境或者入境团队旅游安排领队或者导游全程陪同的;

（二）安排未取得导游证或者领队证的人员提供导游或者领队服务的;

（三）未向临时聘用的导游支付导游服务费用的;

（四）要求导游垫付或者向导游收取费用的。

第九十七条　旅行社违反本法规定,有下列行为之一的,由旅游主管部门或者有关部门责令改正,没收违法所得,并处五千元以上五万元以下罚款;违法所得五万元以上的,并处违法所得一倍以上五倍以下罚款;情节严重的,责令停业整顿或者吊销旅行社业务经营许可证;对直接负责的主管人员和其他直接责任人员,处二千元以上二万元以下罚款:

（一）进行虚假宣传,误导旅游者的;

（二）向不合格的供应商订购产品和服务的;

（三）未按照规定投保旅行社责任保险的。

第九十八条　旅行社违反本法第三十五条规定的,由旅游主管部门责令改正,没收违法所得,责令停业整顿,并处三万元以上三十万元以下罚款;违法所得三十万元以上的,并处违法所得一倍以上五倍以下罚款;情节严重的,吊销旅行社业务经营许可证;对直接负责的主管人员和其他直接责任人员,没收违法所得,处二千元以上二万元以下罚款,并暂扣或者吊销导游证、领队证。

第九十九条　旅行社未履行本法第五十五条规定的报告义务的,由旅游主管部门处五千元以上五万元以下罚款;情节严重的,责令停业整顿或者吊销旅行社业务经营许可证;对直接负责的主管人员和其他直接责任人员,处二千元以上二万元以下罚款,并暂扣或者吊销导游证、领队证。

第一百条　旅行社违反本法规定,有下列行为之一的,由旅游主管部门责令改正,处三万元以上三十万元以下罚款,并责令停业整顿;造成旅游者滞留等严重后果的,吊销旅行社业务经营许可证;对直接负责的主管人员和其他直接责任人员,处二千元以上二万元以下罚款,并暂扣或者吊销导游证、领队证:

（一）在旅游行程中擅自变更旅游行程安排,严重损害旅游者权益的;

（二）拒绝履行合同的;

（三）未征得旅游者书面同意,委托其他旅行社履行包价旅游合同的。

第一百零一条　旅行社违反本法规定,安排旅游者参观或者参与违反我国法律、法规和社会公德的项目或者活动的,由旅游主管部门责令改正,没收违法所得,责令停业整顿,并处二万元以上二十万元以下罚款;情节严重的,吊销旅行社业务经营许可证;对直接负责的主管人员和其他直接责任人员,处二千元以上二万元以下罚款,并暂扣或者吊销导游证、领队证。

第一百零二条　违反本法规定,未取得导游证或者领队证从事导游、领队活动的,由旅游主管部门责令改正,没收违法所得,并处一千元以上一万元以下罚款,予以公告。

导游、领队违反本法规定，私自承揽业务的，由旅游主管部门责令改正，没收违法所得，处一千元以上一万元以下罚款，并暂扣或者吊销导游证、领队证。

导游、领队违反本法规定，向旅游者索取小费的，由旅游主管部门责令退还，处一千元以上一万元以下罚款；情节严重的，并暂扣或者吊销导游证、领队证。

第一百零三条 违反本法规定被吊销导游证、领队证的导游、领队和受到吊销旅行社业务经营许可证处罚的旅行社的有关管理人员，自处罚之日起未逾三年的，不得重新申请导游证、领队证或者从事旅行社业务。

第一百零四条 旅游经营者违反本法规定，给予或者收受贿赂的，由工商行政管理部门依照有关法律、法规的规定处罚；情节严重的，并由旅游主管部门吊销旅行社业务经营许可证。

第一百零五条 景区不符合本法规定的开放条件而接待旅游者的，由景区主管部门责令停业整顿直至符合开放条件，并处二万元以上二十万元以下罚款。

景区在旅游者数量可能达到最大承载量时，未依照本法规定公告或者未向当地人民政府报告，未及时采取疏导、分流等措施，或者超过最大承载量接待旅游者的，由景区主管部门责令改正，情节严重的，责令停业整顿一个月至六个月。

第一百零六条 景区违反本法规定，擅自提高门票或者另行收费项目的价格，或者有其他价格违法行为的，由有关主管部门依照有关法律、法规的规定处罚。

第一百零七条 旅游经营者违反有关安全生产管理和消防安全管理的法律、法规或者国家标准、行业标准的，由有关主管部门依照有关法律、法规的规定处罚。

第一百零八条 对违反本法规定的旅游经营者及其从业人员，旅游主管部门和有关部门应当记入信用档案，向社会公布。

第一百零九条 旅游主管部门和有关部门的工作人员在履行监督管理职责中，滥用职权、玩忽职守、徇私舞弊，尚不构成犯罪的，依法给予处分。

第一百一十条 违反本法规定，构成犯罪的，依法追究刑事责任。

第十章 附 则

第一百一十一条 本法下列用语的含义：

（一）旅游经营者，是指旅行社、景区以及为旅游者提供交通、住宿、餐饮、购物、娱乐等服务的经营者。

（二）景区，是指为旅游者提供游览服务、有明确的管理界限的场所或者区域。

（三）包价旅游合同，是指旅行社预先安排行程，提供或者通过履行辅助人提供交通、住宿、餐饮、游览、导游或者领队等两项以上旅游服务，旅游者以总价支付旅游费用的合同。

（四）组团社，是指与旅游者订立包价旅游合同的旅行社。

（五）地接社，是指接受组团社委托，在目的地接待旅游者的旅行社。

（六）履行辅助人，是指与旅行社存在合同关系，协助其履行包价旅游合同义务，实际提供相关服务的法人或者自然人。

第一百一十二条 本法自 2013 年 10 月 1 日起施行。

附录二
旅行社条例

（自 2009 年 5 月 1 日起施行）

第一章 总 则

第一条 为了加强对旅行社的管理，保障旅游者和旅行社的合法权益，维护旅游市场秩序，促进旅游业的健康发展，制定本条例。

第二条 本条例适用于中华人民共和国境内旅行社的设立及经营活动。

本条例所称旅行社，是指从事招徕、组织、接待旅游者等活动，为旅游者提供相关旅游服务，开展国内旅游业务、入境旅游业务或者出境旅游业务的企业法人。

第三条 国务院旅游行政主管部门负责全国旅行社的监督管理工作。

县级以上地方人民政府管理旅游工作的部门按照职责负责本行政区域内旅行社的监督管理工作。

县级以上各级人民政府工商、价格、商务、外汇等有关部门，应当按照职责分工，依法对旅行社进行监督管理。

第四条 旅行社在经营活动中应当遵循自愿、平等、公平、诚信的原则，提高服务质量，维护旅游者的合法权益。

第五条 旅行社行业组织应当按照章程为旅行社提供服务，发挥协调和自律作用，引导旅行社合法、公平竞争和诚信经营。

第二章 旅行社的设立

第六条 申请设立旅行社，经营国内旅游业务和入境旅游业务的，应当具备下列条件：

（一）有固定的经营场所；

（二）有必要的营业设施；

（三）有不少于 30 万元的注册资本。

第七条 申请设立旅行社，经营国内旅游业务和入境旅游业务的，应当向所在地省、自治区、直辖市旅游行政管理部门或者其委托的设区的市级旅游行政管理部门提出申请，并提交符合本条例第六条规定的相关证明文件。受理申请的旅游行政管理部门应当自受理申请之日起 20 个工作日内作出许可或者不予许可的决定。予以许可的，向申请人颁发旅行社业务经营许可证，申请人持旅行社业务经营许可证向工商行政管理部门办理设立登记；不予许可的，书面通知申请人并说明理由。

第八条 旅行社取得经营许可满两年，且未因侵害旅游者合法权益受到行政机关罚款以上处罚的,可以申请经营出境旅游业务。

第九条　申请经营出境旅游业务的,应当向国务院旅游行政主管部门或者其委托的省、自治区、直辖市旅游行政管理部门提出申请,受理申请的旅游行政管理部门应当自受理申请之日起 20 个工作日内作出许可或者不予许可的决定。予以许可的,向申请人换发旅行社业务经营许可证,旅行社应当持换发的旅行社业务经营许可证到工商行政管理部门办理变更登记;不予许可的,书面通知申请人并说明理由。

第十条　旅行社设立分社的,应当持旅行社业务经营许可证副本向分社所在地的工商行政管理部门办理设立登记,并自设立登记之日起 3 个工作日内向分社所在地的旅游行政管理部门备案。

旅行社分社的设立不受地域限制。分社的经营范围不得超出设立分社的旅行社的经营范围。

第十一条　旅行社设立专门招徕旅游者、提供旅游咨询的服务网点(以下简称旅行社服务网点)应当依法向工商行政管理部门办理设立登记手续,并向所在地的旅游行政管理部门备案。

旅行社服务网点应当接受旅行社的统一管理,不得从事招徕、咨询以外的活动。

第十二条　旅行社变更名称、经营场所、法定代表人等登记事项或者终止经营的,应当到工商行政管理部门办理相应的变更登记或者注销登记,并在登记办理完毕之日起 10 个工作日内,向原许可的旅游行政管理部门备案,换领或者交回旅行社业务经营许可证。

第十三条　旅行社应当自取得旅行社业务经营许可证之日起 3 个工作日内,在国务院旅游行政主管部门指定的银行开设专门的质量保证金账户,存入质量保证金,或者向作出许可的旅游行政管理部门提交依法取得的担保额度不低于相应质量保证金数额的银行担保。

经营国内旅游业务和入境旅游业务的旅行社,应当存入质量保证金 20 万元;经营出境旅游业务的旅行社,应当增存质量保证金 120 万元。

质量保证金的利息属于旅行社所有。

第十四条　旅行社每设立一个经营国内旅游业务和入境旅游业务的分社,应当向其质量保证金账户增存 5 万元;每设立一个经营出境旅游业务的分社,应当向其质量保证金账户增存 30 万元。

第十五条　有下列情形之一的,旅游行政管理部门可以使用旅行社的质量保证金:

(一)旅行社违反旅游合同约定,侵害旅游者合法权益,经旅游行政管理部门查证属实的;

(二)旅行社因解散、破产或者其他原因造成旅游者预交旅游费用损失的。

第十六条　人民法院判决、裁定及其他生效法律文书认定旅行社损害旅游者合法权益,旅行社拒绝或者无力赔偿的,人民法院可以从旅行社的质量保证金账户上划拨赔偿款。

第十七条　旅行社自交纳或者补足质量保证金之日起三年内未因侵害旅游者合法权益受到行政机关罚款以上处罚的,旅游行政管理部门应当将旅行社质量保证金的交存数额降低 50%,并向社会公告。旅行社可凭省、自治区、直辖市旅游行政管理部门出具的凭证减少其质量保证金。

第十八条　旅行社在旅游行政管理部门使用质量保证金赔偿旅游者的损失,或者依法减少质量保证金后,因侵害旅游者合法权益受到行政机关罚款以上处罚的,应当在收到旅游行政管理部门补交质量保证金的通知之日起5个工作日内补足质量保证金。

第十九条　旅行社不再从事旅游业务的，凭旅游行政管理部门出具的凭证，向银行取回质量保证金。

第二十条　质量保证金存缴、使用的具体管理办法由国务院旅游行政主管部门和国务院财政部门会同有关部门另行制定。

第三章　外商投资旅行社

第二十一条　外商投资旅行社适用本章规定；本章没有规定的，适用本条例其他有关规定。

前款所称外商投资旅行社，包括中外合资经营旅行社、中外合作经营旅行社和外资旅行社。

第二十二条　设立外商投资旅行社，由投资者向国务院旅游行政主管部门提出申请，并提交符合本条例第六条规定条件的相关证明文件。国务院旅游行政主管部门应当自受理申请之日起30个工作日内审查完毕。同意设立的，出具外商投资旅行社业务许可审定意见书；不同意设立的，书面通知申请人并说明理由。

申请人持外商投资旅行社业务许可审定意见书、章程，合资、合作双方签订的合同向国务院商务主管部门提出设立外商投资企业的申请。国务院商务主管部门应当依照有关法律、法规的规定，作出批准或者不予批准的决定。予以批准的，颁发外商投资企业批准证书，并通知申请人向国务院旅游行政主管部门领取旅行社业务经营许可证，申请人持旅行社业务经营许可证和外商投资企业批准证书向工商行政管理部门办理设立登记；不予批准的，书面通知申请人并说明理由。

第二十三条　外商投资旅行社不得经营中国内地居民出国旅游业务以及赴香港特别行政区、澳门特别行政区和台湾地区旅游的业务，但是国务院决定或者我国签署的自由贸易协定和内地与香港、澳门关于建立更紧密经贸关系的安排另有规定的除外。

第四章　旅行社经营

第二十四条　旅行社向旅游者提供的旅游服务信息必须真实可靠，不得作虚假宣传。

第二十五条　经营出境旅游业务的旅行社不得组织旅游者到国务院旅游行政主管部门公布的中国公民出境旅游目的地之外的国家和地区旅游。

第二十六条　旅行社为旅游者安排或者介绍的旅游活动不得含有违反有关法律、法规规定的内容。

第二十七条　旅行社不得以低于旅游成本的报价招徕旅游者。未经旅游者同意，旅行社不得在旅游合同约定之外提供其他有偿服务。

第二十八条　旅行社为旅游者提供服务，应当与旅游者签订旅游合同并载明下列事项：

（一）旅行社的名称及其经营范围、地址、联系电话和旅行社业务经营许可证编号；

（二）旅行社经办人的姓名、联系电话；

（三）签约地点和日期；

（四）旅游行程的出发地、途经地和目的地；

（五）旅游行程中交通、住宿、餐饮服务安排及其标准；

（六）旅行社统一安排的游览项目的具体内容及时间；

（七）旅游者自由活动的时间和次数；

（八）旅游者应当交纳的旅游费用及交纳方式；

（九）旅行社安排的购物次数、停留时间及购物场所的名称；

（十）需要旅游者另行付费的游览项目及价格；

（十一）解除或者变更合同的条件和提前通知的期限；

（十二）违反合同的纠纷解决机制及应当承担的责任；

（十三）旅游服务监督、投诉电话；

（十四）双方协商一致的其他内容。

第二十九条　旅行社在与旅游者签订旅游合同时，应当对旅游合同的具体内容作出真实、准确、完整的说明。

旅行社和旅游者签订的旅游合同约定不明确或者对格式条款的理解发生争议的，应当按照通常理解予以解释；对格式条款有两种以上解释的，应当作出有利于旅游者的解释；格式条款和非格式条款不一致的，应当采用非格式条款。

第三十条　旅行社组织中国内地居民出境旅游的，应当为旅游团队安排领队全程陪同。

第三十一条　旅行社为接待旅游者委派的导游人员或者为组织旅游者出境旅游委派的领队人员，应当持有国家规定的导游证、领队证。

第三十二条　旅行社聘用导游人员、领队人员应当依法签订劳动合同，并向其支付不低于当地最低工资标准的报酬。

第三十三条　旅行社及其委派的导游人员和领队人员不得有下列行为：

（一）拒绝履行旅游合同约定的义务；

（二）非因不可抗力改变旅游合同安排的行程；

（三）欺骗、胁迫旅游者购物或者参加需要另行付费的游览项目。

第三十四条　旅行社不得要求导游人员和领队人员接待不支付接待和服务费用或者支付的费用低于接待和服务成本的旅游团队，不得要求导游人员和领队人员承担接待旅游团队的相关费用。

第三十五条　旅行社违反旅游合同约定，造成旅游者合法权益受到损害的，应当采取必要的补救措施，并及时报告旅游行政管理部门。

第三十六条　旅行社需要对旅游业务作出委托的，应当委托给具有相应资质的旅行社，征得旅游者的同意，并与接受委托的旅行社就接待旅游者的事宜签订委托合同，确定接待旅游者的各项服务安排及其标准，约定双方的权利、义务。

第三十七条　旅行社将旅游业务委托给其他旅行社的，应当向接受委托的旅行社支付不低于接待和服务成本的费用；接受委托的旅行社不得接待不支付或者不足额支付接待和服务费用的旅游团队。

接受委托的旅行社违约，造成旅游者合法权益受到损害的，作出委托的旅行社应当承担相应的赔偿责任。作出委托的旅行社赔偿后，可以向接受委托的旅行社追偿。

接受委托的旅行社故意或者重大过失造成旅游者合法权益损害的，应当承担连带责任。

第三十八条　旅行社应当投保旅行社责任险。旅行社责任险的具体方案由国务院旅游行政主管部门会同国务院保险监督管理机构另行制定。

第三十九条　旅行社对可能危及旅游者人身、财产安全的事项,应当向旅游者作出真实的说明和明确的警示,并采取防止危害发生的必要措施。

发生危及旅游者人身安全的情形的,旅行社及其委派的导游人员、领队人员应当采取必要的处置措施并及时报告旅游行政管理部门;在境外发生的,还应当及时报告中华人民共和国驻该国使领馆、相关驻外机构、当地警方。

第四十条　旅游者在境外滞留不归的,旅行社委派的领队人员应当及时向旅行社和中华人民共和国驻该国使领馆、相关驻外机构报告。旅行社接到报告后应当及时向旅游行政管理部门和公安机关报告,并协助提供非法滞留者的信息。

旅行社接待入境旅游发生旅游者非法滞留我国境内的,应当及时向旅游行政管理部门、公安机关和外事部门报告,并协助提供非法滞留者的信息。

第五章　监督检查

第四十一条　旅游、工商、价格、商务、外汇等有关部门应当依法加强对旅行社的监督管理,发现违法行为,应当及时予以处理。

第四十二条　旅游、工商、价格等行政管理部门应当及时向社会公告监督检查的情况。公告的内容包括旅行社业务经营许可证的颁发、变更、吊销、注销情况,旅行社的违法经营行为以及旅行社的诚信记录、旅游者投诉信息等。

第四十三条　旅行社损害旅游者合法权益的,旅游者可以向旅游行政管理部门、工商行政管理部门、价格主管部门、商务主管部门或者外汇管理部门投诉,接到投诉的部门应当按照其职责权限及时调查处理,并将调查处理的有关情况告知旅游者。

第四十四条　旅行社及其分社应当接受旅游行政管理部门对其旅游合同、服务质量、旅游安全、财务账簿等情况的监督检查,并按照国家有关规定向旅游行政管理部门报送经营和财务信息等统计资料。

第四十五条　旅游、工商、价格、商务、外汇等有关部门工作人员不得接受旅行社的任何馈赠,不得参加由旅行社支付费用的购物活动或者游览项目,不得通过旅行社为自己、亲友或者其他个人、组织牟取私利。

第六章　法律责任

第四十六条　违反本条例的规定,有下列情形之一的,由旅游行政管理部门或者工商行政管理部门责令改正,没收违法所得,违法所得10万元以上的,并处违法所得1倍以上5倍以下的罚款;违法所得不足10万元或者没有违法所得的,并处10万元以上50万元以下的罚款:

(一)未取得相应的旅行社业务经营许可,经营国内旅游业务、入境旅游业务、出境旅游业务的;

(二)分社的经营范围超出设立分社的旅行社的经营范围的;

(三)旅行社服务网点从事招徕、咨询以外的活动的。

第四十七条　旅行社转让、出租、出借旅行社业务经营许可证的,由旅游行政管理部门责令停业整顿1个月至3个月,并没收违法所得;情节严重的,吊销旅行社业务经营许可证。受让或者租借旅行社业务经营许可证的,由旅游行政管理部门或者工商行政管理部门责令停止非法经营,没收违法所得,并处 10 万元以上 50 万元以下的罚款。

第四十八条　违反本条例的规定,旅行社未在规定期限内向其质量保证金账户存入、增存、补足质量保证金或者提交相应的银行担保的,由旅游行政管理部门责令改正;拒不改正的,吊销旅行社业务经营许可证。

第四十九条　违反本条例的规定,旅行社不投保旅行社责任险的,由旅游行政管理部门责令改正;拒不改正的,吊销旅行社业务经营许可证。

第五十条　违反本条例的规定,旅行社有下列情形之一的,由旅游行政管理部门责令改正;拒不改正的,处 1 万元以下的罚款:

(一)变更名称、经营场所、法定代表人等登记事项或者终止经营,未在规定期限内向原许可的旅游行政管理部门备案,换领或者交回旅行社业务经营许可证的;

(二)设立分社未在规定期限内向分社所在地旅游行政管理部门备案的;

(三)不按照国家有关规定向旅游行政管理部门报送经营和财务信息等统计资料的。

第五十一条　违反本条例的规定,外商投资旅行社经营中国内地居民出国旅游业务以及赴香港特别行政区、澳门特别行政区和台湾地区旅游业务,或者经营出境旅游业务的旅行社组织旅游者到国务院旅游行政主管部门公布的中国公民出境旅游目的地之外的国家和地区旅游的,由旅游行政管理部门责令改正,没收违法所得,违法所得 10 万元以上的,并处违法所得 1 倍以上 5 倍以下的罚款;违法所得不足 10 万元或者没有违法所得的,并处 10 万元以上 50 万元以下的罚款;情节严重的,吊销旅行社业务经营许可证。

第五十二条　违反本条例的规定,旅行社为旅游者安排或者介绍的旅游活动含有违反有关法律、法规规定的内容的,由旅游行政管理部门责令改正,没收违法所得,并处 2 万元以上 10 万元以下的罚款;情节严重的,吊销旅行社业务经营许可证。

第五十三条　违反本条例的规定,旅行社向旅游者提供的旅游服务信息含有虚假内容或者作虚假宣传的,由工商行政管理部门依法给予处罚。

违反本条例的规定,旅行社以低于旅游成本的报价招徕旅游者的,由价格主管部门依法给予处罚。

第五十四条　违反本条例的规定,旅行社未经旅游者同意在旅游合同约定之外提供其他有偿服务的,由旅游行政管理部门责令改正,处 1 万元以上 5 万元以下的罚款。

第五十五条　违反本条例的规定,旅行社有下列情形之一的,由旅游行政管理部门责令改正,处 2 万元以上 10 万元以下的罚款;情节严重的,责令停业整顿 1 个月至 3 个月:

(一)未与旅游者签订旅游合同;

(二)与旅游者签订的旅游合同未载明本条例第二十八条规定的事项;

(三)未取得旅游者同意,将旅游业务委托给其他旅行社;

(四)将旅游业务委托给不具有相应资质的旅行社;

(五)未与接受委托的旅行社就接待旅游者的事宜签订委托合同。

第五十六条　违反本条例的规定,旅行社组织中国内地居民出境旅游,不为旅游团队安排领队全程陪同的,由旅游行政管理部门责令改正,处 1 万元以上 5 万元以下的罚款;拒不改正的,责令停业整顿 1 个月至 3 个月。

第五十七条　违反本条例的规定,旅行社委派的导游人员和领队人员未持有国家规定的导游证或者领队证的,由旅游行政管理部门责令改正,对旅行社处 2 万元以上 10 万元以下的罚款。

第五十八条　违反本条例的规定,旅行社不向其聘用的导游人员、领队人员支付报酬,或者所支付的报酬低于当地最低工资标准的,按照《中华人民共和国劳动合同法》的有关规定处理。

第五十九条　违反本条例的规定,有下列情形之一的,对旅行社,由旅游行政管理部门或者工商行政管理部门责令改正,处 10 万元以上 50 万元以下的罚款;对导游人员、领队人员,由旅游行政管理部门责令改正,处 1 万元以上 5 万元以下的罚款;情节严重的,吊销旅行社业务经营许可证、导游证或者领队证:

(一) 拒不履行旅游合同约定的义务的;

(二) 非因不可抗力改变旅游合同安排的行程的;

(三) 欺骗、胁迫旅游者购物或者参加需要另行付费的游览项目的。

第六十条　违反本条例的规定,旅行社要求导游人员和领队人员接待不支付接待和服务费用、支付的费用低于接待和服务成本的旅游团队,或者要求导游人员和领队人员承担接待旅游团队的相关费用的,由旅游行政管理部门责令改正,处 2 万元以上 10 万元以下的罚款。

第六十一条　旅行社违反旅游合同约定,造成旅游者合法权益受到损害,不采取必要的补救措施的,由旅游行政管理部门或者工商行政管理部门责令改正,处 1 万元以上 5 万元以下的罚款;情节严重的,由旅游行政管理部门吊销旅行社业务经营许可证。

第六十二条　违反本条例的规定,有下列情形之一的,由旅游行政管理部门责令改正,停业整顿 1 个月至 3 个月;情节严重的,吊销旅行社业务经营许可证:

(一) 旅行社不向接受委托的旅行社支付接待和服务费用的;

(二) 旅行社向接受委托的旅行社支付的费用低于接待和服务成本的;

(三) 接受委托的旅行社接待不支付或者不足额支付接待和服务费用的旅游团队的。

第六十三条　违反本条例的规定,旅行社及其委派的导游人员、领队人员有下列情形之一的,由旅游行政管理部门责令改正,对旅行社处 2 万元以上 10 万元以下的罚款;对导游人员、领队人员处 4 000 元以上 2 万元以下的罚款;情节严重的,责令旅行社停业整顿 1 个月至 3 个月,或者吊销旅行社业务经营许可证、导游证、领队证:

(一) 发生危及旅游者人身安全的情形,未采取必要的处置措施并及时报告的;

(二) 旅行社组织出境旅游的旅游者非法滞留境外,旅行社未及时报告并协助提供非法滞留者信息的;

(三) 旅行社接待入境旅游的旅游者非法滞留境内,旅行社未及时报告并协助提供非法滞留者信息的。

第六十四条　因妨害国(边)境管理受到刑事处罚的,在刑罚执行完毕之日起五年内不得从事旅行社业务经营活动;旅行社被吊销旅行社业务经营许可的,其主要负责人在旅行社业务经营许可被吊销之日起五年内不得担任任何旅行社的主要负责人。

第六十五条　旅行社违反本条例的规定,损害旅游者合法权益的,应当承担相应的民事责任;构成犯罪的,依法追究刑事责任。

第六十六条　违反本条例的规定,旅游行政管理部门或者其他有关部门及其工作人员有下列情形之一的,对直接负责的主管人员和其他直接责任人员依法给予处分:

（一）发现违法行为不及时予以处理的；

（二）未及时公告对旅行社的监督检查情况的；

（三）未及时处理旅游者投诉并将调查处理的有关情况告知旅游者的；

（四）接受旅行社的馈赠的；

（五）参加由旅行社支付费用的购物活动或者游览项目的；

（六）通过旅行社为自己、亲友或者其他个人、组织牟取私利的。

第七章　附　则

第六十七条　香港特别行政区、澳门特别行政区和台湾地区的投资者在内地投资设立的旅行社，参照适用本条例。

第六十八条　本条例自 2009 年 5 月 1 日起施行。1996 年 10 月 15 日国务院发布的《旅行社管理条例》同时废止。

附录三
旅行社条例实施细则

（自 2009 年 5 月 3 日起施行）

第一章　总则

第一条　根据《旅行社条例》（以下简称《条例》），制定本实施细则。

第二条　《条例》第二条所称招徕、组织、接待旅游者提供的相关旅游服务，主要包括：

（一）安排交通服务；

（二）安排住宿服务；

（三）安排餐饮服务；

（四）安排观光游览、休闲度假等服务；

（五）导游、领队服务；

（六）旅游咨询、旅游活动设计服务。

旅行社还可以接受委托，提供下列旅游服务：

（一）接受旅游者的委托，代订交通客票、代订住宿和代办出境、入境、签证手续等；

（二）接受机关、事业单位和社会团体的委托，为其差旅、考察、会议、展览等公务活动，代办交通、住宿、餐饮、会务等事务；

（三）接受企业委托，为其各类商务活动、奖励旅游等，代办交通、住宿、餐饮、会务、观光游览、休闲度假等事务；

（四）其他旅游服务。

前款所列出境、签证手续等服务，应当由具备出境旅游业务经营权的旅行社代办。

第三条　《条例》第二条所称国内旅游业务，是指旅行社招徕、组织和接待中国内地居民在境内旅游的业务。

《条例》第二条所称入境旅游业务，是指旅行社招徕、组织、接待外国旅游者来我国旅游，香港特别行政区、澳门特别行政区旅游者来内地旅游，台湾地区居民来大陆旅游，以及招徕、组织、接待在中国内地的外国人，在内地的香港特别行政区、澳门特别行政区居民和在大陆的台湾地区居民在境内旅游的业务。

《条例》第二条所称出境旅游业务，是指旅行社招徕、组织、接待中国内地居民出国旅游，赴香港特别行政区、澳门特别行政区和台湾地区旅游，以及招徕、组织、接待在中国内地的外国人、在内地的香港特别行政区、澳门特别行政区居民和在大陆的台湾地区居民出境旅游的业务。

第四条　对旅行社及其分支机构的监督管理，县级以上旅游行政管理部门应当按照《条例》、本细则的规定和职责,实行分级管理和属地管理。

第五条　鼓励旅行社实行服务质量等级制度;鼓励旅行社向专业化、网络化、品牌化发展。

第二章　旅行社的设立与变更

第六条　《条例》第六条第(一)项规定的经营场所应当符合下列要求:

(一)申请者拥有产权的营业用房,或者申请者租用的、租期不少于1年的营业用房;

(二)营业用房应当满足申请者业务经营的需要。

第七条　《条例》第六条第(二)项规定营业设施应当至少包括下列设施、设备:

(一)2部以上的直线固定电话;

(二)传真机、复印机;

(三)具备与旅游行政管理部门及其他旅游经营者联网条件的计算机。

第八条　申请设立旅行社,应当向省、自治区、直辖市旅游行政管理部门(简称省级旅游行政管理部门,下同)提交下列文件:

(一).设立申请书。内容包括申请设立的旅行社的中英文名称及英文缩写,设立地址,企业形式、出资人、出资额和出资方式,申请人、受理申请部门的全称、申请书名称和申请的时间;

(二)法定代表人履历表及身份证明;

(三)企业章程;

(四)依法设立的验资机构出具的验资证明;

(六)营业设施、设备的证明或者说明;

(七)工商行政管理部门出具的《企业名称预先核准通知书》。

省级旅游行政管理部门可以委托设区的市(含州、盟,下同)级旅游行政管理部门,受理当事人的申请并作出许可或者不予许可的决定。

第九条　受理申请的旅游行政管理部门可以对申请人的经营场所、营业设施、设备进行现场检查,或者委托下级旅游行政管理部门检查。

第十条　旅行社申请出境旅游业务的,应当向国务院旅游行政主管部门提交原许可的旅游行政管理部门出具的,证明其经营旅行社业务满两年、且连续两年未因侵害旅游者合法权益受到行政机关罚款以上处罚的文件。

旅行社取得出境旅游经营业务许可的,由国务院旅游行政主管部门换发旅行社业务经营许可证。旅行社持旅行社业务经营许可证向工商行政管理部门办理经营范围变更登记。

国务院旅游行政主管部门可以委托省级旅游行政管理部门受理旅行社经营出境旅游业务的申请,并作出许可或者不予许可的决定。

旅行社申请经营边境旅游业务的,适用《边境旅游暂行管理办法》的规定。

旅行社申请经营赴台湾地区旅游业务的,适用《大陆居民赴台湾地区旅游管理办法》的规定。

第十一条　旅行社因业务经营需要,可以向原许可的旅游行政管理部门申请核发旅行社业务经营许可证副本。

旅行社业务经营许可证及副本,由国务院旅游行政主管部门制定统一样式,国务院旅游行政主管部门和省级旅游行政管理部门分别印制。

旅行社业务经营许可证及副本损毁或者遗失的,旅行社应当向原许可的旅游行政管理部门申请换发或者补发。

申请补发旅行社业务经营许可证及副本的,旅行社应当通过本省、自治区、直辖市范围内公开发行的报刊,或者省级以上旅游行政管理部门网站,刊登损毁或者遗失作废声明。

第十二条 旅行社名称、经营场所、出资人、法定代表人等登记事项变更的,应当在办理变更登记后,持已变更的《企业法人营业执照》向原许可的旅游行政管理部门备案。

旅行社终止经营的,应当在办理注销手续后,持工商行政管理部门出具的注销文件,向原许可的旅游行政管理部门备案。

外商投资旅行社的,适用《条例》第三章的规定。未经批准,旅行社不得引进外商投资。

第十三条 国务院旅游行政主管部门指定的作为旅行社存入质量保证金的商业银行,应当提交具有下列内容的书面承诺:

(一)同意与存入质量保证金的旅行社签订符合本实施细则第十五条规定的协议;

(二)当县级以上旅游行政管理部门或者人民法院依据《条例》规定,划拨质量保证金后3个工作日内,将划拨情况及其数额,通知旅行社所在地的省级旅游行政管理部门,并提供县级以上旅游行政管理部门出具的划拨文件或者人民法院生效法律文书的复印件;

(三)非因《条例》规定的情形,出现质量保证金减少时,承担补足义务。

旅行社应当在国务院旅游行政主管部门指定银行的范围内,选择存入质量保证金的银行。

第十四条 旅行社在银行存入质量保证金的,应当设立独立账户,存期由旅行社确定,但不得少于1年。账户存期届满,旅行社应当及时办理续存手续。

第十五条 旅行社存入、续存、增存质量保证金后7个工作日内,应当向作出许可的旅游行政管理部门提交存入、续存、增存质量保证金的证明文件,以及旅行社与银行达成的使用质量保证金的协议。

前款协议应当包含下列内容:

(一)旅行社与银行双方同意依照《条例》规定使用质量保证金;

(二)旅行社与银行双方承诺,除依照县级以上旅游行政管理部门出具的划拨质量保证金,或者省级以上旅游行政管理部门出具的降低、退还质量保证金的文件,以及人民法院作出的认定旅行社损害旅游者合法权益的生效法律文书外,任何单位和个人不得动用质量保证金。

第十六条 旅行社符合《条例》第十七条降低质量保证金数额规定条件的,原许可的旅游行政管理部门应当根据旅行社的要求,在10个工作日内向其出具降低质量保证金数额的文件。

第十七条 旅行社按照《条例》第十八条规定补足质量保证金后7个工作日内,应当向原许可的旅游行政管理部门提交补足的证明文件。

第三章 旅行社的分支机构

第十八条 旅行社分社(简称分社,下同)及旅行社服务网点(简称服务网点,下同),不具有法人资格,以设立分社、服务网点的旅行社(简称设立社,下同)的名义从事《条例》规定的经营活动,其经营活动的责任和后果,由设立社承担。

第十九条 设立社向分社所在地工商行政管理部门办理分社设立登记后,应当持下列文件向分社所在地与工商登记同级的旅游行政管理部门备案:

(一)设立社的旅行社业务经营许可证副本和企业法人营业执照副本;

(二)分社的《营业执照》;

(三)分社经理的履历表和身份证明;

(四)增存质量保证金的证明文件。

没有同级的旅游行政管理部门的,向上一级旅游行政管理部门备案。

第二十条 分社的经营场所、营业设施、设备,应当符合《条例》第六条第(一)项、第(二)项及本实施细则第六条、第七条规定的要求。

分社的名称中应当包含设立社名称、分社所在地地名和"分社"或者"分公司"字样。

第二十一条 服务网点是指旅行社设立的,为旅行社招徕旅游者,并以旅行社的名义与旅游者签订旅游合同的门市部等机构。

设立社设立服务网点的区域范围,应当在设立社所在地的设区的市的行政区划内。

设立社不得在前款规定的区域范围外,设立服务网点。

第二十二条 服务网点应当设在方便旅游者认识和出入的公众场所。

服务网点的名称、标牌应当包括设立社名称、服务网点所在地地名等,不得含有使消费者误解为是旅行社或者分社的内容,也不得作易使消费者误解的简称。

服务网点应当在设立社的经营范围内,招徕旅游者、提供旅游咨询服务。

第二十三条 设立社向服务网点所在地工商行政管理部门办理服务网点设立登记后,应当在 3 个工作日内,持下列文件向服务网点所在地与工商登记同级的旅游行政管理部门备案:

(一)设立社的旅行社业务经营许可证副本和企业法人营业执照副本;

(二)服务网点的《营业执照》;

(三)服务网点经理的履历表和身份证明。

没有同级的旅游行政管理部门的,向上一级旅游行政管理部门备案。

第二十四条 分社、服务网点备案后,受理备案的旅游行政管理部门应当向旅行社颁发《旅行社分社备案登记证明》或者《旅行社服务网点备案登记证明》。

第二十五条 设立社应当与分社、服务网点的员工,订立劳动合同。

设立社应当加强对分社和服务网点的管理,对分社实行统一的人事、财务、招徕、接待制度规范,对服务网点实行统一管理、统一财务、统一招徕和统一咨询服务规范。

第四章 旅行社经营规范

第二十六条 旅行社及其分社、服务网点,应当将《旅行社业务经营许可证》、《旅行社分社备案登记证明》或者《旅行社服务网点备案登记证明》,与营业执照一起,悬挂在经营场所的显要位置。

第二十七条 旅行社业务经营许可证不得转让、出租或者出借。

旅行社的下列行为属于转让、出租或者出借旅行社业务经营许可证的行为:

(一)除招徕旅游者和符合本实施细则第三十四条第一款规定的接待旅游者的情形外,

准许或者默许其他企业、团体或者个人,以自己的名义从事旅行社业务经营活动的;

(二)准许其他企业、团体或者个人,以部门或者个人承包、挂靠的形式经营旅行社业务的。

第二十八条　旅行社设立的办事处、代表处或者联络处等办事机构,不得从事旅行社业务经营活动。

第二十九条　旅行社以互联网形式经营旅行社业务的,除符合法律、法规规定外,其网站首页应当载明旅行社的名称、法定代表人、许可证编号和业务经营范围,以及原许可的旅游行政管理部门的投诉电话。

第三十条　《条例》第二十六条规定的旅行社不得安排的活动,主要包括:

(一)含有损害国家利益和民族尊严内容的;

(二)含有民族、种族、宗教歧视内容的;

(三)含有淫秽、赌博、涉毒内容的;

(四)其他含有违反法律、法规规定内容的。

第三十一条　《条例》第三十四条所规定的旅行社不得要求导游人员和领队人员承担接待旅游团队的相关费用,主要包括:

(一)垫付旅游接待费用;

(二)为接待旅游团队向旅行社支付费用;

(三)其他不合理费用。

第三十二条　旅行社招徕、组织、接待旅游者,其选择的交通、住宿、餐饮、景区等企业,应当符合具有合法经营资格和接待服务能力的要求。

第三十三条　在签订旅游合同时,旅行社不得要求旅游者必须参加旅行社安排的购物活动或者需要旅游者另行付费的旅游项目。

同一旅游团队中,旅行社不得由于下列因素,提出与其他旅游者不同的合同事项:

(一)旅游者拒绝参加旅行社安排的购物活动或者需要旅游者另行付费的旅游项目的;

(二)旅游者存在的年龄或者职业上的差异。但旅行社提供了与其他旅游者相比更多的服务,或者旅游者主动要求的除外。

第三十四条　旅行社需要将在旅游目的地接待旅游者的业务作出委托的,应当按照《条例》第三十六条的规定,委托给旅游目的地的旅行社并签订委托接待合同。

旅行社对接待旅游者的业务作出委托的,应当按照《条例》第三十六条的规定,将旅游目的地接受委托的旅行社的名称、地址、联系人和联系电话,告知旅游者。

第三十五条　旅游行程开始前,当发生约定的解除旅游合同的情形时,经征得旅游者的同意,旅行社可以将旅游者推荐给其他旅行社组织、接待,并由旅游者与被推荐的旅行社签订旅游合同。

未经旅游者同意的,旅行社不得将旅游者转交给其他旅行社组织、接待。

第三十六条　旅行社及其委派的导游人员和领队人员的下列行为,属于擅自改变旅游合同安排行程:

(一)减少游览项目或者缩短游览时间的;

(二)增加或者变更旅游项目的;

(三)增加购物次数或者延长购物时间的;

（四）其他擅自改变旅游合同安排的行为。

第三十七条　在旅游行程中，当发生不可抗力、危及旅游者人身、财产安全，或者非旅行社责任造成的意外情形，旅行社不得不调整或者变更旅游合同约定的行程安排时，应当在事前向旅游者作出说明；确因客观情况无法在事前说明的，应当在事后作出说明。

第三十八条　在旅游行程中，旅游者有权拒绝参加旅行社在旅游合同之外安排的购物活动或者需要旅游者另行付费的旅游项目。

旅行社及其委派的导游人员和领队人员不得因旅游者拒绝参加旅行社安排的购物活动或者需要旅游者另行付费的旅游项目等情形，以任何借口、理由，拒绝继续履行合同、提供服务，或者以拒绝继续履行合同、提供服务相威胁。

第三十九条　旅行社及其委派的导游人员、领队人员，应当对其提供的服务可能危及旅游者人身、财物安全的事项，向旅游者作出真实的说明和明确的警示。

在旅游行程中的自由活动时间，旅游者应当选择自己能够控制风险的活动项目，并在自己能够控制风险的范围内活动。

第四十条　为减少自然灾害等意外风险给旅游者带来的损害，旅行社在招徕、接待旅游者时，可以提示旅游者购买旅游意外保险。

鼓励旅行社依法取得保险代理资格，并接受保险公司的委托，为旅游者提供购买人身意外伤害保险的服务。

第四十一条　发生出境旅游者非法滞留境外或者入境旅游者非法滞留境内的，旅行社应当立即向所在地县级以上旅游行政管理部门、公安机关和外事部门报告。

第四十二条　在旅游行程中，旅行社及其委派的导游人员、领队人员应当提示旅游者遵守文明旅游公约和礼仪。

第四十三条　旅行社及其委派的导游人员、领队人员在经营、服务中享有下列权利：

（一）要求旅游者如实提供旅游所必需的个人信息，按时提交相关证明文件；

（二）要求旅游者遵守旅游合同约定的旅游行程安排，妥善保管随身物品；

（三）出现突发公共事件或者其他危急情形，以及旅行社因违反旅游合同约定采取补救措施时，要求旅游者配合处理防止扩大损失，以将损失降低到最低程度；

（四）拒绝旅游者提出的超出旅游合同约定的不合理要求；

（五）制止旅游者违背旅游目的地的法律、风俗习惯的言行。

第四十四条　旅行社应当妥善保存《条例》规定的招徕、组织、接待旅游者的各类合同及相关文件、资料，以备县级以上旅游行政管理部门核查。

前款所称的合同及文件、资料的保存期，应当不少于两年。

旅行社不得向其他经营者或者个人，泄露旅游者因签订旅游合同提供的个人信息；超过保存期限的旅游者个人信息资料，应当妥善销毁。

第五章　监督检查

第四十五条　根据《条例》和本实施细则规定，受理旅行社申请或者备案的旅游行政管理部门，可以要求申请人或者旅行社，对申请设立旅行社、办理《条例》规定的备案时提交的证明文件、材料的原件，提供复印件并盖章确认，交由旅游行政管理部门留存。

第四十六条　县级以上旅游行政管理部门对旅行社及其分支机构实施监督检查时，可以进入其经营场所,查阅招徕、组织、接待旅游者的各类合同、相关文件、资料,以及财务账簿、交易记录和业务单据等材料,旅行社及其分支机构应当给予配合。

县级以上旅游行政管理部门对旅行社及其分支机构监督检查时,应当由两名以上持有旅游行政执法证件的执法人员进行。

不符合前款规定要求的,旅行社及其分支机构有权拒绝检查。

第四十七条 旅行社应当按年度将下列经营和财务信息等统计资料,在次年3月底前,报送原许可的旅游行政管理部门:

(一)旅行社的基本情况,包括企业形式、出资人、员工人数、部门设置、分支机构、网络体系等;

(二)旅行社的经营情况,包括营业收入、利税等;

(三)旅行社组织接待情况,包括国内旅游、入境旅游、出境旅游的组织、接待人数等;

(四)旅行社安全、质量、信誉情况,包括投保旅行社责任保险、认证认可和奖惩等。

对前款资料中涉及旅行社商业秘密的内容,旅游行政管理部门应当予以保密。

第四十八条 《条例》第十七条、第四十二条规定的各项公告,县级以上旅游行政管理部门应当通过本部门或者上级旅游行政管理部门的政府网站向社会发布。

质量保证金存缴数额降低、旅行社业务经营许可证的颁发、变更和注销的,国务院旅游行政主管部门或者省级旅游行政管理部门应当在作出许可决定或者备案后20个工作日内向社会公告。

旅行社违法经营或者被吊销旅行社业务经营许可证的,由作出行政处罚决定的旅游行政管理部门,在处罚生效后10个工作日内向社会公告。

旅游者对旅行社的投诉信息,由处理投诉的旅游行政管理部门每季度向社会公告。

第四十九条 因下列情形之一,给旅游者的合法权益造成损害的,旅游者有权向县级以上旅游行政管理部门投诉:

(一)旅行社违反《条例》和本实施细则规定的;

(二)旅行社提供的服务,未达到旅游合同约定的服务标准或者档次的;

(三)旅行社破产或者其他原因造成旅游者预交旅游费用损失的。

划拨旅行社质量保证金的决定,应当由旅行社或者其分社所在地处理旅游者投诉的县级以上旅游行政管理部门作出。

第五十条 县级以上旅游行政管理部门,可以在其法定权限内,委托符合法定条件的同级旅游质监执法机构实施监督检查。

第六章 法律责任

第五十一条 违反本实施细则第十二条第三款、第二十三条、第二十六条的规定,擅自引进外商投资、设立服务网点未在规定期限内备案,或者旅行社及其分社、服务网点未悬挂旅行社业务经营许可证、备案登记证明的,由县级以上旅游行政管理部门责令改正,可以处1万元以下的罚款。

第五十二条 违反本实施细则第二十二条第三款、第二十八条的规定,服务网点超出设立社经营范围招徕旅游者、提供旅游咨询服务,或者旅行社的办事处、联络处、代表处等从事旅行社业务经营活动的,由县级以上旅游行政管理部门依照《条例》第四十六条的规定处罚。

第五十三条 违反本实施细则第三十二条的规定,旅行社为接待旅游者选择的交通、住宿、餐饮、景区等企业,不具有合法经营资格或者接待服务能力的,由县级以上旅游行政管理部门责令改正,没收违法所得,处违法所得3倍以下但最高不超过3万元的罚款,没有违法所得的,处1万元以下的罚款。

第五十四条 违反本实施细则第三十三条的规定,要求旅游者必须参加旅行社安排的购物活动、需要旅游者另行付费的旅游项目,或者对同一旅游团队的旅游者提出与其他旅游者不同合同事项的,由县级以上旅游行政管理部门责令改正,处1万元以下的罚款。

第五十五条 违反本实施细则第三十四条第二款的规定,旅行社未将旅游目的地接待旅行社的情况告知旅游者的,由县级以上旅游行政管理部门依照《条例》第五十五条的规定处罚。

第五十六条 违反本实施细则第三十五条第二款的规定,旅行社未经旅游者的同意,将旅游者转交给其他旅行社组织、接待的,由县级以上旅游行政管理部门依照《条例》第五十五条的规定处罚。

第五十七条 违反本实施细则第三十八条第二款的规定,旅行社及其导游人员和领队人员拒绝继续履行合同、提供服务,或者以拒绝继续履行合同、提供服务相威胁的,由县级以上旅游行政管理部门依照《条例》第五十九条的规定处罚。

第五十八条 违反本实施细则第四十四条的规定,未妥善保存各类旅游合同及相关文件、资料,保存期不够两年,或者泄露旅游者个人信息的,由县级以上旅游行政管理部门责令改正,没收违法所得,处违法所得3倍以下但最高不超过3万元的罚款;没有违法所得的,处1万元以下的罚款。

第五十九条 吊销旅行社业务经营许可证的行政处罚,由原许可的省级以上旅游行政管理部门作出。

对旅行社作出停业整顿行政处罚的,旅行社在停业整顿期间,不得招徕旅游者、签订旅游合同;停业整顿期间,不影响已签订的旅游合同的履行。

第七章　附则

第六十条 本实施细则由国务院旅游行政主管部门负责解释。

第六十一条 本实施细则自2009年5月3日起施行。2001年12月27日国家旅游局公布的《旅行社管理条例实施细则》同时废止。

参考书目

1. 杜江. 旅行社经营与管理[M]. 天津:南开大学出版社,2001.

2. 李兴荣. 旅行社经营与管理[M]. 成都:西南财经大学出版社,2009.

3. 王缇萦. 旅行社经营与管理[M]. 上海:上海人民出版社,2006.

4. 戴斌. 旅行社经营管理[M]. 北京:旅游教育出版社,2005.

5. 肖树青. 旅行社经营管理实务与实训教程[M]. 北京:中国财政经济出版社,2007.

6. 王杨. 旅行社经营管理实务[M]. 北京:清华大学出版社,北京交通大学出版社,2009.

7. 梁智,刘春梅,张杰. 旅行社经营管理精选案例解析[M]. 北京:旅游教育出版社,2007.

8. 徐云松. 旅行社经营管理[M]. 杭州:浙江大学出版社,2005.

9. 黄明亮,赵利民. 旅行社经营管理[M]. 北京:中国人民大学出版社,2006.

10. 张建融. 旅行社运营实务[M]. 北京:中国劳动社会保障出版社,2009.

11. 熊晓敏. 旅行社 Sales 外联营销手册[M]. 北京:中国旅游出版社,2009.

12. 熊晓敏. 旅行社 OP 计调手册[M]. 北京:中国旅游出版社,2007.

13. 郑红,张踏青. 财务部操作实务[M]. 北京:旅游教育出版社,2006.

14. 王健民. 旅行社产品经营智慧[M]. 北京:旅游教育出版社,2008.

15. 张道顺. 旅游产品设计与操作手册[M]. 北京:旅游教育出版社,2006.

16. 徐云松,左红丽. 门市操作实务[M]. 北京:旅游教育出版社,2006.

17. 徐云松. 旅行社服务案例分析[M]. 北京:高等教育出版社,2007.

18. 韦明体. 旅行社市场营销[M]. 北京:旅游教育出版社,2004.